■ 南昌航空大学学术文库

基金项目资助
2020 年度教育部人文社会科学一般研究项目：
生态文明建设领域中的渎职犯罪研究（20YJA820016）
南昌航空大学出版基金资助
南昌航空大学文法学院出版基金资助

生态文明建设领域的渎职犯罪研究

The Crime of Dereliction of Duty in Ecological Civilization Construction

帅清华◎著

中国环境出版集团·北京

图书在版编目（CIP）数据

生态文明建设领域的渎职犯罪研究 / 帅清华著．—北京：中国环境出版集团，2021.11

ISBN 978-7-5111-4641-0

Ⅰ.①生…　Ⅱ.①帅…　Ⅲ.①生态环境—环境保护法—研究—中国　②渎职罪—研究—中国　Ⅳ.① D922.684　② D924.393.4

中国版本图书馆 CIP 数据核字（2021）第 128604 号

出 版 人　武德凯
责任编辑　田　怡
责任校对　任　丽
装帧设计　彭　杉

出版发行　中国环境出版集团
（100062 北京市东城区广渠门内大街 16 号）
网　　址：http: //www.cesp.com.cn
电子邮箱：bjgl@cesp.com.cn
联系电话：010-67112765（编辑管理部）
发行热线：010-67125803，010-67113405（传真）
印　　刷　北京中科印刷有限公司
经　　销　各地新华书店
版　　次　2021 年 11 月第 1 版
印　　次　2021 年 11 月第 1 次印刷
开　　本　787 × 1092　1/16
印　　张　15.75
字　　数　281 千字
定　　价　65.00 元

前 言

Preface

我国的环境问题与生态文明建设领域的渎职犯罪关联度很高，环境执法者滥用职权或者玩忽职守是我国环境问题多发的原因之一。当前，渎职犯罪直接或者间接影响环境的情形越来越常见，其加剧了我国环境的污染破坏程度，损害了公民的合法权益，妨碍了我国生态文明建设任务的实现。因此，我国十分重视打击生态文明建设领域渎职犯罪。在立法上，《中华人民共和国刑法》将某些严重的生态文明建设领域的渎职行为从普通渎职罪中独立出来单独成罪。在司法上，自 2008 年以来，我国司法机关对生态文明建设领域渎职犯罪进行了严厉打击，近 10 年来，每年查处此类渎职犯罪的案件数均在 1 000 件以上。但是，由于种种原因，我国的生态文明建设领域渎职犯罪仍处于高发态势，始终是渎职犯罪的主要类型。鉴于此，本书以生态文明建设领域渎职犯罪为研究对象，分六章论述了生态文明建设与渎职罪之间的关系、生态文明建设领域渎职犯罪的概述、生态文明建设领域渎职犯罪的现状与趋势、生态文明建设领域渎职犯罪的原因、生态文明建设领域渎职犯罪的预防对策及司法认定。通过研究以明确其发生发展的基本规律，为防控此类犯罪提供对策，以期有效规制此类渎职犯罪行为，确保生态文明建设质量。具体而言，本书大致探讨了如下问题：

本书在导论部分详细分析了选题的背景和意义、国内外研究现状以及文章的重点、难点和可能的创新等问题。

第二章是生态文明建设与渎职犯罪。主要包括生态文明的概述、生态文明建设的概述，并在此基础上论述了生态文明建设领域与渎职犯罪行为之间存在的密切关系。生态文明建设与渎职罪是相互影响的，生态文明建设会影响渎职罪的立法理念，扩张渎职罪成立范围及条件；而渎职罪作为环境刑法的组成部分，会促进全体民众培育和形成生态文明建设意识，通过打击犯罪维护生态文明建设秩序，最终保障生态文明建设的质量。

第三章是生态文明建设领域渎职犯罪的概述。本章主要探讨了四个问题：一是探讨了生态文明建设领域渎职犯罪的概念和范围。首先界定生态文明建设领域渎职犯罪的概念。在此基础上明确其成立的范围，生态文明建设领域的渎职犯罪是特殊的渎职犯罪，涉及的罪名多，涵盖的范围广。二是探讨了生态文明建设领域渎职犯罪的分类。根据不同标准区分了不同类型的生态文明建设领域渎职犯罪。三是探讨了生态文明建设领域渎职犯罪的性质。通过比较分析，得出此类组织犯罪具备环境犯罪和渎职犯罪的双重性质，从保障生态文明建设的视角出发，应该坚持从环境犯罪的范畴看待生态文明建设领域渎职犯罪。四是探讨了生态文明建设领域渎职犯罪的特征，即与其他犯罪相比，生态文明建设领域渎职犯罪所具有的特殊性。

第四章是生态文明建设领域渎职犯罪的现象论。首先分析了此类渎职犯罪的发生领域，即此类渎职犯罪主要发生在环境污染防治领域及自然资源保护领域。其次分析了此类渎职犯罪的表现形式，即此类渎职犯罪通常体现在各种具体环境行政行为方式中或者环境司法过程中。再次分析了此类渎职犯罪的危害，其所导致的危害不仅有刑法意义上的危害，而且会妨害我国的环境法治建设，弱化党和政府的统治，损害我国经济建设的可持续发展，破坏社会稳定。最后分析了此类渎职犯罪的查处情况，尽管我国多年来对此类渎职犯罪的打击力度很大，但是并未达到预期目标，当前此类渎职犯罪仍在平稳发展，且会产生持续性的危害，形势仍然十分严峻。

第五章是生态文明建设领域渎职犯罪的原因论。本章从不同角度探讨了我国生态文明建设领域渎职犯罪的原因：首先，我国生态文明建设领域渎职犯罪的直接原因是法律控制的弱化，即现有的立法、执法和司法难以有效应对生态文明建设领域渎职犯罪。其次，我国环境管理制度的失范是生态文明建设领域渎职犯罪发生的原因之一，即现有环境管理制度存在诸多问题，成为生态文明建设领域渎职犯罪发生的诱因，直接或间接导致环境执法者难以依法履行环境管理职责。再次，生态文明建设领域渎职犯罪发生的经济原因，即环境执法者作为理性人，本着个人利益最大化的原则，在经过周密计算后，认为其实施渎职行为会使个人利益最大化，于是选择了实施渎职犯罪。最后，我国环境执法者价值观的失范也是导致其选择渎职犯罪的原因之一，即由于环境执法者对传统观念的不认同，使得现有行政伦理和社会道德难以对其有效规制，导致环境执法行为发生偏差，渎职行为由此而发生。

第六章是生态文明建设领域渎职犯罪的预防对策。具体包括：首先是立法对策，即在借鉴国外先进的立法经验和立足于我国实际的基础上，对我国的生态文明建设领域渎职犯罪的立法进行修正。其次是行政对策，即完善我国的环境管理机制，以减少生态文明建设领域渎职犯罪发生的诱因。再次是打击力度，即提高生态文明建设领域渎职犯罪的犯罪成本，降低其犯罪收益，以使生态文明建设领域渎职犯罪行为成为不经济的行为，从而压缩渎职行为存在的空间。最后是伦理对策，即从内部和外部两方面来强化伦理控制，使得伦理规则能够发挥积极作用，有效规范环境执法者的行业，促使其依法行政。

第七章是生态文明建设领域渎职犯罪的司法认定。本部分探讨了如下问题：一是生态文明建设领域渎职犯罪危害结果的认定问题，即如何认定人身损害、物质损失、非物质损失、生态环境损害。二是生态文明建设领域渎职罪共犯的认定问题，涉及有身份者与无身份者、有身份者之间共同实施此类渎职犯罪该如何定罪量刑的问题。三是生态文明建设领域渎职犯罪的罪数问题，具体情形包括法条竞合、想象竞合、牵连犯等情形的定性。四是部分生态文明建设领域渎职犯罪的“前案”问题，即发生在该领域的徇私舞弊不移交刑事案件罪、帮助犯罪分子逃避处罚罪，此犯罪要求前一行为构成犯罪，接着探讨此种“前案”该如何处埋的问题。

结语部分对全书进行了总结和回顾，并展望了我国今后的环境执法，期盼能够实现生态文明建设的任务，达到人与自然和谐共生。

目录

Contents

第一章　导　论

一、选题背景和意义

（一）选题背景

我国环境法治建设40多年来效果显著：一是环境法律体系已经建立，我国环境法律不管是在数量方面还是质量方面都取得了巨大的进步，而且随着社会、经济发展及环境形势变化，相关环境法律的立、改、废等工作也是如火如荼。二是环境执法机制日渐完善，环境执法部门实现了从无到有、从分散到集中、从弱小到强大的逐步发展，从事环境保护工作的国家机关人员的数量也在稳步增长。在机构强化、人员充实的条件下，各级环境管理部门也通过各种形式强化环境行政执法，确保了环境法律的实施。三是环境司法工作已经走上了正轨，司法是环境法治的最后一道防线，我国的环境司法活动取得了很大成就，在《民事诉讼法》《刑事诉讼法》等程序法修正后，公益诉讼检察部（第八检察部）、环境法庭基本在各级司法机关确立起来，环境司法正成为环境纠纷解决的重要机制之一，司法保障逐渐成为环境保护的有力帮手。

尽管如此，当前我国的环境法治状况与预期目标仍有相当大的差距，生态环境恶化的趋势尚未根本好转，环境违法行为乃至环境犯罪行为仍处于高发态势，如2013—2018年平均每年都有3.5万多人因环境犯罪被起诉[①]。其中，公务人员在环境执法过程渎职犯罪发生的频率很高，以检察机关查处的生态文明建设领域渎职犯罪为例，全国检察机关近10余年来共查办生态环境领域渎职犯罪者18 214人，年均查处约1 800人，具体如下：2004—2007年，全国共查处生态环境领域渎职犯罪3 822人[②]；2008年4月—2009年11月，全国共查处生态环境领域渎职犯罪

① 最高人民检察院工作报告（2014—2019年）［EB/OL］.（2014—2019年）［2019-06-21］http://www.spp.gov.cn/spp/gzbg/index.shtml.

② 宗边.重点查办六类环境渎职案［N］.中国环境报，2008-04-24（1）.

6 513 人[①]；2010 年，全国共查处生态环境领域渎职犯罪 1 248 人[②]；2011 年，全国共查处生态环境领域渎职犯罪 1 803 人[③]；2012 年，全国共查处生态环境领域渎职犯罪 2 403 人[④]；2013 年，全国共查处生态环境领域渎职犯罪 1 196 人[⑤]；2014 年，全国共查处生态环境领域渎职犯罪 1 229 人[⑥]。

2015 年以来，以《环境保护法》修正为代表，环境法治进入新的阶段，各地生态文明建设力度更大，故查处的此类渎职犯罪案件数不断增加。以 2015—2020 年为例，全国司法机关判处的生态环境领域渎职犯罪的案件数量大致如下：①最高人民法院裁判文书网显示，以"滥用职权罪 + 环境"为关键词进行查询，全国基层法院 5 年内判处的环境管理领域的滥用职权罪案件为 8 089 件；以"滥用职权罪 + 土地"为关键词进行查询，全国基层法院 5 年内判处的土地资源管理领域的滥用职权罪案件为 2 862 件；以"滥用职权罪 + 林业"为关键词进行查询，全国基层法院 5 年内判处的森林资源管理领域的滥用职权罪案件为 799 件[⑦]。②最高人民法院裁判文书网显示，以"玩忽职守罪 + 环境"为关键词进行查询，全国基层法院 5 年内判处的环境管理领域的玩忽职守罪案件为 936 件；以"玩忽职守罪 + 土地"为关键词进行查询，全国基层法院 5 年内判处的土地资源管理领域的玩忽职守罪案件为 2 105 件；以"玩忽职守罪 + 林业"为关键词进行查询，全国基层法院 5 年内判处的森林资源管理领域的玩忽职守罪案件为 1 353 件[⑧]。③根据最高人民法院裁判文书网显示，全国基层法院在 2015—2020 年判处的生态环境领域渎职犯罪分案件数分别为：环境监管失职罪 42 件，违法发放林木采伐许可证罪 52 件，非法批准征占用土

---

① 徐日丹. 危害能源资源和生态环境渎职犯罪呈现五大特点［N］. 检察日报，2010-01-30（1）.

② 曹建明. 最高人民检察院工作报告［EB/OL］.（2012-08-20）［2020-2-16］.http://www.spp.gov.cn/gzbg/201208/t20120820_2498.shtml.

③ 高鑫. 高检院：1 至 4 月查办涉及生态环境渎职犯罪案 349 人［EB/OL］.（2014-06-12）［2020-02-16］http://news.jcrb.com/jxsw/201406/t20140612_1404336.html.

④ 高鑫. 高检院：1 至 4 月查办涉及生态生态环境渎职犯罪案 349 人［EB/OL］.（2014-06-12）［2020-02-16］http://news.jcrb.com/jxsw/201406/t20140612_1404336.html.

⑤ 2013 年至今年 4 月全国检察机关查办涉生态文明建设领域渎职犯罪 1545 人［EB/OL］.（2014-6-12）［2020-2-16］http://legal.people.com.cn/n /2014/0612 /c42510-25139380.html.

⑥ 曹建明. 最高人民检察院工作报告［EB/OL］.（2014-03-18）［2020-02-16］http://www.spp.gov.cn/tt/201403/t20140318_69216.shtml.

⑦ 本部分统计数据根据最高人民法院的裁判文书网进行整理［EB/OL］.（2020-05-05）［2020-05-05］https：//wenshu.court.gov.cn/website/wenshu/181217BMTKHNT2W0/index.html?pageId=f003b15ff6b840aaf08beb-baa28df60e&s21=%E6%BB%A5%E7%94%A8%E8%81%8C%E6%9D%83%E7%BD%AA5.

⑧ 本部分统计数据根据最高人民法院的裁判文书网进行整理［EB/OL］.（2020-05-05）［2020-05-05］https：//wenshu.court.gov.cn/website/wenshu/181217BMTKHNT2W0/index.html?pageId=f003b15ff6b840aaf08beb-baa28df60e&s21=%E6%BB%A5%E7%94%A8%E8%81%8C%E6%9D%83%E7%BD%AA.

地罪 47 件，非法低价出让国有土地使用权罪 9 件[①]。上述案件数量合计为 16 294 件，平均每年判处的此类案件超过 3 000 件。鉴于本次统计缺乏足够的资料支撑，根据查询所得出的案件数可能存在交叉，且水资源保护、草原资源保护、矿产资源保护等领域的渎职犯罪未完全统计，故本次统计精确度存在偏差，但是基本可以推断 2015—2020 年我国的生态环境领域渎职犯罪形势依然非常严峻。

如果考虑到犯罪黑数，生态环境领域渎职犯罪的实际犯罪数量会更为惊人。生态环境领域渎职犯罪属于结果犯，其构成要件之一是产生法定的危害后果，即环境污染破坏且导致人身或者财产遭受重大损失，因此，上述犯罪数据实际表明了我国生态环境污染破坏的严重性。当前，生态环境领域渎职犯罪已经成为渎职犯罪中的主要类型，其不仅侵蚀了国家工作人员的职业操守，更重要的是危及了作为人类生存基础的生态环境。因此，在建设生态文明之际，如何惩治和预防此领域的渎职犯罪成了司法机关所面临的重要课题。

（二）选题意义

1. 理论意义

（1）在一定程度上弥补研究的遗漏。鉴于生态文明建设领域渎职犯罪形势越来越严峻，其已经成为渎职罪的主要类型。为了有效应对生态文明建设领域渎职犯罪，司法机关已经投入巨大的人力、物力，有力打击了生态文明建设领域渎职犯罪行为。尽管如此，仍未能遏制其继续发展的态势，为此，必须从理论上研究生态文明建设领域渎职犯罪发生的基本规律。然而，目前有关生态文明建设领域渎职犯罪的研究多集中于个罪或者个别领域，视角较为单一、狭窄，缺乏整体性；且大多数是从刑法学的角度展开，很少从生态利益保护角度来研究此类渎职犯罪；此外，没有博士论文和专著对生态文明建设领域渎职犯罪进行研究。此种现状不利于全面认识并有效防控生态文明建设领域渎职犯罪，故研究如何规制此类渎职犯罪可以弥补相关的研究缺失。

（2）在一定程度上促进环境法理论的发展。在环境法律体系中，环境刑法是其重要组成部分。生态文明建设领域渎职犯罪作为环境刑法的组成部分，既可以归结为刑法学的领域，也可以归结为环境法学的领域。近 10 多年来，我国环境刑法发

---

① 本部分统计数据根据最高人民法院的裁判文书网进行整理［EB/OL］.（2020-05-05）［2020-05-05］https：//wenshu.court.gov.cn/website/wenshu/181217BMTKHNT2W0/index.html?pageId=f003b15ff6b840aaf08bebbaa28df60e&s21=%E6%BB%A5%E7%94%A8%E8%81%8C%E6%9D%83%E7%BD%AA.

生了很大的变化，《刑法修正案（二）（四）（七）（八）》等都对环境犯罪的立法作了修正，此种结果导致环境刑法对生态环境保护范围变宽、保护时间提前。尽管如此，作为环境刑法重要组成部分的生态文明建设领域渎职犯罪未发生任何变化，随着《环境保护法》等环境法律的修正，政府环境职责的范围在不断扩大，生态文明建设领域渎职行为发生的领域与情形随之扩大，作为履行担保机能的刑法理应发生相应变化，对此进行研究可以推动环境刑法的完善，促进环境法学理论的发展。

2. 实践意义

（1）可以提出相关立法建议。现行《刑法》关于生态文明建设领域渎职犯罪的立法不利于保护生态环境。首先，结果犯的立法模式使刑法的保护滞后，其不仅对人类的人身和财产权利保护滞后，对生态环境的保护更为滞后，待到环境污染破坏行为发生之后再行制裁已经于事无补。其次，刑法未明确区分生态文明建设领域渎职犯罪与其他渎职罪，因此，无法将其与其他渎职犯罪区别开来，此种现状会使环境司法人员易受主观因素的影响，助长司法的恣意性，无助于打击和预防生态文明建设领域渎职犯罪。况且，生态文明建设领域的渎职犯罪虽然地位上与其他渎职犯罪等同，但是与其他渎职犯罪相比法定刑偏轻。为有力打击此类渎职犯罪，保护生态环境，有必要推动修正相关法律。

（2）可以为防控生态文明建设领域的渎职犯罪提供对策。从犯罪学角度而言，生态文明建设领域渎职犯罪作为一种高发的犯罪现象，不仅危及人类自身，而且污染破坏了生态环境，对作为人类生存基础的生态环境产生巨大的威胁。研究生态文明建设领域渎职犯罪发生发展规律，能够为预防和控制此类犯罪提供对策，以有效促进环境执法的公正性，保护生态环境，促进人与自然和谐共生。

二、国内外研究综述

总体而言，国内外都对生态环境领域渎职犯罪研究不多。有部分国家立法专门规定了环境领域渎职犯罪，其立法都是将本罪置于环境犯罪部分；至于专门对环境领域渎职犯罪的理论研究较少，且都是在环境刑法（犯罪）中进行探讨。国内对生态文明建设领域渎职犯罪研究也很少，截至 2020 年 5 月，中国知网显示直接以环境渎职（职务）犯罪作为研究对象的文章有 120 余篇，其中，发表在期刊上的文章有 30 余篇，其余 80 余篇文章都是出现在报纸上，且多为新闻报道。这些研究成果主要有宋寒松的《当前环境保护和监管领域渎职犯罪特点、成因及对策——从检察机关法律监督的视角看》、李忠诚的《惩治犯罪、净化环境、保护水资源——关于惩治破坏水资源犯罪的思考》、张霞等的《环境职务犯罪非法证据排除规则与机制研究》、周伟的《论我国环境监管渎职失职问题及其解决思路》、胡春艳的《环境污染事件中官员问责的结果差异研究》、秦悦涵的《刑行交叉视域下国家环境监管工作人员渎职责任探讨》、白洁的《环境监管渎职犯罪相关问题探讨》、向琳玉的《生态环境领域渎职案件侦查的困境与对策》、刘旭红等的《当前危害能源资源和生态生态文明建设领域渎职犯罪的成因及惩治对策》、徐日丹的《危害能源资源和生态生态文明建设领域渎职犯罪呈现五大特点》、曹金山等的《生态文明建设领域渎职犯罪侦查法律适用分析》、黄祥基的《当前危害能源资源和生态生态文明建设领域渎职犯罪调查分析》，目前还没有关于生态文明建设领域渎职犯罪方面的博士论文或者专著。此外，从微观视角来研究生态文明建设领域渎职犯罪的文章也不多。下文是对这些研究文献的综述及简评。

（一）国外研究现状

1. 研究状况

本书主要考察了德国、日本的研究状况。德国、日本在环境管理领域的公务担当者的刑事责任是放在环境刑法中进行研究的，总体而言，德国和日本对生态环境领域渎职犯罪问题关注不多，但还是探讨了如下问题：

（1）环境管理领域公务担当者渎职犯罪发生的环节。有的学者对此类犯罪发生环节进行了探讨：一是发生在环境行政许可环节，如明知违法而许可的情形[①]、发现违法而不撤回许可的情形[②]；二是发生在环境行政处罚环节，如不积极行使监管权[③]，对于环境犯罪消极应对，可以认定为共犯或者不作为犯[④]；三是发生在与环境保护相关的各个环节，美国法院的判例表明公务人员是环境犯罪的特殊主体，几乎环境犯罪的各个环节均可能发生公务人员犯罪[⑤]；四是美国的规定对此有些差别，美国《清洁空气法》规定污染空气犯罪的犯罪行为人包括了联邦及州政府的公务人

① ［日］小林敬和．ベルント・シューネマン『環境刑法の理論と刑事政策について』の紹介と解説［J］．高岡法学，1997，9（1）：123.

② ［日］三枝有．環境刑法の新展開：環境保護政策と法規制の在り方［J］．法政論叢，2008，45（1）：20.

③ ［韩］元滢植．獨逸의 環境刑法에 있어서 構成要件阻却事由또는違法性阻却事由로서의 行政官廳의 許可의 效力［EB/OL］．（2004-05-05）［2016-02-16］.http://www.kcla.net/download.red?fid=163.

④ ［日］山中敬一．ドイツ環境刑法における解釈論上の諸問題［J］．刑法雑誌，1992，32（2）：205.

⑤ 柯泽东．环境刑法之理论与实践［J］．台大法学论丛，1989，18（2）：137.

员，但是《清洁水法》等则没有类似规定[①]。

（2）是否有必要在刑法中规定环境公务担当者的处罚。德国在《刑法》第十八次修正案审议环境犯罪立法之际，已将公务担当者的处罚规定导入了议案中[②]。奥托·特拉夫尔（Otto Triffterer）认为，对于环境监管领域公务担当者的实施违法许可、不履行监督职责或附条件不履行监管职责、重大立案失误三种情形，不能仅仅以环境犯罪的不作为犯或者帮助犯来处理，而应该通过设定环境法固有的特别规定的方法来处理，为此，特拉夫尔主张在《刑法典》第二十八章三百二十九条 a 作为第二款以处罚类似行为[③]。然而，法务委员会经讨论没有采纳此提案。不久，在德国第 57 次法曹大会再次讨论了在环境刑法中规定公务担当者承担刑事责任的提案，因美尔（Immer）在议案中再度提出应该在环境刑法中规定公务担当者的处罚规定，他认为公务担当者作为国家委托的人，负有调和环境财产的责任，对于侵害了这种作为义务人地位的场合，可以适用德国刑法第二百六十六条内在的背信思想[④]。大会仍没有采纳规定公务担当者刑罚的意见，而要求将其委诸于学说和判例[⑤]。

（3）环境公务担当者刑事责任的行政从属性。日本学者金子正昭和伊东研祐认为在环境刑法的行政从属性中，行政机关或其公务人员的刑事责任是个需要讨论的问题[⑥]，日本学者三枝有认为行政从属性是指环境领域渎职犯罪的构成从属于相应的环境行政法，若没有相应的行政违法行为，便不存在环境领域渎职犯罪。但过于强调行政从属性会导致环境刑罚的消极化，难以及时应对环境问题[⑦]。德国学者撒姆松认为环境刑法上的行政行为预决性原则维护了环保行政执法机关的权威，但在理论上会造成刑法与行政法的冲突，例如当事人运用贿赂手段非法从当局那里获得了排污许可证，此排污许可证在行政法上是合法有效的，但在刑法上却是有罪的[⑧]。日本学者长井圆认为若过于强调环境刑法对环境行政法的“违法性的从属”，鉴于在公务人员裁量范围内的具体性事情可能会得到不同对待，其在执法过程中不作为

---

① Mary F. Evansa，Sarah L. Staffordb.The Clean Air Act Watch List and Federal Oversight of State Enforcement Efforts［J］.Journal of Environmental Economics and Management，2019（9）：170-184.

②③ ［日］山中敬一．ドイツ環境刑法における解釈論上の諸問題［J］．刑法雑誌，1992，32（2）：205.

④ ［日］山中敬一．ドイツ環境刑法における解釈論上の諸問題［J］．刑法雑誌，1992，32（2）：206.

⑤ ［日］立石雅彦．ドイツ環境刑法の改正について［J］．刑法雑誌，1992，32（2）：181.

⑥ ［日］金子正昭．オーストリア環境刑法の発展について --ウェークシャイダーの所説を中心に［J］．第一経大論集，1998，28（2・3）：67.

⑦ ［日］三枝有．環境法におけるサンクションの在り方：環境刑法を中心として［J］．法政論叢，1997（33）：188.

⑧ ［德］撒姆松．德国环境刑法的基本原理和问题［J］．李晓明，译．外国法译评，1994（4）：73.

的可能性增加，更易发生违反裁量权和渎职腐败行为[①]。

（4）环境公务担当者承担刑事责任的根据。许多学者认为公务担当者必须承担一定的义务，当其未履行相应义务时，则应承担刑事责任。关于义务的内容，存在如下区别：三枝有认为，在法制度范围内，应该课以公务担当者对环境侵害行为告发的义务，若怠于履行此义务或者疏忽大意而许可的，应给予刑事处罚[②]。因美尔认为，受国家委托而负有调和环境财产责任的公务担当者，若其对于侵害了这种作为义务人地位的场合，可以适用环境刑法给予处罚[③]。有学者认为，之所以以“间接正犯”处罚公务担当者，是因为其明知违法而仍然许可，故需要承担保证人的义务[④]。

（5）环境公务担当者承担刑事责任的方式：①以环境犯罪的正犯处理。德国第57次法曹大会上的SPD（德国社会民主党，当时在野党）草案认为，“实施瑕疵许可或不正当行为的公务担当者，若导致环境的侵害或危险，或者违反其他义务，如果符合构成要件，与正犯同罚”[⑤]。②以环境犯罪的间接正犯处理。德国学者许乃曼认为，关于环保当局官员若明知违法而仍然做出行政许可时，其需承担保证义务，可以认定为间接正犯[⑥]。韩国学者元滢植认为，因公务员不撤回许可而导致获得许可者对环境造成污染的情况下，可以成立不作为的间接正犯[⑦]。③以环境犯罪的共谋共同正犯处理。三枝有认为，若行政当局明知会产生环境侵害而许可、默认污染行为发生，成立共谋共同正犯[⑧]。④以环境犯罪的共犯处理。德国学者罗克辛（Claus Roxin）认为，对于环境犯罪行为，若存在行政许可，可以阻却构成要件符合性，但此违法许可如果是因为受贿而做出，则构成共犯[⑨]。对上述几种处理方式，撒姆松提出质疑，其认为若环保当局的公务人员因受贿而违法许可时，很难认定其

---

① ［日］長井圓．環境刑法の基礎・未来世代法益［J］．神奈川法学，2002，35（2）：445.

② ［日］三枝有．環境刑法の新展開：環境保護政策と法規制の在り方［J］．法政論叢，2008，45（1）：20.

③ ［日］山中敬一．ドイツ環境刑法における解釈論上の諸問題［J］．刑法雑誌，1992，32（2）：201.

④⑥ ［日］小林敬和．ベルント・シューネマン『環境刑法の理論と刑事政策について』の紹介と解説［J］．高岡法学，1997，9（1）：123.

⑤ ［日］立石雅彦．ドイツ環境刑法の改正について［J］．刑法雑誌，1992，32（2）：184.

⑦ ［韩］元滢植．獨逸의 環境刑法에 있어서 構成要件阻却事由또는違法性阻却事由로서의 行政官廳의 許可의 效力［EB/OL］.（2004-05-05）［2016-02-16］.http://ww.kcla.net/donload.red?fid=163.

⑧ ［日］三枝有．環境法におけるサンクションの在り方：環境刑法を中心として［J］．法政論叢，1997（33）：188-185.

⑨ ［德］ロクシン．職権と強制権，官庁の許可［J］．町野朔、長井圓、臼木豊〈訳〉．神奈川法学，1997，31（2）：719.

构成犯罪，排污者因为持有许可证而阻却了犯罪的成立，两者之间的共犯关系不能认定，故无法以共同犯罪去追究做出许可的公务人员的刑事责任①。而且，因为环保行政法赋予了环保行政当局公务人员相当大的自由裁量空间，以致许可证是否真正违法的问题也常常难以说清楚②。

（6）环境行政机关能否承担本罪的刑事责任。多数学者认为行政机关无法承担刑事责任，因此不应该追究行政机关的刑事责任。也有学者认为可以追究行政机关的刑事责任，如大谷实认为可以追究国家以及地方团体的刑事责任，但应以法律明文规定为准③；伊东研祐提倡追究行政机关的环境刑事责任，其认为局部组织背离环境法律法规的可能性很高，对此不能仅从内部纠正，还应该从外部介入④。

2. 简评

根据上述德国和日本学者的研究，刑法未专门规定此类渎职犯罪的国家，对环境领域渎职犯罪常按照环境犯罪来定罪量刑的，即依照环境犯罪的正犯或者共犯来处理。因此，德日等国的刑法对实施了此类渎职犯罪行为的公务人员的否定评价和谴责主要是基于环境犯罪的立场，而非渎职犯罪的立场。另外，司法实践中，生态文明建设领域渎职犯罪的行为确实不容易被查处，撒姆松认为“不要谈是否构成了犯罪，甚至连是否存在渎职行为都难以查清”⑤。也正因为如此，学者们为解决此问题而提出了自己的观点，如三枝有、因美尔、许乃曼所提出的以“义务违反作为入罪的标准”，这对于惩处生态文明建设领域渎职犯罪、维护环境安全大有裨益，与现代刑法注重风险防范及提前保护重大安全法益的发展方向一致。

（二）国内研究现状

国内研究主要集中在立法研究、与环境犯罪关系研究、基本问题研究（指犯罪构成和刑罚）、法律适用研究、犯罪原因和对策5个方面，具体如下：

1. 立法研究情况及简评

（1）研究情况。对于生态环境领域渎职犯罪的立法缺陷和完善建议作了探讨的文章有：一是期刊论文类，如张霞等的《新时代背景下环境监管失职罪立法的完善》、王哲的《论环境监管失职罪与环境法的衔接》、秦鹏等的《环境监管失职罪归

①② ［德］撒姆松．德国环境刑法的基本原理和问题［J］．李晓明，译．外国法译评，1994（4）：73.
③ ［日］大谷實．法人処罰の在り方（一）——将来の立法の選択肢［J］．同志社法学，1991，9（1）：196.
④ ［日］伊東研祐．環境刑法における保護法益と保護の様態［A］．刑事法学の現代的状況——内藤謙先生古稀祝賀［C］．東京：有斐閣，松尾浩也，芝原邦爾编，1994：313.
⑤ ［德］撒姆松．德国环境刑法的基本原理和问题［J］．李晓明，译．外国法译评，1994（4）：74.

责的规范分析》、周伟的《论我国环境监管渎职失职问题及其解决思路》、秦悦涵的《刑行交叉视域下国家环境监管工作人员渎职责任探讨》、白洁的《环境监管渎职犯罪相关问题探讨》、莫神星的《谈环境监管失职罪》、肖利民的《违法发放林木采伐许可证罪若干问题探析》、许岚的《如何理解"违法发放林木采伐许可证罪"》、朱乃飞等的《非法批准征用、占用土地罪主体的界定》、王成的《刑法第四百一十条尚需完善》、向恩明等的《试论非法批地罪犯罪主体的认定》等。二是硕士论文类，如王璞的《环境职务犯罪法律问题研究》、王静然的《环境职务犯罪防控机制研究》、刘金辉的《环境监管失职罪疑难问题研究》、贺翔的《环境监管失职罪若干问题研究》、王林林的《环境监管失职罪立法研究》、许燕的《环境监管失职罪探析》、黄慧的《论环境监管失职罪》、蒋鲁光的《论环境监管失职罪》、王广祯的《环境监管失职罪研究》等。具体研究情况如下：

关于我国生态文明建设领域渎职犯罪的立法缺陷：一是罪名规定不周延，只规定了违法发放林木采伐许可证罪、环境监管失职罪、非法批准征用、占用土地罪、非法低价出让国有土地使用权罪，不能囊括其余生态文明建设领域渎职犯罪行为。二是主体范围过窄，《刑法》要求本罪主体主要为国家机关工作人员，但是在环境管理的规划、许可、管理、监督、检查等领域，不仅是国家机关工作人员可行使此权力，环境行政法规定了许多国家工作人员也可行使此权力。三是法定刑偏轻，生态文明建设领域渎职犯罪属于特殊的渎职犯罪，之所以将其类型化，主要在于其危害性，然而，其法定刑却比普通渎职犯罪要轻。如环境监管失职罪作为特殊类型的玩忽职守罪，其最高法定刑只有 3 年，但玩忽职守罪最高法定刑却为 7 年。四是刑种偏少，《刑法》对这几个环境领域渎职犯罪只规定了自由刑，此规定仅体现了刑法的惩罚机能，难以起到预防作用，也忽视了对被破坏的环境的改善与恢复。

关于完善我国生态文明建设领域渎职犯罪的立法建议：一是增设新罪名，如水污染渎职罪、土壤污染渎职罪、草原监管失职罪、非法批准征用草原罪、违法发放矿产资源开采许可证罪。二是扩大主体范围，将主体由"国家机关工作人员"扩展为"国家工作人员"。三是加重法定刑，至少使生态文明建设领域渎职犯罪的法定刑与《刑法》第三百九十七条规定的滥用职权罪、玩忽职守罪的法定刑相一致。四是增设刑种，其一，可将有关恢复与改善环境的措施规定为刑罚，如罚金、劳动改造等；其二，增设资格刑，剥夺犯罪者担任一定职务的资格。

（2）简评。上述研究从环境领域渎职犯罪的罪种、罪状、法定刑、刑种等方面做了研究，现行环境领域渎职犯罪的立法规定的确存在前文所述的问题，这导致既不利于打击渎职行为，更无法有效、完整保障应有的环境安全，学者们针对这些问题提出了完善建议，总体而言比较全面，为今后立法提供了帮助。然而，此研究还存在一系列问题：一是上述对环境领域渎职犯罪的立法研究都是站在渎职行为的立场而展开，其目的在于预防和打击渎职犯罪，未突出环境保护问题。刑法之所以将环境领域的渎职犯罪类型化，其目的不应该仅局限于渎职犯罪本身，而更应该关注此犯罪行为所导致的环境问题。二是缺乏比较研究的方法，上述仅是纵向研究，缺乏横向比较，为使立法建议更具针对性，应该了解其他国家和地区相应的立法情况。

2. 关于生态文明建设领域渎职犯罪与环境犯罪关系的研究

（1）二者的概念。第一，研究情况。首先是环境犯罪的概念。环境犯罪是国际上的通行称谓（俄罗斯称为生态犯罪），国内外学者对其定义存在差别，例如：一是指行为人通过恶化的环境而危害人身健康和财产的犯罪①；二是指行为人实施了为法律所不许可的行为或未履行某项法定义务，并危及民众的人身权利、财产权利或者妨碍公众行使或享有公众共有的权利，此即公害罪②；三是指生态犯罪行为的总称，即行为人实施的具有社会危害性、有罪性、违法性并给周围自然环境和人类健康造成损害的、被刑法所禁止和应当受到刑法惩罚的行为③；四是指行为人实施的违反环境法律且严重污染或者破坏生态环境的，并对生态环境、人身权利、财产权利等造成严重危害或者威胁的，应受到刑罚处罚的行为④；五是指行为人违反环境法律法规，破坏自然环境与自然资源且情节严重的行为⑤；六是指行为人违反环境保护法律，污染或破坏环境并造成重大财产损失或者人身伤亡的行为⑥。

其次是生态文明建设领域渎职犯罪的概念。目前只找到相近的定义，根据王璞《环境职务犯罪法律问题研究》的观点，环境职务犯罪作为一类罪的总称，并非单指某个犯罪，其包括广义和狭义的概念。其认为广义的环境职务犯罪是指负有环境

① 付立忠．环境刑法学［M］．北京：中国方正出版社，2001：180.
② ［英］J.R. 斯宾塞．对公害罪的批判性研究［J］．周昭益，译．环球法律评论，1990（1）：29.
③ ［俄］阿・伊・道尔戈娃．犯罪学［M］．赵可，等，译．北京：群众出版社，2000：488.
④ 肖剑鸣，翁京才，翁连金．环境犯罪论［J］．山东社会科学，2005（8）：74.
⑤ 陈兴良．刑法疏议［M］．北京：中国人民公安大学出版社，1997：533.
⑥ 赵秉志，王秀梅，杜澎．环境犯罪比较研究［M］．北京：法律出版社，2004：2.

保护监管职责的国家机关工作人员在监管过程中实施的职务犯罪；狭义的环境职务犯罪特指专门的生态文明建设领域渎职犯罪，即我国1997年《刑法》规定的违法发放林木采伐许可证罪、环境监管失职罪、非法批准征占用土地罪、非法低价出让国有土地使用权罪。

第二，简评。上述环境犯罪和生态文明建设领域渎职犯罪定义的侧重点显然不同，前者突出犯罪人对环境的直接危害，即犯罪行为直接造成环境污染或者破坏；后者突出环境执法者未正确履行职务行为导致环境污染或者破坏，通常为间接的危害。然而，二者也有相同之处，即在"环境侵害行为—刑法中的因果关系—严重危害环境的后果"三个环节上是相通的，所以二者之间没有天然的界限，其对环境的危害本质上是相同的，由此引发了下文需要讨论的问题：公务人员的生态文明建设领域渎职犯罪是否属于环境犯罪的范畴？即生态文明建设领域渎职犯罪本质上是否为环境犯罪？

（2）二者的关系。第一，研究情况。国内专门研究二者关系的情形不多见，有关研究情况综合如下：一是1997年之前的研究情况。在1997年《刑法》出台前，我国许多学者认为生态文明建设领域渎职犯罪应该归属于环境犯罪的范畴：杨春洗教授认为，环境犯罪的主体是一般主体，其范围包括国家工作人员①；邹清平认为，危害环境犯罪侵犯的客体涉及危害公共安全罪、妨碍社会管理秩序罪、破坏社会主义经济秩序罪、侵犯财产罪、渎职罪五类罪的客体②；王灿发教授认为，从犯罪客观方面看，环境犯罪行为表现为四种形式，其第四种形式属于生态文明建设领域渎职犯罪，即负有监督管理权限的机关或者工作人员违法批准或者非法指令他人批准建设项目，导致环境污染破坏严重后果的③。二是1997年之后的研究情况。自1997年《刑法》出台后，将生态文明建设领域渎职犯罪定位在渎职罪专章，关于本罪性质的争端基本消失。通说认为生态文明建设领域渎职犯罪属于特殊的渎职犯罪，学者们对其研究主要是放在渎职罪中进行；而环境犯罪是特指《刑法》所规定的第六章第六节"破坏环境资源保护罪"，二者分别属于不同性质的犯罪④。三是最近的研究情况。进入21世纪，随着我国生态文明建设领域渎职犯罪日益猖獗，有学者提出

① 杨春洗．中国环境犯罪的刑事治理［J］．法学家，1994（6）：5.

② 邹清平．论危害环境罪［J］．法学评论，1986（3）：51.

③ 王灿发．我国惩治环境犯罪立法亟待解决的几个问题［J］．中国法学，1996（1）：89.

④ 赵秉志，王秀梅．海峡两岸环境刑法与环境犯罪之比较研究［A］．刑法论丛（第四卷）［C］．北京：法律出版社，2000：71.

环境犯罪外延要大于《刑法》第六章第六节所规定的“破坏环境资源保护罪”，包括了环境犯罪和生态文明建设领域渎职犯罪①。还有学者提出及时修正我国的环境刑法，将生态文明建设领域渎职犯罪的立法纳入环境刑法的范畴②。

第二，简评。上述研究基本回答了生态文明建设领域渎职犯罪与环境犯罪二者之间的关系，在不同国家或地区，因为立法等原因，二者究竟是全异关系、交叉关系还是完全竞合关系，要依各国实际情况而定。二者之间的关系如何实际上反映了环境犯罪的严重程度及对此的重视程度。通常而言，若环境犯罪形势较为严峻，那么，环境犯罪各方面诱因（包括公务人员的渎职行为）就会受到重视，更有可能将生态环境管理领域中的渎职行为规定为环境犯罪的罪状之一，以更严厉打击犯罪、保护环境安全。在此二者关系中，完全竞合关系，即环境犯罪包括生态文明建设领域渎职犯罪这种方式，对防止发生环境问题的力度最大。从我国情况看，环境犯罪与渎职犯罪形势都很严峻，治理环境和治理官吏都是新一届中央领导集体无法回避的重大难题，但环境问题具有不可逆性，且环境安全事关公民的生存和发展，优先考虑环境安全具有更充分的理由。况且，生态文明建设是“五位一体”中的重要一极，习近平总书记多次强调要加强生态文明建设。在此形势下如何规制生态文明建设领域渎职犯罪行为是今后值得探讨的问题。

3. 关于生态文明建设领域渎职犯罪的基本问题研究

（1）研究情况。在 1997 年《刑法》出台后，许多刑法学者纷纷著书立说，对有关的生态文明建设领域渎职犯罪进行了探讨，如高铭暄、马克昌主编的《刑法学》，肖扬主编的《中国新刑法学》，赵秉志主编的《新刑法典释义与应用》，陈兴良主编的《刑法全书》，以及何秉松主编的《职务犯罪的预防与惩治》、韩耀元主编的《渎职罪的定罪与量刑》、杜澎的《破坏环境资源犯罪研究》等，他们基于刑法以传统法益侵害为中心展开了研究。在 2004 年前后，一批环境法学者立足于环境保护，对此类渎职犯罪进行了探讨，以蒋兰香教授的《环境刑法》为代表，包括王璞的《环境职务犯罪法律问题研究》、廖华的《“湖北环境污染第一案”与环境监管失职罪》、贺翔的《环境监管失职罪若干问题研究》、黄慧的《论环境监管失职罪》、罗泽真的《林业渎职犯罪研究》等。此时研究基本上立足于个罪而展开，其研究情况主要如下：

关于生态文明建设领域渎职犯罪的犯罪构成。鉴于已有研究都是对个罪的犯罪

①② 蔡雪冰，谭静蓉．论我国环境刑法立法体例问题［J］．时代法学，2014（1）：23.

构成所做研究，此处将各个罪的研究情况综合归纳如下：一是犯罪主体。通说认为该罪的主体是国家机关工作人员，但是存在例外情况，如违法发放林木采伐许可证罪的犯罪主体只要求是林业主管部门的工作人员。二是犯罪主观方面。通说认为除环境监管失职罪主观上为过失外，其他生态文明建设领域渎职犯罪主观方面都是故意。三是犯罪客体（法益）。刑法学者们立足于传统视角，站在渎职罪的立场，认为该罪保护的法益是国家法益，具体体现为环境管理活动、国家的环境保护制度、国家的环境保护秩序、国家的环境保护职能等，不管是单一客体说还是复杂客体说，其内容未脱离于此。在2004年前后，蒋兰香教授在其著作《环境刑法》中首次提出生态文明建设领域渎职犯罪保护的法益是复数法益，既保护环境管理部门正常的环境监管活动，也保护公民的环境权。此说获得越来越多的赞同，并且此复数法益中的两个法益之间的排位开始发生变化，环境法益的排位逐渐超过了国家法益[①]。之后，围绕着何为环境法益，许多学者对此进行了研究。有的认为环境法益本身是个开放的概念，环境权、公私财产、人身安全都可包括在内[②]；有的认为环境法益的对象是刑法所保护的人类赖以生存和发展的单项环境要素或自然环境整体，体现了个人法益与超个人法益相结合、利益多重性的特点，侵犯环境法益即是侵犯生态环境与自然对主体的满足状态，对主体生存、发展的服务关系[③]。关于何为环境法益，至今没有定论。四是犯罪客观方面。通说认为该罪的客观方面是指国家机关工作人员违反相关环境法律法规的规定，实施了生态文明建设领域渎职行为，造成了严重后果。

关于生态文明建设领域渎职犯罪刑罚的研究。一是关于刑种及法定刑的研究情况。有很多学者对该罪的刑罚进行了研究，并建议要丰富刑罚措施、延长刑期（见前文）。二是关于刑罚的均衡性研究。生态文明建设领域渎职犯罪属于特殊渎职犯罪，作为已经被类型化的特殊法条，其量刑反而轻于普通法条，如此规定，可能放纵犯罪，难以发挥刑罚一般预防的功能，无法及时因应相应的环境问题，这点已为众多的环境事故所证明[④]。三是关于刑罚及犯罪的预防。即要降低犯罪认定标准、完善执法机制、提高侦查水平，要严厉惩处犯罪分子，要形成刑事处罚、行政处分、党纪处罚“三位一体”的打击机制，形成“有罪必罚”的氛围，培养和提升法

①③ 廖华.“湖北环境污染第一案”与环境监管失职罪［J］.武汉科技学院学报，2006（9）：69-70.

② 郭英华.环境权还是环境法益？——权利泛化背景下对环境权的反思［J］.内蒙古社会科学，2008（9）：15.

④ 刘金辉.环境监管失职罪的法定刑配置之完善建议［J］.科技信息，2006（5）：127.

律信仰，使人不能犯、不敢犯、不愿犯。

（2）简评。当前对单个生态文明建设领域渎职犯罪的构成要件的研究已经形成通说，但是关于其犯罪客体（即法益）的研究有生态化的趋势。另外，关于刑罚功能方面的研究也有了一定的突破，这些变化反映了对生态文明建设领域渎职犯罪研究的视角发生了变化，即由传统刑法向现代刑法的视角转换。我国传统刑法是在法益侵害的基础上建立起来的，刑法的基本任务就是保护法益。传统刑法坚持实害犯的原则，另外将一些重大风险的犯罪规定为危险犯。若坚持渎职罪的立场，生态文明建设领域渎职犯罪则只是在特定领域发生的渎职罪而已，其研究必然遵循传统刑法的范式。然而，随着环境污染与破坏越来越严峻且渎职行为又增加了环境风险，坚持实害犯的立场来看待生态文明建设领域渎职犯罪，无助于环境法益的保护。近年来，学者们已开始从风险预防的立场来探讨生态文明建设领域渎职犯罪，其研究视角变化的表现如下：一是保护法益的抽象化。尽管有很多学者对环境法益进行了探讨，作为以防范环境风险而出现的环境法益，其内涵是会随环境问题的变化而变化，法益的对象难以固定。因此，环境法益的外在形式及刑法对其保护的边界非常模糊，导致了很难依据法益来划定行为可罚性的界限，而是以一般危险性和预防必要性作为可罚性的边界[①]。二是刑法介入的早期化。抽象法益的提倡必然使刑法对环境法益保护的防线推前，也即刑法提前了对环境法益的保护，法益保护早期化意味着刑罚非难的对象已经由“结果”转向“行为”，即由结果无价值变成了行为无价值，这意味着定罪量刑已不再要求重大环境事故等结果的发生，只要环境侵害行为造成了特定风险，就可以入罪并处以相应刑罚。三是刑法预防的积极化。鉴于环境问题的不可逆性，预防环境问题发生、保证环境安全是刑罚所积极追求的功能之一，而传统刑罚措施对此力有不逮，传统刑罚立足于报应，其预防功能建立在报应的基础上，即通过惩罚达到一般预防的效果，此种消极的一般预防无助于应对当前的环境犯罪。因此，以积极预防来应对生态文明建设领域渎职犯罪是今后环境刑法的重要课题之一。

4. 关于生态文明建设领域渎职犯罪的法律适用研究

对生态文明建设领域渎职犯罪适用中产生的各种问题，许多学者进行了研究。

（1）研究状况。主体认定方面的研究。一是犯罪主体是否应该限定为国家机关工作人员。有学者认为我国生态文明建设领域渎职犯罪的犯罪主体要求具有相应权

① 陈晓明．风险社会之刑法应对［J］．法学研究，2009（6）：54.

限的国家机关工作人员，若过于严格，可能会放纵犯罪。例如，各环保部门下属的环境监测站，其工作人员多为事业编制人员，非国家机关公务员，其在接受委托行使环境监管职权时，完全具备主体资格，但是依现行刑法规定，其渎职行为不构成犯罪。因此，其认为犯罪主体应扩展至国家工作人员[①]。二是单位能否成为本罪主体。我国刑法规定本罪只能由国家机关工作人员构成，单位不能作为犯罪的主体，导致对集体决策实施的犯罪行为不能以生态文明建设领域渎职犯罪处罚。另有人探讨了主体身份来源的合法性问题，认为只要职务行为本身具备合法形式即可，不需强调其主体身份取得行为合法[②]。

因果关系认定方面的研究。为降低因果关系的证明标准，学者们提出如下解决办法：一是采用疫学因果关系，即只要证明行为与结果之间存在高度的盖然性，即可肯定存在刑法上的因果关系[③]。二是采用因果关系间接反证法，即将举证责任交由加害方，实行举证责任倒置，如果被告不能反证其行为与损害结果之间不存在因果关系，则推定成立刑法上的因果关系[④]。三是适用客观归责理论，从是否制造了法不容许的风险、是否实现了法不容许的风险、行为人创设的风险是否在构成要件效力的范围之内三个层面逐级判断行为是否构成犯罪。

责任认定方面的研究。生态文明建设领域渎职犯罪很难被追究，原因有二：一是环境问题量化难；二是行为人的犯罪意图查证难[⑤]。鉴于此，有学者提出了严格责任，以减少对主观意图的举证，严格责任实际上是将举证责任交给被告方，根据程度不同，可分为绝对严格责任和相对严格责任[⑥]。在生态文明建设领域渎职犯罪中，若依照严格责任，则举证问题将迎刃而解，只要行为人实施的渎职行为危害了环境，便需负刑事责任，无须过多考虑主观上的故意或过失[⑦]。

（2）简评。上述研究探讨了司法实践中如何快速有力打击生态文明建设领域渎职犯罪，其对策主要是放宽犯罪构成要件、降低证明标准：一是扩大犯罪主体，关于生态文明建设领域渎职犯罪中犯罪人的标准主要有“身份说”“公务说”等观

---

① 李希慧，贾济东，廖焱清．渎职罪主体解释回顾及立法建言［J］．国家检察官学院学报，2003（4）：29.

② 徐建平，胡显伟．论环境监管失职罪的构成［J］．云南大学学报（法学版），2010（5）：97.

③ 蒋兰香．环境犯罪基本理论［M］．北京：知识产权出版社，2008：173.

④ 李劲．我国环境刑法的困境与重构［J］．社会科学辑刊，2013（3）：88.

⑤ 陈志荣．论环境犯罪侦查之完善——以紫金矿业污染案为视角［A］．全国环境资源法学研讨会（年会）论文集（第三册）［C］．2011：932.

⑥ 赵秉志．英美刑法学［M］．北京：中国人民大学出版社，2004：50-51.

⑦ 蒋兰香．生态文明视野下刑事法学理论的新发展［J］．中南林业科技大学学报（社会科学版），2011（5）：2.

点，我国生态文明建设领域渎职犯罪大多采“身份与公务二者兼备”说，不仅要求犯罪主体身份是国家机关工作人员，而且要求具有相应环境管理职权，如此标准可能不利于打击犯罪和保护环境，故应放宽犯罪主体的标准。二是采用严格责任，在生态文明建设领域渎职犯罪中，涉及“生态文明建设领域渎职行为—环境侵害行为—重大环境污染事故”三个环节，此三个环节存在两种行为，确定渎职罪主体的主观意图非常困难。因此，将举证责任交由对方，可以减轻司法机关的举证责任，有效惩处生态文明建设领域渎职犯罪。三是弱化因果关系，在“渎职行为—环境侵害行为—重大环境污染事故”三个环节中存在双重因果关系，若依传统因果关系理论，由于涉及科技因素，举证困难重重。而弱化因果关系能达到快速归因甚至归责。这些措施有利于打击此类渎职犯罪行为。

5. 关于生态文明建设领域渎职犯罪的原因及对策的研究

（1）研究现状。关于生态文明建设领域渎职犯罪的原因和对策是近年的研究热点，文献相对较多。从研究视角上，可以分为宏观与微观。

宏观上的探讨如王静然的《环境职务犯罪防控机制研究》，刘旭红、牛正良的《当前危害能源资源和生态环境渎职犯罪的成因及惩治对策》，黄祥基的《当前危害能源资源和生态环境渎职犯罪调查分析》，黄敬波的《惩防危害生态环境渎职犯罪的五条建议》，左勇的《略谈环保系统渎职犯罪的成因与预防》，胡亚球的《对检察机关环境保护监督机制的反思与完善》，周天京的《生态环境渎职犯罪的典型生成及预防机制研究》等。

微观上的探讨如水资源领域的渎职方面有黄建文等的《检察机关参与水污染防治的法律思考》、李忠诚的《职务犯罪破坏水资源的表现形式》、王英虎的《水资源管理和保护领域渎职犯罪的特点与预防》、罗璇的《论渎职犯罪法律风险的强化：以水环境保护为例》；林业资源领域的渎职犯罪文献有吕争艳的《论涉林渎职犯罪的特点、原因及预防》、罗泽真的《林业渎职犯罪研究》、傅施展的《涉林渎职犯罪情况实证分析与预防——以集体林权制度改革为背景》、卢昌强等的《林业渎职犯罪的特点成因及预防》、王凯等的《林业系统渎职犯罪的思考》、刘生亮等的《涉林渎职犯罪的立案标准与法益的类型化衡量》；土地资源领域的渎职文献有刘明东的《土地资源刑法保护》、常欣彧的《非法批准征用、占用土地罪相关法律问题的研究》、王中森的《非法批准征用、占用土地罪若干问题研究》、曹飞等的《从犯罪经济学角度分析非法低价出让国有土地罪》、牛正良的《关于查办危害土地资源渎职犯罪的几个问题》、郑少春的《矿产资源管理领域渎职犯罪现状、成因及对策分析》等。从研究内容来看，主要分为生态文明建设领域渎职犯罪的犯罪原因和防控对策。

生态文明建设领域渎职犯罪的犯罪原因有三点。一是国家权力配置及政策导向存在问题：首先，相关行政权力缺乏制衡。从宏观上看，我国涉及环境保护的机关很多，这些机关大多为行政机关，由于体制原因，我国行政权一家独大，缺乏有效制约，权力垄断严重，加上透明度不高，缺乏监督，其运行过程中时常发生超越职责、徇私或者不作为等情况，甚至导致渎职犯罪发生[①]。其次，重视经济发展而轻视环境保护。由于受政绩考核评价体系和功利主义思想的影响，各地官员为追求个人或部门利益，违背科学规律盲目施政，置环境保护于不顾，对于环境事故等不作为或乱作为，甚至导致环境污染和破坏的现象越来越严重[②]。二是司法机关对此类渎职犯罪打击不力：首先，立法存在缺陷。由于环境法律法规不健全，影响了行政机关生态环境管理职能的发挥。其次，执法环境恶劣。有些地方环境管理部门执法压力大，很多环境管理部门在行使职权过程中，存在各种压力和阻力。最后，侦查取证困难[③]。生态文明建设领域渎职犯罪既要查明污染事故的发生，又要查明渎职行为的发生，对于侦查人员而言，查明渎职行为是相对容易的事情，但查实环境问题需要有专业背景，所以，线索的发现、收集、评估、初查、鉴定与取证等成了难题。三是执法人员自身存在的问题：首先，道德观念落后，有些环境执法者由于禁不住外界诱惑，理想信念逐渐丧失，因而消极执法或者以执法权换取相应对价。其次，法律意识淡薄，由于法治观念淡薄，环境执法人员滥用职权、玩忽职守、徇私舞弊等行为极为常见，严重污染和破坏生态环境。最后，经济待遇不高，我国的环境执法人员待遇很低，尤其是基层公务人员，合法的收入很低，但是有的人手中权力很大，极易诱发权力滥用[④]。

生态文明建设领域渎职犯罪的防控对策分为打击措施和预防措施两类。一是打击措施：①要完善立法，不仅要完善相关刑事法律，还要制定有关反腐败法，以强化打击力度。②加强协调配合，要进一步加强环境行政机关与司法机关的衔接，及时了解和掌握相关部门调查处理的环境犯罪案件的情况，发现环境执法人员涉嫌渎

---

① 王璞．森林资源职务犯罪研究［J］．北方经贸，2009（10）：137.

② 刘旭红，牛正良．当前危害能源资源和生态环境渎职犯罪的成因及惩治对策［J］．人民检察，2009（10）：46.

③ 陈志荣．论环境犯罪侦查之完善——以紫金矿业污染案为视角［A］．全国环境资源法学研讨会（年会）论文集（第三册）［C］．2011：932.

④ 牛正良．关于查办危害土地资源渎职犯罪的几个问题［J］．中国检察官，2011（6）：24-25.

职犯罪的案件线索要及时移送[①]。③健全工作机制，要进一步完善和建立环境司法鉴定制度、环境司法机制等，切实解决环境鉴定难、协作不紧密、打击不力等问题，形成严厉打击犯罪的合力。④加强反腐倡廉，要将查办生态文明建设领域渎职犯罪工作纳入党和国家反腐倡廉工作的重要内容来抓，要发挥纪检部门、行政部门、司法机关各自的职能作用，使党纪处分、行政处分和刑罚处罚能够有效衔接与配合。⑤加大举报奖励力度，并且加强对内部举报人的保护，举报人最高可以拿到案件刑事罚金的一半。⑥加强公众参与，让公众的知情权得以实现，督促提高办案的透明度[②]。二是预防措施：①严格规范权力运行，建立结构合理、配置科学、程序严密、制约有效的权力运行机制，确保权责一致，防止权力异化和滥用[③]。②保证一个公平晋升的制度，这样可以保证公务员能努力工作，提高效率。③财产公示制度，强制其政府官员登记他们的全部财产，并强制他们用真实姓名进行全部财产交易，以有效遏制职务犯罪[④]。④提高政府机关公务员的工资，但必须在政府承受范围之内。⑤提高道德素质和法律意识，要注重环境执法人员的职业道德教育，提高其法律素养和执法水平[⑤]。⑥贯彻“惩防结合、预防为主”的工作方针，实现惩治与教育相结合，从源头上遏制生态文明建设领域渎职犯罪的发生[⑥]。

（2）简评。总体而言，上述研究从政治体制、经济导向及立法技术等方面横向分析了生态文明建设领域渎职犯罪存在的原因，并提出了相应对策。然而，在研究方法上存在问题：①未能从生态环境保护的角度探讨此类渎职犯罪发生的原因，对策也仅是着眼于解决公务人员的“渎职行为”，未突出“环境管理领域”的渎职行为，且对策具有趋同性，缺乏针对性；②缺乏比较视野，为深入挖掘生态文明建设领域渎职犯罪的成因，了解其他国家或地区相应的立法情况是必不可少的，虽然王璞的《环境职务犯罪法律问题研究》和王静然的《环境职务犯罪防控机制研究》提到了有关国家生态文明建设领域渎职犯罪的立法等情况，却只是点到为止，未能深入展开。

6. 立法情况

我国台湾地区所谓的“刑法典”中没有专门规定生态文明建设领域渎职犯罪，其刑法分则第四章“渎职罪”中的废弛职务酿成灾害罪（第一百三十条）规定，

---

① 王哲．论环境监管失职罪与环境法的衔接［J］．中国刑事法杂志，2018（5）：67-72.
② 焦艳鹏．污染环境犯罪的司法困境及其解决［J］．中国环境法治，2013（1）：29.
③ 李轩甫，强恒甲，刘静．国土资源渎职犯罪的查处与预防［J］．中国检察官，2011（9）：66-67.
④ 徐行，杨鹏飞．中国官员财产申报制度的实现障碍与突破路径［J］．理论与现代化，2015（2）：13.
⑤ 黄敬波．惩防危害生态环境渎职犯罪的五条建议［N］．检察日报，2012-09-30（3）.
⑥ 牛正良．关于查办危害土地资源渎职犯罪的几个问题［J］．中国检察官，2011（6）：25.

“公务员废弛职务酿成灾害者，处三年以上十年以下有期徒刑”，此条款可以适用于生态文明建设领域渎职犯罪的情形。

（1）犯罪性质研究。对此，台湾学者一般认为此类渎职犯罪应该归属于环境犯罪，如郑昆山教授认为环境犯罪包括七种类型：水污染及噪声犯罪、空气污染及噪声犯罪、污染土壤罪、危害环境之废弃物清理罪、法人之环境犯罪、公务员之环境犯罪、其他环境犯罪[①]。柯泽东教授也持此种观点，认为公务人员是环境犯罪中的特殊主体，并在其拟定的所谓的“公害犯罪处罚条例”草案中规定了环境保护领域公务人员的渎职犯罪[②]。

（2）公务员可罚性的问题。郑昆山教授认为其是环境刑法的核心问题，可罚性的依据包括告发义务或者保证人地位[③]。

（3）公务员环境犯罪发生的领域。公务员环境犯罪发生的领域有：违法核准或者同意、不撤销违法核准或者许可、裁量瑕疵而不干预或者破坏、公务员作为经营者污染环境[④]。

（4）因果关系研究。张丽卿教授认为公务员废弛职务酿成灾害罪的因果关系值得检讨，应以客观归责来确立因果关系[⑤]。柯泽东教授认为应该采取推定因果关系，并在其草拟的所谓的“公害犯罪处罚条例”草案第八条规定，“厂商或者事业场所逸放或散布足生公共危险之物质，而在其逸放或散布所及之地区内，因该同种物质致生公共危险者，推定其危险为该物质所致”[⑥]。

（5）公务员的间接正犯。郑昆山教授认为具有核准权力的环境保护领域的公务员在核准之际，明知申请事项违法却予以核准，应认定为间接正犯[⑦]。

（6）立法研究。一是柯泽东教授借鉴日本的《关于处罚涉及人类健康的公害犯罪的法律》（以下简称《公害犯罪处罚法》）草拟了所谓的“公害犯罪处罚条例”，共 11 条，其第六条“公务员包庇他人犯前三条之罪者，依各该条之规定，加重其刑至二分之一”；第七条“主管或者监督公害防治之公务员，因废弛公害之监督、追查、检验或取缔，致生伤亡者，处三年以上十年以下有期徒刑”[⑧]。二是郑昆山

① 郑昆山 . 德国环境刑法发展趋势之研究［J］. 东海法学研究，1996，10（3）：38-39.
② 柯泽东 . 环境刑法之理论与实践［J］. 台大法学论丛，1989，18（2）：184.
③ 郑昆山 . 环境刑法之基础理论［M］. 台北：五南图书出版公司，1998：204.
④ 郑昆山 . 环境刑法之基础理论［M］. 台北：五南图书出版公司，1998：200.
⑤ 张丽卿 . 废弛职务致酿灾害的客观归责［J］. 东海法学研究，1995（9）：279-280.
⑥⑧ 柯泽东 . 环境刑法之理论与实践［J］. 台大法学论丛，1989，18（2）：180 .
⑦ 郑昆山 . 环境刑法之基础理论［M］. 台北：五南图书出版公司，1998：205.

教授认为环保行政人员违法许可，或执法者对环境犯罪涉嫌者应行移送，故意违反者，其对环境法益杀伤力远胜于重大污染行为，此等公务员的可罚性应该在其所谓的“刑法”修正草案中明确。为此，其拟定了所谓的“侵害环境的犯罪”草案，第四条规定，“所谓行为人，系指包括个人与不论是否法人化的组织，及包含政府在内”；第五条（c）项，“法律整体的刑事责任，亦适用于经理人、官员、代理人、该法律整体的受雇人或职员的个人责任”[①]。综上，我国台湾地区的学者认为，环境保护领域的渎职犯罪是环境犯罪的重要组成部分，故应该在环境犯罪中规定公务人员的刑罚。

三、研究方法和重点

（一）研究方法

本书在写作过程中主要采用了以下几种研究方法：

（1）文献分析法。文献分析法在本书中主要体现在两方面：一是对于国外的生态文明建设领域渎职犯罪立法的文献进行分析，提炼其立法规律；二是对我国生态文明建设领域渎职犯罪研究现状的相关文献进行分析，以总结经验，发现问题，为刑法生态化提供新的路径。

（2）历史分析法。历史分析法在本书中主要体现在两个方面：一是我国历史上生态文明建设领域渎职犯罪的立法规定和司法实践；二是中华人民共和国成立以来我国关于渎职犯罪的处理规定，以及我国生态文明建设领域渎职犯罪的发展脉络。

（3）比较分析法。比较分析法在本书中主要体现为两个方面：一是将渎职犯罪与环境犯罪进行比较分析，比较此传统犯罪和现代犯罪的两大类罪的异同，以便将生态文明建设领域渎职犯罪定位为环境犯罪；二是对国外生态文明建设领域渎职罪与我国生态文明建设领域渎职罪规定进行比较分析，分析其异同，确定应该借鉴国外立法的先进之处。

（4）案例分析法。对于生态文明建设领域渎职犯罪的现状，结合典型案例进行辅助说明，更加具有说服力。更重要的是，案例分析常常成为问题提出和分析的出发点和归结点，为问题的建构和阐释提供了鲜活的素材。

---

① 郑昆山．“环境犯罪”——在国际上、区域性及在国内运用刑事制裁以保护环境［J］．东海大学法学研究，1994（8）：298.

（二）研究重点

1. 研究立场的转换

生态文明建设领域渎职犯罪的立法目的是保护国家法益还是维护生态法益？从最初立法及司法等情况来看，渎职犯罪只是围绕如何保护国家法益而展开，未上升为对生态法益的保护。在生态环境保护工作中，作为管理者的行政机关无疑居于关键地位，其渎职与否不仅事关执法者的职业操守，更是决定了是否危害作为人类生存基础的生态环境。为此，从生态环境保护的角度来研究生态文明建设领域渎职犯罪，这是本书展开的起点。

2. 立法建议的提出

鉴于本书立足于生态环境保护的视角来看待生态文明建设领域渎职犯罪，因此，要求相关刑法条文必须考量将生态环境作为直接保护对象，这就需要对生态文明建设领域渎职罪的条文做出修正，这也是本书重点研究的问题。

3. 防控对策的提出

鉴于生态文明建设领域渎职犯罪已是高发犯罪，成了渎职犯罪的主要类型，如何防控此类犯罪已经成为司法机关关注的热点问题，传统刑事司法保护过于滞后，难以及时应对环境问题。为了保护生态环境，顺利实现生态文明建设的任务，应该研究如何将生态文明建设领域渎职犯罪的预防线推前，建立新形势下的防控机制。

第二章　生态文明建设与渎职犯罪

第一节　生态文明的概述

一、文明与生态文明

“文明”作为一个词语在我国出现较早，《周易》就有“天下文明”的记载；《尚书》也有“睿哲文明”的记载；《辞海》将文明解释为“人类社会进步开化的状态，相对于野蛮而言”。可见我国自古以来是将“文明”理解为野蛮的对立状态，即社会开化的标志或者特征。在西方，英语将文明称为“Civilization”，其来源于拉丁语“Civilis”，与Citizen（公民）相关联。关于其含义，存在不同理解：西班牙《世界大百科全书》认为，文明就是居住在一定地区之内并为大家公认的合法当局所统治的人群的社会生活与社会组织[①]。美国知名学者威尔·杜兰指出：“文明是增进文化创造的社会秩序，它包含了四大因素：经济供应、政治组织、伦理传统以及智识与艺术追求。”[②]著名心理学家弗洛伊德认为，“文明就是社会生活本身，其包含：以抵御自然力的侵害和活力的成就；美、清洁和秩序；个人、民族或者全人类可能达到的至善至美的境界的思想，以及建立在这些思想基础上的要求；调节人际关系以及人的社会关系的方式。”[③]马克思指出，文明是人类社会及其文化发展到一定阶段的产物，它标志着人类摆脱野蛮的进步状态和开化程度。[④]恩格斯指出，“文明是实践的事情，是一种社会品质”。[⑤]

上述东西方关于文明的理解，存在很多共同之处：文明是指人类的文明，动植物及生态环境不能成为文明的主体；文明是建立在实践基础上的，是人类实践的结晶；文明是进化而来的，只有在人类发展到一定程度才出现；文明实际上是人类与

---

① 张鸣年．“文化”与“文明”内涵索解与界定［J］．安徽大学学报（哲学社会科学版），2003（4）：151.

② ［美］威尔·杜兰．世界文明史·文明的建立［M］．北京：东方出版社，2000：3.

③ ［奥］弗洛伊德．文明及其缺憾［M］．合肥：安徽文艺出版社，1987：31-36.

④ 马克思恩格斯选集（第4卷）［M］．北京：人民出版社，1995：175.

⑤ 马克思恩格斯选集（第4卷）［M］．北京：人民出版社，1995：104.

自然界区分的标志，这也意味着人类与自然是相互脱节的。可见，传统意义上“生态”与“文明”分属于主客体范畴，两者不能合二为一，“生态”仅仅是作为“文明”的客体而存在。

“生态”（ecology）一般是指自然环境，即人类、动植物等生存所依赖的自然环境，它作为一个系统（ecosystem），是由生物群落与无机环境所组成的有机统一整体。1866年，德国植物学家海克尔首先提出了“生态学”的概念，其范围包括“原生生物界、动物界、植物界”①，随着实践的不断发展，生态的范畴不断变化，现代科学意义上的生态更多的是指包含人类、动植物等生命体及非生命体在内的生态系统。“生态”与“文明”的结合是人类与自然妥协的产物。随着近代社会的科学技术突飞猛进，生产力呈几何系数提高，人类利益不断扩张，逐利的本性导致人类不断从自然界获取各种资源，并将资源利用后产生的废弃物返还给自然界，如此导致人类与自然的张力越来越突出，并严重破坏了生态平衡、污染了生态环境，随之而来的自然界的报复给人类带来了难以估量的损害。以我国为例，大约在20世纪70年代，原有发展模式开始出现弊端，随之生态系统开始失衡，资源被破坏，环境被污染，在原有发展模式越来越难以维持之际，如何兼顾人类与自然双方利益的理念开始出现，此种理念关注人类如何实现发展的可持续性，至此，“生态”与“文明”才开始逐渐结合。

可见，生态文明是伴随着人类社会的发展而出现的，是经济社会发展到特定阶段的必然产物，是对人类中心主义的深刻反思，是解决当下环境问题的必然选择。我国当前的生态环境面临的形势十分严峻，环境污染问题突出，自然资源破坏严重，生物多样性锐减，这要求我国必须重构新的发展模式，这也是我国生态文明理念的逻辑起点。

二、生态文明的内涵

生态文明是新兴的文明，是依次在人类世界出现的第四种文明形态，即从原始文明、农耕文明、工业文明到生态文明。从其发生源头看，它是人类在面临难以维系原有生产方式的生态危机之际，进行深入反思与实践所形成的结晶；从其内容来看，主要体现为人类社会在坚持人与自然和谐共生；从其地位来看，其来源于工业文明，但又超越了工业文明，系人类迄今为止最为先进的文明形态。作为继工业文

---

① 梁家骥，王亚俊，商树田．谈谈生物的分界［J］．植物杂志，1981（6）：10.

明之后的新型文明，其最大特点在于改变了传统的人类利益至上理念，将人与自然的对立状态变更为和谐统一的状态，即通过调整人类的行为来改善人与自然的关系，最终实现双方的和谐共生。

（一）生态文明追求人与自然和谐共生

作为对工业文明时代生态危机的反思，生态文明目标直接指向此种生态危机本身，解决生态危机以缓和人与自然之间的张力，尽最大可能修复受损的自然界，恢复和改善生态系统。在此过程中，生态文明依靠稳定的制度作为保障，通过转变人类的生态思维形成的精神动力，敦促人类社会的生态价值改造、工业产业模式变革、消费方式改变等达到人与自然和谐发展的状态[①]。但是此种生态修复的前提需要人类的起码需求，即维持人类的可持续发展。在此基础上，人与自然之间的关系经过不断妥协、调试，最终达到理想状态，实现双方的和谐共生。

（二）生态文明是属于人类文明的范畴

生态文明不仅追求人与自然的和谐共生，还追求人自身、人与人、人与社会的和谐关系，通过平衡各方关系实现人与自然、人与社会的和谐，促进人类实现更多的自由。生态文明作为新型文明，是新型世界观的体现，此种世界观在聚焦生态哲学、环境伦理等理念之际，也关注人类的可持续发展，故其本质上是服务于人类利益的新型文明。生态文明还意味着生活方式的改变，即将原有的消费方式变更为与生态利益相符合的新型消费方式。此外，从生态文明实现的视角看，其实现与否取决于人类自身，只有人类通过让渡自身权利，将人类道德扩张到自然界，促进人类与自然的协同，才能真正实现生态文明。人类在协调人与自然共同发展的基础上会形成新的精神成果、物质成果[②]，这种成果就是生态文明，故生态文明仍属于人类文明，是人类文明更高级的形态。

三、生态文明的价值取向

（一）生态文明体现了“生态”与“文明”的统一

恩格斯指出“我们连同我们的肉、血和头脑都是属于自然界，存在于自然界

① 王希群．对生态文明的哲学思考［J］．北京林业大学学报（社会科学版），2016（1）：1.

② 曹义恒，沈建波．社会主义生态文明建设呼唤“心常态”——以绿色新型城镇化发展为视域［J］．武汉理工大学学报（社会科学版），2016（6）：1114.

的"[①]，故生态文明必须坚持生态本位，这意味着生态系统的主体范围不局限于人类，还包括诸多生命与非生命主体，这些主体都是生态系统的有机组成部分。相对单个主体来说，生态系统是更为重要的存在，生态系统具有满足单个主体生存发展所需的天赋权利和内在价值，也具有满足所有生命及非生命主体共同发展所需的价值。在生态系统中，所有主体均具有相应的生态地位，具有自己的存在价值[②]。然而，生态文明关注生态系统，但又超越了生态系统本身，其要思考的主要问题是人类与自然如何协同发展。以我国为例，如何解决我国当下发展过程中出现的水污染、土壤污染、大气污染、气候变暖、生物多样性削弱等环境问题。为了解决此问题，必须转变原有的发展及消费模式，重新平衡生态系统中人与自然的关系。基于此，必须以生态环境最小损害来寻求人类文明的持续发展，即"靠消耗最小的力量在最无愧于和最适合人类本性的条件下进行这种物质变换"[③]，以寻求"生态"与"文明"双方新平衡。只有人类充分兼顾生态系统的承载力并高效节约利用生态系统，才能使双方和谐相处，实现"生态"与"文明"的统一，建构生态文明。

（二）生态文明体现了人与自然的统一

"生态文明既追求人的发展，又追求自然的发展，是人在自然之中和自然在人之中的整体发展"[④]，这表明生态文明是兼顾人与自然双方利益的一种文明形态，在满足人类可持续发展的同时，确保自然界的协同发展，最终实现两者的和谐共生。"生态文明的提出，既顺应了社会共同进化的一般趋势，又契合了人类社会发展演进的客观规律"[⑤]，作为新型的文明形态，生态文明在遵从现实且顺应规律的基础上，改变了不具可持续性的发展模式，创新发展道路。基于此，生态文明体现了人与自然的统一：①体现了各生态系统主体之间利益的统一。此种统一即实现种际之间的公正，种际公正意味着自然界各主体之间的公正，此种公正是通过人类自身权利的让渡来实现的，即人类自觉善待其他主体、自觉尊重其他生命，通过对其他生态主体的道德关怀，建立起相应的伦理规则，促进实现人与自然的和谐。②体现了人类之间利益的统一。人类之间包括横向和纵向两方面，横向是指各民族之间的利益，纵向是指人类代际之间的利益。人类之间利益的统一是指人类作为利益整体，代表

① 马克思恩格斯选集（第 20 卷）［M］. 北京：人民出版社，1971：519.
② 衡孝庆 . 论生态融合［J］. 自然辩证法通讯，2020（2）：17.
③ 马克思恩格斯选集（第 25 卷）［M］. 北京：人民出版社，1995：927.
④ 徐春 . 可持续发展与生态文明［M］. 北京：科学出版社，2001：87.
⑤ 刘爱军，刘东晓 . 关于生态文明的哲学思考［J］. 中国行政管理，2010（10）：65.

了不同民族、不同世代人类的利益。此种人类整体利益本质上就是如何利用、分配相关资源环境的问题。作为人类命运共同体，国家（含地区）之间是“一荣俱荣，一损俱损”的关系，单个国家或地区的生态环境的损害势必危及整体上的生态环境。所以，需要从人类命运共同体的高度，横向纵向平等分配自然资源、分摊环境责任，共度生态危机、共创生态财富、共享生态成果[①]。

（三）生态文明体现了经济发展与环境保护的统一

文明是人类发展的结晶，人类最直观的发展是经济发展所带来的物质产品极大丰富，并在此基础上催生出璀璨的工业文明。人类的发展必须从生态系统中提取所需要的各种资源，故发展必然会带来生态系统的失衡与再平衡，此种失衡如果超越了生态系统所能承受的阈值，则会造成难以恢复的永久性失衡。此种永久性失衡是指超出了生态系统的“供给容量”和“承载阈限”，导致生态系统的自我调节和再生能力遭到破坏，进而造成生态危机[②]。生态文明作为化解此种生态危机而出现的文明形态，不仅关注人类的经济发展，也关注生态环境的保护。生态文明针对工业文明所造成的污染破坏，需提倡生产方式上的科学循环、绿色协调和可持续发展；针对原有铺张浪费的消费模式，需提倡节俭适度、绿色消费，节约利用自然资源[③]。通过生产方式和生活方式的改变缓解人与自然的紧张状态，进而缓和了经济发展与环境保护之间的矛盾，促进了两者的统一。

第二节　生态文明建设的概述

一、生态文明建设的内涵

生态文明建设，顾名思义就是如何建设生态文明，针对如何建设的问题，有学者认为“生态文明建设是将保护和改善生态环境，创造我国生态文明作为我国现代化建设的一项战略任务，努力实现经济社会和自然生态协调发展的行为”[④]。有学者认为，“生态文明建设表现为生态物质文明建设、生态精神文明建设、生态法治文

① 王帆宇．关于生态文明的哲学思考［J］．生态经济，2014（7）：127.
② 王帆宇．关于生态文明的哲学思考［J］．生态经济，2014（7）：129.
③ 徐春．生态文明在人类文明中的地位［J］．中国人民大学学报，2010（2）：37.
④ 刘思华．对建设我国生态文明论的再回忆——兼论中国特色社会主义道路“五位一体”总体目标［J］．中国地质大学学报（社会科学版），2013（5）：33.

明建设、生态行为文明建设四个维度”①。有学者认为，“生态文明建设关键在于以社会建设为核心，聚焦于民生建设，合理分配经济增长成果，在此基础上解决生态危机”②。有学者认为，“生态文明建设，是指人们为实现生态文明而努力的社会实践过程，是实现人与自然和谐发展的创新实践”③。还有学者认为，生态文明建设是融合文化理念和道德观念建设，贯彻在生产活动和经营服务过程中，以法律和法治建设为保证，与政治建设、经济建设、文化建设、社会建设统筹推进的国家战略及其具体部署④。

尽管学者们对此存在一些争议，但是对其内涵描述基本一致：①生态文明建设发轫于生态文明理念，是人类的自觉行为，是将生态文明思想贯彻落实到具体实践的行为。②生态文明建设要求变更原有生产及消费方式，倡导绿色发展、绿色消费模式，建设美丽中国。③生态文明建设要求与之相适应的生态环境管理制度，对于与生态文明理念不符合的生态环境管理体制，要求必须做出改变，以适应我国生态文明建设的推进。④生态文明建设不是单一的工程推进，而是一种系统工程，包括经济建设、政治建设、文化建设、社会建设等与生态文明建设协同发展。

综上，大致可以认为生态文明建设作为促进人与自然共生共荣的系统工程，包括环境保护、资源节约、生态修复等内容，并与经济建设、政治建设、文化建设、社会建设等协同发展，要求与之相适应的理念、制度、法规等，由此构成了全方位、多层次的系统工程。

二、生态文明建设的特征

（一）生态文明建设具有系统性

生态文明建设的系统性主要体现为：①生态作为一个系统具有系统性，由此而形成的生态文明建设也是一项系统工程，其包容范围基本涵盖生态系统各领域，即生态文明建设要推进整个生态系统的建设。②生态文明建设自身也是项系统工程，包括决策系统，即顶层设计、规划部署等；实施系统，即生态文明建设各项指标任务的具体贯彻落实系统；目标系统，即生态文明建设各层次指标的实现等各个领

① 马志强．生态文明建设：镇江实践与特色［M］．北京：社会科学文献出版社，2017：35.
② 王雨辰．论以社会建设为核心的生态文明建设［J］．哲学研究，2013（10）：100.
③ 郇庆治，等．绿色变革视角下的当代生态文化理论研究［M］．北京：北京大学出版社，2019：31.
④ 洪银兴，刘伟，等．“习近平新时代中国特色社会主义经济思想”笔谈［J］．中国社会科学，2018（9）：4-7.

域。③生态文明建设是我国经济建设、政治建设、文化建设、社会建设、生态文明建设这“五位一体”系统工程中的有机组成部分，其自身也是系统工程下属的一个子系统[①]。

（二）生态文明建设具有全面性

生态文明建设的全面性包括如下方面：①生态文明建设终极目的在于人类整体利益。我国生态文明建设的初衷是要改变我国原有发展方式，实现我国人与自然的共生共荣。中国作为人类命运共同体的有机组成部分，有着广袤的国土面积和世界最多的人口，在我国实现了生态文明意味着更多的地区进入了人与自然和谐相处的状态，为世界生态环境的改善做出了自己的贡献，也为其他国家实现生态文明提供了中国路径。随着生态文明建设的整体推进，最终促进全世界人类命运共同体利益的实现。②生态文明建设必须保障生态利益。生态文明建设还必须体现生态系统的整体利益，人类与自然是紧密联系的，不能脱离自然界而独立存在，为此，要坚持“以大自然生物圈整体运行的宏观视野来全面审视人类社会的发展问题，以相互关联的利益体的整体主义思维来处理人类与自然、人与其他物种的关系”[②]。只有基于此种立场的生态文明建设，才可能真正兼顾生态利益，实现生态利益与人类利益的协同发展。

（三）生态文明建设具有协调性

生态文明建设的协调性主要体现在如下方面：①生态文明建设内部的协调，即生态文明建设的各个子系统之间、各环节之间要密切配合、彼此协作、协调发展，各子系统、各个环节均是生态文明建设的不可或缺的组成部分，必须同时兼顾，这样才能促进生态文明建设的顺利推进。②生态文明建设与经济建设、政治建设、文化建设、社会建设这“五位一体”之间要密切配合、彼此协作、协调发展，生态文明建设是“五位一体”总体布局的基本构成，必须同时推进，这才能真正实现生态文明建设的终极目标。③生态文明建设的空间协调，此种协调既包括跨国度的协调，又包括跨区域之间的协调。④生态文明建设的内部协调，此种协调主要是指生产、生活与生态之间要协调。唯有如此，才能提升我国生态文明建设整体水平[③]。

---

① 黄爱宝．树立全面生态安全观与落实“五位一体”总体布局［J］．南京林业大学学报（人文社会科学版），2019（6）：1-5.

② 杨玫，郭卫东．生态文明与美丽中国建设研究［M］．北京：中国水利水电出版社，2017：5.

③ 黄勤，曾元，江琴．中国推进生态文明建设的研究进展［J］．中国人口·资源与环境，2015（2）：111.

（四）生态文明建设具有可持续性

生态文明建设的可持续性体现为：①作为在反思工业文明建设基础上所形成的生态文明建设，在纠正了原有资源耗竭型的发展模式后，可有效缓解生态系统的承载力；在改变原有的开放式消费模式后，能合理开发利用资源，节约高效地进行生产，倡导理性消费模式。此种变革，客观上改善了生态环境，形成了兼顾发展与保护环境的可持续之路。②生态文明建设坚持人与自然的共生共荣，保护生态环境，培育生物多样性，坚持利用科学技术大力修复生态环境，促使人与自然和谐共生，修复生态系统。而新的生态系统又能为人类发展创造更好的物质前提，由此推动人类社会的可持续发展。

三、生态文明建设的基本要求

生态文明建设已经成为我国的发展战略，其地位在《宪法》《环境保护法》等法律及相关政策中已得到了充分体现。为此，我国应该大力加强生态文明建设，努力实现生态文明。具体来说，可以从如下方面推进我国的生态文明建设：

（一）加强生态文明教育，培育尊重、顺应、保护自然的理念

习近平总书记多次指出，“生态兴则文明兴，生态衰则文明衰”“绿水青山就是金山银山”“山水林田湖草是生命共同体”等，这是习近平总书记从全局的高度总结出生态文明的具体表现，也是习近平总书记对全国人民的殷切期盼。生态文明建设理念是先导，生态文明作为一种全新的文明形态，对于大部分国人来说相对陌生，因此，必须让绝大部分国人转变理念，充分认识到生态文明理念与国家发展之间的关系。要贯彻生态文明理念，必须认识到自然资源的有限性与人类需求的无限性之间的矛盾，认识到若超出自然资源承载限度，必将招致自然界的反噬。为此，我国必须完善生态文明教育机制，完善以国家层面为引领的各级生态文明教育平台，通过宣传教育使广大生态环境管理者认识到改变原有发展观、政绩观、消费观的必要性，牢固树立起尊重、顺应、保护自然的理念。通过宣传教育引导公众确立生态文明意识，践行生态文明理念，全面参与到国家的生态文明建设中来。

（二）促进绿色发展，培育生态经济

生态文明建设追求的是具有可持续性的绿色发展，此种绿色发展在经济层面体现为生态经济，要求其在生态系统承载阈值内高效、节约、和谐地发展，遵循经济

发展与环境保护统一的原则，当前要从如下方面来发展生态经济：①始终坚持生态经济目标，转变工业经济的发展路径，大力推进经济发展的生态化、智能化、低碳化。②坚持循环经济路径，构建绿色、循环产业体系，在行业、地区、园区、企业等内部建立绿色循环经济，完善生产及生活系统的循环链接机制，持续壮大绿色循环经济。③坚持科学技术导向，加快创新、研发、共享等绿色发展技术，加大废物资源化利用、产业共生与链接等领域的核心技术、工艺和设备的研发制造的资金投入，创新和提高绿色发展技术，并在全国推广[①]。

（三）解决突出环境问题，全力修复和培育生态系统

为修复和培育生态系统，必须重点解决存在的生态环境问题，要坚持：①持续推进污染达标排放和总量减排，解决突出环境问题。防治环境污染仍是当前最主要的环境保护工作，为此，仍要持续推进大气污染排放达标，推进水污染防治和土壤污染防治。要优化和完善总量控制制度，在重点区域和行业严格控制排污总量。要针对重点区域和行业全面落实环境风险流程管理，以有效化解环境风险。②持续推进山水林湖田的生态保护工程，加强修复生态系统。要加强国土绿化，完善天然林保护制度，修复草原生态，保护荒漠生态。加强对江河湖泊等各水域的生态修复力度，提高水质，恢复水生态多样性。强化自然保护区等特定区域的生态系统培育。③持续推进节约集约利用自然资源，缓解生态系统压力。通过各种手段，全面推进各生产领域的节能减排，推广节能技术和产品，促进自然资源有效利用。严格落实水资源管理制度，提高各种类型土地的循环利用水平，加强矿产资源、森林资源等资源的节约、集约利用[②]。

（四）完善各项制度，优化生态环境治理体系

生态文明建设离不开优质高效的管理机制，为此，必须从制度革新入手，全面完善生态环境治理机制：①完善相关法律机制。生态文明建设要求法律规范与之相适应，然而，原有法律体系大都建构在人类中心主义的基础上，虽然党的十八大之后我国陆续修订了部分环境法律法规，但从总体来说，还存在诸多不利于建设生态文明的法律规范，有待于继续修正。此外，要在生态文明理念的指引下，变革执法和司法理念，推进执法和司法机制完善，以适应生态文明建设的要求。②完善相关

①② 任建兰，王亚平，程钰．从生态环境保护到生态文明建设：四十年的回顾与展望［J］．山东大学学报（哲学社会科学版），2018（6）：27-33.

经济制度。与生态文明建设相适应的绿色发展必须高效、节约利用自然资源，此种高效节约机制需借助市场经济来实现，通过市场，不仅可以有效配置绿色发展所需的自然资源，还可以有效实现各种权益的让渡，如排污权交易、自然资源交易、生态保护资金来源、生态补偿金等。为此，需要完善以市场经济为基础的环境经济制度，确保生态文明建设所需资源能够有效供给[①]。③完善以生态系统修复为目标的生态环境管理机制。以生态环境修复为生态文明建设考核的核心目标，通过此目标构建起权责明晰、分工合理、高效运行的生态环境保护责任体系。落实各生态环境相关管理部门的权力和责任，严格按照生态环境保护责任清单分解任务，落实"党政同责""一岗双责"。严格生态文明绩效考核，根据考核结果，奖优罚劣，以发挥管理者的积极性，促进生态文明建设管理体制高效运行[②]。

第三节 生态文明建设与渎职犯罪的关系

一、生态文明建设领域与渎职行为

（一）生态文明建设与行政管理部门

生态文明建设作为"五位一体"中的重要一极，其推动者主要是国家机关工作人员，国家机关工作人员能否正确履行此职责将决定着生态文明建设是否能顺利推进。

1. 生态文明建设涉及领域及对应的管理机构

生态文明建设大致对应的是环境污染防治领域、自然资源保护领域，此两个领域均涉及多个部门，如环境污染防治包括水污染防治、土壤污染防治、大气污染防治、固体废物污染防治、噪声污染防治、放射性污染防治等领域；自然资源保护包括水资源保护、土地资源保护、森林资源保护、矿产资源保护、草原资源保护、渔业资源保护、野生动植物资源保护等领域。在 2018 年国务院机构改革之前，具有环境污染防治、自然资源保护职能的机构多头分散，许多管理部门都具备此职能，如海洋行政主管部门、港务监督行政主管部门、渔政渔港主管部门、军队环

① 高吉喜，鞠昌华．构建空间治理体系提供优质生态产品［J］．环境保护，2017，45（1）：20-24.

② 周宏春，江晓军．习近平生态文明思想的主要来源、组成部分与实践指引［J］．中国人口 · 资源与环境，2019（1）：1-10.

境保护行政主管部门、公安机关、交通行政主管部门、国土资源保护行政主管部门、林业行政主管部门、水利行政主管部门、农业行政主管部门、渔业行政主管部门等①。

此际的“九龙治水”式的管理现状不利于生态文明建设：①生态环境整体性与条块分割之间的矛盾。生态环境基本特征就是整体性，这也要求其应该整体上由相同部门来管理，而不是由各个互不隶属的机构来管理。此际条块管理的现状导致生态环境事实上被分割成不同小块，并由各地相关部门进行管理。整体性与分散性之间的矛盾，会直接导致相关环境监管部门在行使监管职能之际，存在政令不畅或者相互掣肘等现象，进而使得无法对生态环境形成管理合力。加上各地重视程度不一、管理水平不同，这也导致生态环境事实上无法从整体上改善。②同一职能多个部门行使，导致权责难以划分的矛盾。此种现象最明显的体现是水污染防治领域，此际具有水污染防治的管理部门比较多，例如水利行政部门、环境保护行政部门、渔业行政部门、林业行政部门、航运行政部门、城建行政部门、地矿行政部门等部门都涉水、管水。这也导致针对同一管理对象，衍生出不同的管理部门，诸多部门反而影响了水的管理，光是各部门协调就要浪费太多管理资源。为此，必须进行改变，整合各管理资源。③条块之间各部门之间协调困难。由于存在太多条块，导致各生态环境管理职能被切割成不同部分，如“污染防治”职能分散在海洋、港务监督、渔政、渔业监督、军队环保、公安、交通、铁道、民航等部门；“资源保护”职能分散在矿产、林业、农业、水利等部门；“综合调控管理”职能则分散在发改、财政、经贸（工信）、国土等部门。考虑到部门利益驱动，易导致争抢相关环境利益，推卸治理环境的责任。由此，生态环境的管理缺位或政府失灵就成为常态②。

2. 经国务院机构整合后所形成的生态文明建设的管理机构

自 2013 年党的第十八届三中全会通过《关于全面深化改革若干重大问题的决定》以来，便确定了大部制改革的方向，2015 年又陆续通过了《关于加快推进生态文明建设的意见》《生态文明体制改革总体方案》，明确了整合相关生态文明建设的职能部门。在党的十九大上，习近平总书记再次明确了“改革生态环境监管体制”的基本任务，至此，关于生态文明建设领域的相关管理机构整合的方向已经确定。党的十九届三中全会提出了《中共中央关于深化党和国家机构改革的决定》，

① 沈洪艳 . 环境管理学［M］. 北京：清华大学出版社，2010：70.
② 王昆婷 . 大部制改革有利于生态统一保护［N］. 中国环境报，2013-11-26（3）.

至此，改革方案已经形成。2018 年 3 月召开的“两会”，国务院正式公布了《国务院机构改革方案》，方案宣布针对生态文明建设组建“两部一局”，即自然资源部、生态环境部、国家林业和草原局。至此，关于生态文明建设的管理机构的整合正式拉开了帷幕[①]。经过国务院机构改革，生态文明建设的管理全部统合到“两部一局”中，三个机构的具体职责如下：①自然资源部职责。包含了原国土资源部的土地、矿产资源等管理职责，发改委、住建部等部门相关的规划管理职责，水利部相关的水资源调查和确权职责，农业部的草原资源调查和确权职责，国家林业局的森林、湿地等资源调查和确权职责，国家海洋局的职责，国家测绘地理信息局的职责。②生态环境部职责。包括原环境保护部的污染防治职责，发改委应对气候变化和减排职责，国土资源部的监督防止地下水污染职责，水利部的编制水功能区划、排污口设置管理、流域水环境保护职责，农业部的监督指导农业面源污染治理职责，国家海洋局的海洋环境保护职责，以及南水北调工程项目区环境保护职责。③国家林业和草原局职责。包括原国家林业局林业资源管理职责，农业部的草原监督管理职责，以及国土资源部、住房和城乡建设部、水利部、农业部、国家海洋局等部门的自然保护区、风景名胜区、自然遗产、地质公园等管理职责[②]。

3. 其他管理涉及生态文明建设的管理机构

此处的管理机构并非专门管理生态文明建设的机构，而是具有管理生态文明建设职能的机构。主要有：①根据《党政领导干部生态环境损害责任追究办法》（试行）第三条，地方党委和政府对本地区的生态环境和资源保护负总责，党政主要领导承担主要责任，其他领导承担相应责任。因此，地方各级党委和政府也是生态文明建设的管理机构。②相应的刑事司法机关。刑事司法机关承担着打击犯罪的重任，是保护生态文明建设最严厉的工具，以惩处破坏环境资源犯罪行为来达到保障生态文明建设的目的，故此机构也具有生态文明建设的管理职能。此外，还有部分事业单位具有生态文明建设的管理职责，如林站、护林队、环境监测站等。

在此强调的是，下文中所提及的生态文明建设的管理部门，一般是指直接管理生态文明建设“两部一局”这三大机构。为称呼方便，下文所称生态环境管理部门（环境管理部门）均是指“两部一局”这三大机构，而环境执法人员则是指这三大机构里的国家机关工作人员。

---

① 缪宏．从生态文明建设的视角看“两部一局”组建的意义［J］．绿色中国，2018（7）：56-60.

② 国务院机构改革方案［EB/OL］．（2018-03-17）［2020-05-13］.http://www.gov.cn/xinwen/2018-03/17/content_5275116.htm.

（二）生态文明建设领域的渎职行为的认定

在明确了生态文明建设领域及其管理部门后，鉴于具体管理职能需要通过执法人员贯彻落实，必须确定职务行为主体的资格，即是否具备生态文明建设的管理者的主体身份，也即是否具备生态文明建设领域渎职犯罪的主体资格。对此，从立法及司法实践的角度看，存在几种观点：①身份说，认为只要具备国家机关工作人员的特殊身份就是国家机关工作人员，否则就不是国家机关工作人员[①]。②公务说，以是否从事公务为标准，如果行为人所从事的职业是公务，就是国家机关工作人员，否则就不是国家机关工作人员[②]。③身份与公务兼备说，其认为能认定为渎职罪中的国家机关工作人员，必须具备一定的身份，即先要取得一定资格，又要具有一定的职权，能够依法从事公务，身份和公务二者必须兼备[③]。④新公务说，即主张身份、职权、名义三者相结合来认定，只要三者之间能够结合，就具备国家机关工作人员的主体身份[④]。上述四种观点均有其合理性，其对应的职务行为的主体范围由宽到窄依次为公务说、新公务说、身份说、身份与公务兼备说。

此处采取公务说来确定生态文明建设领域渎职行为的主体范围。经过上文分析，除“两部一局”外，主要生态环境管理部门还有地方党委和政府，以及部分具有此管理职责的事业单位等部门。如果采取严格的身份说，那么事业单位的工作人员及接受委托而行使相关职责的工作人员，其怠于行使或者滥用职权的行为均不可能构成相应渎职犯罪，这不仅会放纵犯罪分子，而且会阻碍甚至破坏生态文明建设。因此，基于保障生态文明建设的需要，可尽量放宽认定渎职犯罪的标准，故更宜采取公务说来认定该公务人员是否具备相关渎职罪的主体资格。公务说的标准具有相关法律依据支撑，如全国人大常委会在2002年通过的《关于〈中华人民共和国刑法〉第九章渎职罪主体适用问题的解释》[⑤]将国家机关工作人员解释为：①依照法律法规在行使国家行政管理职权的组织中从事公务的人员；②受国家机关委托代表国家机关行使职权的组织中从事公务的人员；③虽未列入国家机关人员编制但在国家

① 敬大力.渎职罪［M］.北京：中国人民公安大学出版社，2003：7.

② 胡驰.刑法问题与争鸣［M］.北京：中国方正出版社，1999：321.

③ 李希慧，贾济东，廖炎清.渎职罪主体解释回顾及立法建言［J］.国家检察官学院学报，2003（4）：27-32.

④ 贾济东.渎职罪构成研究［M］.北京：知识产权出版社，2005：59.

⑤《全国人大常委会关于〈中华人民共和国刑法〉第九章渎职罪主体适用问题的解释》：在依照法律、法规规定行使国家行政管理职权的组织中从事公务的人员，或者在受国家机关委托代表国家机关行使职权的组织中从事公务的人员，或者虽未列入国家机关人员编制但在国家机关中从事公务的人员，在代表国家机关行使职权时，有渎职行为，构成犯罪的，依照刑法关于渎职罪的规定追究刑事责任。

机关中从事公务的人员。该立法解释实际上采取的立场就是“公务说”。

本书采取的立场也是“公务说”，即是否具备生态文明建设领域渎职犯罪的主体身份，就在于该公务人员是否具备管理生态文明建设的相关职责，至于该职责是来自于法律规定、上级命令还是行政委托等，此处不做探讨。

二、生态文明建设对渎职罪的影响

（一）生态文明建设会强化渎职罪立法理念的生态化

康德认为法是自由普遍性的规则，近现代刑法也是建立在自由主义基础之上，以个人法益保护为中心，关注重心是人的生命、健康、自由、财产等个人法益。为此，刑法关注事后制裁，即以法益侵害为中心，针对法益侵害的行为而给予相应惩处，通过惩罚而发挥威慑和预防功能，最终保护法益。因此，传统刑法作为诞生于工业文明时代的法律，其保护的仅仅是人类利益，其是以人类法益为基础构建了行为入罪化的实质标准和刑罚正当性的基础，其规制对象为实害犯，原则上未产生危害结果的不处罚，另外将一些重大风险的犯罪规定为危险犯。因此，近现代刑法是人类中心主义的法律。

鉴于环境问题的复杂化及深刻化，人类中心主义对此力有不逮，为此，生态中心主义理念开始出现并影响到有关立法与司法。阿尔贝特·施韦泽（Albert Schweitzer）认为，“所有生命都是平等的、都有其价值，人类只有保持生命、促进生命，使可发展的生命实现其最高价值，才能称为善”[①]。保罗·泰勒（Paul Taylor）认为，“所有生命都有固有价值、具备道德身份，我们在此意义上对其负有责任”[②]。李奥帕德（Aldo Leopold）在土地伦理学理论中建议对生态系统进行道德考虑，即赋予鸟类、土壤、水体、植物和动物以生物权利[③]。挪威哲学家阿恩·纳什（Arne Naess）在其“深生态学”理论中认为，“人类是相互依存的有机的生态系的组成部分而已，自身也属于生态系，生物圈中的所有的存在物都有其自身的、固有的、内在的价值，是平等存在的”[④]。走得更远的是“自然体权利”理论，即主张动植物、

① ［法］阿尔贝特·施韦泽．敬畏生命［M］．陈泽环，译．上海：上海社会科学院出版社，2003：9.

② ［美］保罗·W. 泰勒．尊重自然：一种环境伦理学理论［M］．雷毅，李小重，高山，译．北京：首都师范大学出版社，2010：序言，10.

③ ［美］阿尔多·李奥帕德．沙郡年记［M］．岑月，译．上海：上海三联书店，2011：194-195.

④ ［美］彼得·S. 温茨．现代环境伦理［M］．宋玉波，朱丹琼，译．上海：上海世纪出版集团，上海人民出版社，2007：346-347.

大自然等自然物都拥有法律上的权利，如克里斯托弗·斯通（Christopher D. Stone）在1972年发表的《树木应该具有主体资格吗》，主张自然物及自然环境也应具有法律上的权利①。生态中心主义有很多支持者，已经影响了有关立法及司法，如今，赋予自然体权利的宪法已经出现，世界各地以自然物为原告的诉讼案件也屡见不鲜，如美国环保第一案“小鱼诉大坝”案，最终“小鱼”胜诉而大坝被迫停建②。作为生态中心主义的刑法，逻辑起点是生态系而非人类，其所要保护的法益、刑罚目的等都与传统刑法有本质区别。“人类和动植物面临同样的环境，环境刑法保护的指向是生态系”；“环境刑法的法益可理解为在某种现状的水体（包含人类）的动植物或其他环境媒介物相互作用中，包含保有的动态诸机能的全体所形成的生态系”③。生态中心主义的环境刑法主张积极的一般预防，刑罚目的是实现生态价值，即通过强化公民的规范意识来实现生态利益，“考虑到环境的不可替代的价值，为使我国免予开始全面崩坏事实的出现，环境刑法的刑罚保护应前置化、法益危险应推定化，法官根据行为危险性确认抑制方向应能够被正当化”④。

然而，生态中心主义理论不仅对刑法造成巨大冲击，甚至可能导致整个法律体系的重构。因此，新的折中理念——人类·生态中心主义理念正逐渐成为通说。生态中心主义关注整体利益而非个体利益，其本质上是通过降低人的身份以提高其他自然体的地位来完成生态系的道德扩张，姑且不论其是否会导致环境法西斯主义，单就其提出的保证良好环境已是道德性要求的观点，实质上意味着生态中心主义也是从传统来设定问题。显然，克里斯托弗·斯通关于扩张自然体权利、赋予其原告资格，使得动植物等自然物亦可进行司法处理的观点，其本质上与创设法人没有不同，目的都在于人类利益。法律是为了人类而存在的，法益是人类生活利益的体现，在法律上认可自然体权利本质上是不可能的。鲁道夫·雷格尔（Rudolf Rengier）认为，环境保护的终极目的是人类利益，所谓的环境法益最终可以还原为人类利益⑤。町野朔认为，“伦理规范是为了人类生存而存在，给我们提供了道德标准，也为我们确保了良好生活，生态系、自然物等不从属于人类，其目的不过

---

① ［美］戴斯·贾丁斯．环境伦理学［M］．林官民，杨爱民，译．北京：北京大学出版社，2006：118-119.

② 张一粟．小鱼VS大坝——美国环保第一案始末［J］．绿色视野，2006（12）：28-30.

③ ［日］伊東研祐．環境刑法における保護法益と保護の様態［A］．刑事法学の現代的状況——内藤謙先生古稀祝賀［C］．東京：有斐閣，松尾浩也，芝原邦爾编，1994：330.

④ ［日］伊東研祐．環境刑法における保護法益と保護の様態［A］．刑事法学の現代的状況——内藤謙先生古稀祝賀［C］．東京：有斐閣，松尾浩也，芝原邦爾编，1994：332.

⑤ ［日］町野朔．環境刑法と環境倫理（上）［J］．上智法學論集上智法學論集，1999，42（3·4）：94.

是人类的手段，不可能具有独立的权利”[①]。因此，生态文明建设领域渎职犯罪的立法，其行为犯、抽象危险犯、降低举证标准等规定能将危害环境的后果扼杀于萌芽之中，尽最大可能保护环境，此种兼顾人类利益与生态利益的立法，应归属于人类·生态中心主义的法律。

（二）生态文明建设会导致渎职罪的环境犯罪化

环境犯罪与生态环境领域的渎职犯罪的关系经历了一个由分到合的融合过程。此类渎职犯罪行为最初只是渎职罪的一种表现形式，后根据社会及环境的变化，逐渐从普通渎职罪中分离出来成为特殊的渎职犯罪，随着环境不断恶化及生态伦理的日益提倡，特殊的渎职犯罪逐渐脱离了渎职罪的体系而被融合在环境犯罪中。从融合表现看体现为两种情况：一是立法明确规定的情形，文中所提到的各国刑法所规定的生态环境领域的渎职犯罪都被当作环境犯罪的表现形式，二者已充分融合；二是立法未作规定的情形，在刑法没有规定生态文明建设领域渎职罪的国家，理论大都也认为此类渎职犯罪行为属于环境犯罪的范畴，应以环境犯罪来处理。具体分析如下：

一是立法做了明确规定的国家，二者融合的表现有：①从立法的目的看，生态文明建设领域渎职犯罪与环境犯罪的目的已经趋同，二者都是为了保护环境，即预防环境风险、保障环境安全。②从体例编排上看，生态文明建设领域渎职犯罪虽已正式纳入环境犯罪领域，但关于立法形式存在一些差别，有的是规定在附属刑法中，有的是规定在刑法典中。③从刑罚措施看，立法已对生态文明建设领域渎职犯罪规定了修复环境的刑罚，公务人员若实施了此犯罪行为，可以科处相关改善环境的刑罚。

二是立法没有规定生态文明建设领域渎职犯罪的国家，二者融合的表现体现为对于生态文明建设领域渎职犯罪行为大都是以环境犯罪处理，关于如何处理有如下观点：①以间接正犯处理。如德国学者许乃曼认为关于环保当局官员若明知违法而仍然做出行政许可时，其需承担保证义务，可以认定为间接正犯。②以共谋共同正犯处理。日本学者三枝有认为在环境犯罪时行政当局消极对应的场合，公务担当者可以成为共犯或者不作为犯，若行政当局明知会产生环境侵害而许可、默认污染行为发生，其一方面提供了帮助，另一方面可认定存在意思联络，成立共谋共

---

① ［日］町野朔．環境刑法と環境倫理（上）［J］．上智法學論集上智法學論集，1999，42（3·4）：94.

同正犯[①]。③以共犯处理。德国学者洛克辛认为，对于环境犯罪行为，若存在行政许可，可以阻却构成要件符合性，但此违法许可如果是因为受贿而做出，则构成共犯[②]。

生态文明建设领域的渎职罪成为环境犯罪组成部分，并非简单地将犯罪重新进行归类，而是其所保护的法益发生了变化，即环境刑法已经将生态利益作为保护法益。因此，在我国大力推进生态文明建设的过程中，刑法为了适应新的任务，不断调试自身，进而将生态系统作为刑法保护的主体，与之相适应，针对生态文明建设领域渎职犯罪立法，其必然体现了环境刑法的要求、兼顾了人类利益与自然利益。故此类渎职罪与已经超脱了传统意义上的渎职罪，应该归属于环境犯罪的范畴。

（三）生态文明建设会加速渎职罪保护法益的抽象化

生态文明建设领域渎职犯罪法益的内涵经历了一个变迁过程。在生态文明建设领域，最早的渎职犯罪是生态文明建设领域渎职犯罪，包括环境监管失职罪、违法发放林木采伐许可证罪、非法批准征占用土地罪、非法低价出让国有土地使用权罪，这些渎职罪立法是与我国工业文明相适应的立法，此种人类中心主义立法将生态系统作为行为对象来看待，故其保护的法益不包括生态利益，只包括国家法益，具体体现为国家所赋予的职责，关于此职责的内涵，三枝有认为是“国家课以公务担当者对环境侵害行为告发的义务”[③]，许乃曼认为是“公务人员明知违法而仍然许可所需要承担保证人的义务”[④]，我国学者大都将其归结为环境管理活动或国家环境保护制度。随着环境的污染与破坏的形势不断恶化，法益中的生态因素不断被强调，所以，越来越多的立法开始突出生态利益的保护，此种法律所保护的生态利益通称为环境法益，许多国家的渎职罪立法都将环境法益作为其刑法保护的法益之一。作为一种因应环境风险而出现的法益，环境法益的内涵及外在形式会随环境问题的变化而变化，法益的对象难以固定。而且，刑法对环境保护的边界非常模糊，导致很难依据法益来划定犯罪类型及行为可罚性的界限。“作为现代刑法法益保护

① ［日］三枝有．環境法におけるサンクションの在り方：環境刑法を中心として［J］．法政論叢，1997，(33)：188-185.
② ［德］ロクシン．職権と強制権，官庁の許可［J］．町野朔、長井圓、臼木豊〈訳〉．神奈川法学，1997，31(2)：719.
③ ［日］三枝有．環境刑法の新展開：環境保護政策と法規制の在り方［J］．法政論叢，2008，45(1)：20.
④ ［日］小林敬和．ベルント・シューネマン『環境刑法の理論と刑事政策について』の紹介と解説［J］．高岡法学，1997，9(1)：123.

的对象，不是自由、名誉及健康等古典性法益，而是复杂的法益”[①]，作为复杂法益代表的环境法益，本身是模糊的、抽象的，此种抽象法益的提倡必然使刑法对环境法益保护的防线推前，也即刑法对环境法益保护的前置，法益保护早期化意味着刑罚非难的对象已经由“结果”转向“行为”，即由结果无价值变成了行为无价值，这意味着定罪已不再需要考虑危害结果，只要实行行为造成了特定风险，就可以入罪并处以相应刑罚。

我国生态文明建设领域渎职犯罪保护法益的抽象化主要体现在生态法益上，生态法益作为刑法保护对象，其范围、内涵都不够明确，且作为一种整体法益，难以具体化。但是，我国当前的生态文明建设领域的渎职罪的立法还是全国人民代表大会在 1997 年制定的，生态法益未能在此立法中体现出来，故实践中此渎职罪的立法事实上尚无法有效保障生态利益。为此，应该适应我国生态文明建设的要求，修正相关渎职罪立法，以有效保障生态法益，助推生态文明建设。

三、渎职罪对生态文明建设的影响

（一）培养生态文明建设的意识

生态文明建设领域渎职犯罪的立法与司法实践可以促进生态文明建设意识的养成。我国近年来生态环境污染破坏严重，除立法不完善等原因之外，民众的生态文明建设意识偏弱也是重要原因。民众的生态文明意识偏弱使得其难以自觉遵守有关环境管理和保护制度，以水污染执法为例，由于欠缺生态文明意识，水污染执法的相对人时常有偷排行为，此种偷排行为规避了有关水污染防治的法律制度；而负有水污染检测或者检查责任的国家工作人员，由于欠缺生态文明意识，执法不作为或者执法不公正，加剧了水环境的污染破坏[②]。这些偷排、不作为、执法不公等行为发生的主要原因之一是欠缺生态文明建设的意识，因此，培养民众的生态文明建设意识非常迫切。生态文明建设领域渎职犯罪的立法有助于养成生态文明建设意识，其通过将危及生态文明建设的生态文明建设领域渎职行为犯罪化，并配以相应的刑罚，表明了此被刑法所禁止的行为具有严重社会危害性。通过刑法的宣示，民众可以预测自己行为的性质及法律后果，从而选择有利于自己的行为方式，尊重生态文

① ［日］金尚均．危険社会と刑法：現代社会における刑法の機能と限界［M］．东京：成文堂，2001：17.
② 何勤华，顾盈颖．生态文明与生态法律文明建设论纲［J］．山东社会科学，2013（11）：11.

明建设的相关制度，认可和接受生态文明[①]。此外，司法机关通过查处生态文明建设领域渎职犯罪人，规范了执法队伍，使环境执法者树立守法意识，认真履行环境管理职责，进而引导民众认可和遵守与生态文明建设直接关联的环境法律。正是通过此种规范机制，生态文明建设领域渎职犯罪才能够有效引导生态文明的守法认同，进而培育生态文明意识[②]。

（二）维护生态文明建设的秩序

生态文明建设体现了一种新型的秩序，即人类与自然的关系，此种关系可以还原为人与人之间的关系，即通过调整人与人之间的关系来实现人与自然的和谐相处。生态文明建设所体现的秩序需要经济、行政、法律等多种手段来维护，在这些手段中，法律手段有其独特的作用：①法律可以有效维护生态文明建设的秩序。法律是人类迄今为止最稳定、最成熟的制度形式，是具有国家强制力的规范，能够规范和指导人们的行为，其规定了人们的行为模式，明确了行为的界限，从而确认、建立和维护一定的社会秩序。生态文明建设所要遵循的一系列原则、规则，不能单靠政策、指示或伦理的力量来引导，而要靠调整“人—自然—人”关系的法律加以规范，建立起符合生态规律的法律秩序。②生态文明建设领域渎职犯罪保障了生态文明建设的秩序。作为环境法律体系的组成部分的环境刑法是维护生态文明建设秩序的重要法律，而环境刑法中的生态文明建设领域渎职犯罪的立法作为直接规制生态文明建设的法律之一，地位非常重要。生态文明建设领域渎职犯罪的立法直接规制与生态文明建设相关的环境管理部门的国家工作人员，使其遵守法律和法规，依法认真履行环境管理和监督职能，实现良性的环境治理，确保国家关于生态文明建设的方针、政策、制度等的贯彻落实，进而确保和维护人与自然之间的和谐秩序[③]。

（三）保障生态文明建设的实施

生态文明建设领域渎职犯罪立法对于保障生态文明建设具有独特作用，其作为强制性最强的规范，有助于实现生态文明建设：①打击生态文明建设过程中的渎职犯罪者。生态文明建设领域渎职犯罪立法作为环境刑法的一部分，在法律体系中具有最高的权威性，其依靠现代国家强制力。生态文明建设领域渎职犯罪的立法将生态文明建设过程中严重的渎职行为定性为犯罪，对于国家机关工作人员的生态文明

① 李海滢，刘静茹．生态文明建设与刑法完善［J］．社会科学战线，2010（11）：167.
② 张高丽．大力推进生态文明 努力建设美丽中国［J］．求是，2013（24）：3-4.
③ 刘江翔．生态文明建设的法治维度及其认同［J］．湖南科技学院学报，2013（6）：126-127.

建设领域渎职犯罪行为进行强力干涉，并通过查处生态文明建设领域渎职犯罪者，剥夺其再犯能力。②威慑和预防生态文明建设中潜在渎职犯罪者。环境刑法不仅在于打击环境犯罪者，更重要的作用是预防其发生，通过打击生态文明建设过程中的渎职犯罪者，可以警示和威慑潜在的犯罪人，使执法者不敢以身试法，促执法者公正执法，确保国家生态文明建设职能得以正确履行。因此，生态文明建设领域渎职犯罪可以促进环境治理的实现，进而达到人与自然的和谐状态，最终保障和促进生态文明建设。

第三章　生态文明建设领域渎职犯罪的概述

第一节　生态文明建设领域渎职犯罪的内涵

一、生态文明建设领域渎职犯罪的概念

我国自古以来便存在生态环境领域渎职犯罪的法律和实践。

《唐律疏议·户律》规定，“诸部内有旱、涝、霜、雹、虫、蝗为害之处，主司应言而不言及妄言者，杖七十；覆检不以实者，与同罪；若致枉有所征免，赃重者坐赃论”[①]。《唐律疏议·杂律》规定，“诸不修堤防及修而失时者，主司杖七十；毁害人家、漂失财物者，坐赃论减五等”。“其穿垣出秽污者杖六十，出水者勿论，主司不禁与同罪”[②]。

《宋刑统·杂律》规定，“诸不修堤防及修而失时者，主司杖七十；毁害人家、漂失财物者，坐赃论减五等，以故杀伤人者减斗杀伤罪三等”；“诸侵巷街阡陌者，杖七十；若种植垦食者，笞五十……主司不禁与同罪”。“其穿垣出秽污者杖六十，主司不禁与同罪”[③]。

《元史·刑法志·职制下》规定，“诸有司不以时修筑堤防，霖雨既降，水潦并至，漂民庐舍，溺民妻子，为民害者，本郡官吏各罚俸一月，县官各笞二十七，典史各一十七，并记过名”[④]。

《大明律·工律·河防》规定，“凡不修河防及修而失时者，提调官吏各笞五十；若毁害人家，漂失财物者，杖六十；因而致伤人命者，杖八十”。“若不修圩岸及修而失时者笞三十”[⑤]。《明史·本纪第六·成祖二》记载明成祖曾诏令，“九月壬午，诏自今郡县官每岁春行视境内，蝗蝻害稼即捕绝之，不如诏者二司并罪”。

《大清律例·河防》规定，“凡不修河防及修而失时者，提调官吏各笞五十；若

---

① 刘俊文，点校.唐律疏议［M］.北京：中华书局，1983：247.
② 刘俊文，点校.唐律疏议［M］.北京：中华书局，1983：504.
③ 吴翊如，点校.宋刑统［M］.北京：中华书局，1984：417-431.
④ 法学教材编辑部.中国法制史资料选编［M］.北京：群众出版社，1988：595.
⑤ 怀效锋，点校.大明律［M］.北京：法律出版社，1988：229-230.

毁害人家，漂失财物者，杖六十；因而致伤人命者，杖八十。若不修圩岸及修而失时者，笞三十；因而渰没田禾者，笞五十。其暴水连雨损坏堤防，非人力所致者，勿论”[①]。

由上述规定可见，古代生态环境领域渎职犯罪立法主要是针对玩忽职守行为，其立法特点如下：①规制对象是自然灾害领域的渎职行为。鉴于古代环境保护主要体现为对自然资源的保护，古代的环境问题多发生在自然资源的利用过程中，如水利资源的利用，为此，历代的环境问题主要体现为各种各样的自然灾害，如水灾、旱灾、虫灾等。历代的灾害多与百姓的日常生活直接相关，故统治者高度重视，为此，灾害防治是政府的重要职能，对于不认真履行职责等行为，则以律法规定予以刑事处罚。②规定了严格责任。严格责任是指刑法对缺乏犯罪主观意图的行为予以追究刑事责任的一种制度。唐代以来关于生态环境领域渎职罪的规定均不要求犯罪人主观上具备故意或者过失，即以行为表现和结果作为定罪和处刑的主要标准，此种责任追究方式可以说是严格责任的体现，例如根据《唐律疏议・杂律》的规定，只要不修或者不按时修筑堤防，便构成了渎职罪，需给予刑事处罚。③规定了转化犯。根据《唐律疏议・杂律》的规定，若不修堤防导致危害后果严重的，以坐赃论处；另根据《宋刑统・杂律》规定，若不修堤防导致危害后果严重的，除坐赃外，假如致伤人命者，以杀人论处。转化犯意味着危害结果触犯其他罪名的，以更重的罪处罚，按照上述转化犯的规定，若生态文明建设领域渎职犯罪导致严重结果发生的，可处以贪污罪，甚至杀人罪。④规定了结果加重犯。从唐朝至清朝，立法对生态文明建设领域渎职犯罪除规定基本刑外，大都规定了在法定危害结果产生时加重处罚。

当然，在古代社会的法制环境下，很难指望立法的规定能得到严格的贯彻施行。但是，从史料记载来看，上述立法规定在司法实践中得到了一定程度的执行。例如《新唐书・牛僧孺传》载：“会昌元年，汉水溢，坏城郭，（牛僧孺）坐不谨防，下迁太子少保。”牛僧孺时为检校司空、同平章事、山南东道节度使，镇襄州，因汉水洪灾，淹坏城墙，被贬官。虽然此案带有政争权斗的色彩，但至少说明唐代存在对官员的生态环境领域渎职行为追究法律责任的事实。又如《清史稿・姜晟传》载：“（乾隆）五十三年，荆州江堤溃，命大学士阿桂等往勘，以（姜）晟未能疏濬上游涨沙，并坐属吏婪索淮盐匣费，褫顶戴。”姜晟时为湖北巡抚，因未及时清

---

① 田涛，郑秦，点校．大清律例［M］．北京：法律出版社，1999：614-616.

理江沙导致堤溃，遭到了褫夺顶戴的处分。此案虽然没有严格执行《大清律例》的条文，但考虑到姜晟是乾隆皇帝颇为宠幸的官员，这种处分在当时的社会环境下已是相当严厉的惩罚。可见，直至清代仍然保持着追究官员生态环境渎职行为责任的传统。

民国时期，刑法虽然没有专门规定生态环境领域渎职犯罪，但是刑法的有关条文可以适用环境管理领域的渎职犯罪。如南京国民政府在 1935 年修订了刑法，其分则第四章规定了“渎职罪”，第一百三十条规定了废弛职务酿成灾害罪，“公务员废弛职务酿成灾害者，处三年以上十年以下有期徒刑”[①]，此条可以适用环境管理领域的渎职犯罪，此外，第一百三十一条的公务员图利罪等也可以适用环境管理领域的渎职犯罪[②]。

新中国成立之后，1979 年制定了《刑法》，但是这部刑法未专门规定生态环境领域渎职犯罪，其规定的玩忽职守罪可以适用于环境管理领域的渎职行为。1997 年新修订的《刑法》正式将部分生态环境领域渎职犯罪从一般性的渎职犯罪中分离出来单独立法，具体有第四百零七条规定的违法发放林木采伐许可证罪、第四百零八条规定的环境监管失职罪、第四百一十条规定的非法批准征占用土地罪、第四百一十条规定的非法低价出让国有土地使用权罪等。

从国外来看，有不少国家的刑法典直接规定了生态环境领域渎职犯罪，例如俄罗斯、巴西、西班牙、塞尔维亚、墨西哥、越南、芬兰、波兰、古巴、蒙古国、斯洛文尼亚、马其顿、黑山等国家的刑法典规定了生态文明建设领域渎职犯罪，其立法方式如下：一是在环境刑法中以专章（节）规定生态环境领域渎职犯罪，此种立法以巴西、西班牙等国的刑法典为代表；二是立法规定公务人员属于环境犯罪中的特殊主体，此种立法以俄罗斯、越南、墨西哥、芬兰等国的刑法典为代表；三是在环境刑法中以特定条款规定生态环境领域渎职犯罪，此种立法以塞尔维亚、克罗地亚、马其顿、蒙古国、波兰、黑山等国的刑法典为代表。关于这些国家的生态文明建设领域渎职犯罪立法的详细情况，下文将会展开论述。此外，也有很多国家未专门规定生态文明建设领域渎职罪，其涵盖在相应的职务犯罪规定之中，如德国、法国、意大利等国的刑法典。英美法系国家没有专门的生态文明建设领域渎职罪，其涵盖在一般性职务犯罪规定中，也有国家存在特殊规定，如美国《清洁空气法》规定本罪（污染空气方面的犯罪）的犯罪人包括联邦及州政府公务人员[③]。

---

① 中国法规刊行社编审委员会编．六法全书［M］．南京：中国法规刊行社，1948：213.

② 中国法规刊行社编审委员会编．六法全书［M］．南京：中国法规刊行社，1948：213.

③ Proposed Consent Decree，Clean Air Act Citizen Suit［EB/OL］．（2021-01-04）［2020-02-26］.https：//www.federalregister.gov/documents/2021/01/04/2020-29078/.

尽管刑法对生态环境领域渎职犯罪的规定由来已久，但是关于何为生态文明环境渎职犯罪，观点并不一致，如有的学者将其称为环境职务犯罪，并将其定义为，“负有环境保护监督管理职责的国家机关工作人员在从事环境保护监督管理过程中，徇私舞弊、私用或者滥用公共权力，造成重大损失依照法律应受刑罚处罚的行为”[①]。有的学者将其等同于生态环境渎职犯罪，并将其定义为“负有生态环境保护、监督和管理的国家机关工作人员严重不负责任，导致重大环境污染事故或生态资源遭受严重破坏的行为”[②]。上述定义基本妥当，但是将环境职务犯罪混同于生态文明建设领域渎职犯罪的做法不甚妥当：从外延上讲，职务犯罪不能等同于渎职犯罪，我国的职务犯罪通常包括渎职犯罪和贪污贿赂犯罪，故环境职务犯罪的外延大于生态文明建设领域渎职犯罪。从我国来看，根据现行立法，生态文明建设领域渎职犯罪只是渎职罪的下位概念，是特殊类型的渎职罪，为此，渎职罪的几个因素同样适用于生态文明建设领域渎职犯罪：一是从主体要件看，为国家工作人员且负有环境监管职责；二是从主观要件看，主观上既有故意，也有过失；三是从客观要件来看，不认真履行职责的行为导致严重危害后果；四是从犯罪客体（保护法益）看，体现为复数法益，包括环境法益和国家法益。据此，大致可以将我国的生态文明建设领域渎职犯罪定义为“负有管理生态文明建设职责的国家工作人员在监管过程中滥用职权、玩忽职守，导致危害生态文明建设的应受刑罚处罚的行为”。

二、生态文明建设领域渎职犯罪的范围

关于生态文明建设领域渎职犯罪存在的范围，可以从最广义、广义和狭义上的生态文明建设领域渎职犯罪来探讨。

（一）最广义生态文明建设领域渎职犯罪

从最广义的角度看，生态文明建设领域渎职犯罪等同于该领域的职务犯罪。《布莱克法律辞典》认为广义上的渎职罪包括任何影响、妨碍或干扰公务的错误行为[③]，按照此观点，渎职罪的范围应该包括所有与职务相关的犯罪，如贪污罪、贿赂罪、渎职罪。从司法实践来看，渎职罪和贪污贿赂罪常相伴而生，二者都可归入公务人员渎职犯罪的范畴。从国外现行立法看，许多国家的刑法将贪污贿赂犯罪归入渎职

① 刘文燕，于晓菲 . 浅析环境职务犯罪及其预防［J］. 北方经贸，2014（5）：114.

② 周天京 . 生态环境渎职犯罪的典型生成及预防机制研究——基于网络资料的实证［J］. 贵州法学，2014（9）：40.

③ 包健 . 渎职罪研究［D］. 上海：华东政法大学，2008：6.

罪中，即采取大渎职罪的立法模式，如《德国刑法典》第三十章“职务犯罪”，包含了贿赂犯罪和渎职罪①；再如《西班牙刑法典》第十九集为“破坏公共管理罪”，下设公务员失职及其他不法行为、擅离职守和不履行追捕责任、贿赂、贪污和挪用公款等章节②。从我国刑法看，1979 年《刑法》刑法分则第八章“渎职罪”采取了此种立法模式，将渎职罪和受贿罪同时规定在本章中。尽管贪污贿赂罪侵犯了职务的廉洁性，然而贪污贿赂犯罪还侵犯了基于社会一般信赖的公务员职务的公正性，与渎职罪所保护的法益具有一定的共性，二者都需要维护公务员职务行为的公正性③。立足于此意义上的渎职犯罪所包含的范畴基本等同于职务犯罪的范畴，其不仅包括渎职罪，还应该包括贪污贿赂罪。基于此，作为渎职罪下位的生态文明建设领域渎职犯罪，不仅包括渎职罪部分，也包括贪污贿赂罪部分。因此，从最广义的生态文明建设领域渎职犯罪来看，其可以等同于该领域的职务犯罪，即不仅包括环境管理领域发生的渎职犯罪，还包括环境管理领域发生的贪污贿赂犯罪。

（二）广义生态文明建设领域渎职犯罪

从广义角度看，生态文明建设领域渎职犯罪不包括贪污贿赂罪，其仅仅是现行刑法规定的渎职罪中的一部分，即发生在该管理领域的渎职罪，其范围相对较为宽泛，囊括了相当一部分渎职罪。根据我国纪检监察机关、司法机关的实践，生态文明建设领域渎职犯罪所涉及的案件范围大致包括：①非法批准征用土地、非法批准占用土地、非法低价出让国有土地使用权等案件，违法发放林木采伐许可证案件，环境监管失职案件；②土地和矿产资源、森林资源、水资源、电力资源、城市建设规划及房地产开发、道路交通建设与管理和环境监管等领域中的渎职案件；③能源资源和生态环境管理领域中的党政领导机关工作人员玩忽职守、滥用职权案件；④安全生产领域中的重大事故所牵涉的渎职案件；⑤国家机关工作人员帮助环境犯罪分子逃避处罚案件，以及徇私舞弊不移交环境犯罪类型的刑事案件；⑥其他生态文明建设领域渎职犯罪案件④。上述六类案件，不仅包括生态文明建设领域所发生的滥用职权罪、玩忽职守罪、徇私舞弊不移交刑事案件罪、帮助犯罪分子逃避处罚罪等罪名，还包括违法发放林木采伐许可证罪，环境监管失职罪，非法批准征用、占用土地罪，非法低价出让国有土地使用权罪 4 个专门的生态文明建设领域渎职犯

① 徐久生，庄敬华，译．德国刑法典［M］．北京：中国方正出版社，2002：167.

② 潘灯译．西班牙刑法典［M］．北京：中国政法大学出版社，2004：7.

③［日］前田雅英．刑法各论讲义［M］．东京：东京大学出版会，1999：488.

④ 王新友．重点查办六类案件　服务经济社会发展［N］．检察日报，2008-04-23（1）.

罪，共计 8 个罪名。

（三）狭义生态文明建设领域渎职犯罪

从狭义角度看，生态文明建设领域渎职犯罪仅仅是指专门适用于该管理领域的渎职罪。最早规定生态环境领域渎职犯罪的是环境行政法，即 1984 年颁布的《水污染防治法》第四十三条规定了生态文明建设领域渎职犯罪[①]，随后 1984 年《森林法》第三十五条、1984 年《水污染防治法》第四十三条、1986 年《土地管理法》第四十八条、1987 年《大气污染防治法》第三十九条、1988 年《野生动物保护法》第三十八条、1988 年《水法》第五十条、1989 年《环境保护法》第四十五条、1991 年《水土保持法》第四十条、1996 年《环境噪声污染防治法》第六十二条、1996 年《矿产资源法》第四十七条等法规陆续规定了相关环境管理领域的渎职犯罪。最早在刑法上专门规定生态文明建设领域渎职犯罪的是最高人民检察院在 1987 年颁布的《关于正确认定和处理玩忽职守罪若干意见（试行）》，此司法解释明确了 64 种玩忽职守罪的情形，其中三种适用于环境管理领域渎职的情形，即第 51 种的矿产资源管理领域的渎职、第 52 种的森林资源管理领域的渎职、第 55 种的环境污染防治领域的渎职[②]。1997 年《刑法》在综合上述行政刑法和司法解释有关规定的基础上，对生态文明建设领域渎职犯罪做了专门规定，包括三个条文，包括第四百零七条、第四百零八条、第四百一十条；涉及 4 个罪名，即违法发放林木采伐许可证罪，环境监管失职罪，非法批准征用、占用土地罪，非法低价出让国有土地使用权罪[③]。

本书采用的是广义生态文明建设领域渎职犯罪，理由如下：①最广义生态文明建设领域渎职犯罪的范围过宽。若采取最广义范围的生态文明建设领域渎职犯罪，可能会导致研究范围过大。最广义的生态文明建设领域渎职犯罪相当于该领域的职务犯罪，其范围包括发生在该管理领域中的各种职务犯罪，具体包括贪污犯罪、贿

---

① 1984 年《水污染防治法》第四十三条规定："违反本法规定，造成重大水污染事故，导致公私财产重大损失或者人身伤亡的严重后果的，对有关责任人员可以比照刑法第一百一十五条或者第一百八十七条的规定，追究刑事责任。"

② 最高人民检察院 1987 年 8 月 31 日颁布的《关于正确认定和处理玩忽职守罪若干意见（试行）》规定：第 51 种情形：违反矿产资源法和有关法规规定，超越审批权限批准采矿或超越职权颁发采矿许可证，致使矿产资源遭受严重破坏，或者给取得采矿权的单位造成严重后果的；第 52 种情形：违反森林法规定，超过批准的年采伐限额，擅自发放林木采伐许可证，或者超越职权发放林木采伐许可证，情节严重，致使森林遭受严重破坏的；第 55 种情形：违反环境保护法规，致使严重污染和破坏环境，引起人员伤亡或者造成农、林、牧、副、渔业重大损失的。

③ 高铭暄 . 中华人民共和国刑法的孕育诞生和发展完善［M］. 北京：北京大学出版社，2012：629-630.

赂犯罪、狭义渎职犯罪三类罪。行为人在实施环境职务犯罪时，存在只实施了贪污贿赂犯罪、只实施了渎职犯罪、既实施了贪污贿赂犯罪又实施了渎职犯罪三种情形，在此三种情形中，后两种情形中的行为人的实行行为会因为直接违背职责而危害生态环境，从而引起人身、财产等的损害，但是第一种行为方式由于只实施了贪污贿赂犯罪，其行为与环境管理职责没有直接关联，虽然危及了职务的廉洁性[①]，但未必会危害生态环境。由此可见，在最广义范围的生态文明建设领域渎职犯罪所包含的各种犯罪中，不是所有犯罪都必然会危害生态环境，故此种最广义的生态文明建设领域渎职犯罪的范围过宽，不宜采用。②狭义生态文明建设领域渎职犯罪的范围过窄。狭义生态文明建设领域渎职犯罪只包括了4个罪名，即违法发放林木采伐许可证罪、非法批准征占用土地罪、非法低价出让国有土地使用权罪、环境监管失职罪，这4种罪所规制的环境渎职范围极为有限，如在森林资源管理过程中，对林木采伐的许可只是森林资源管理过程中的一个环节而已，违法发放林木采伐许可证罪无法规制森林资源管理中除林木采伐许可行为之外的渎职犯罪。此外，发生在水资源管理、矿产资源管理等领域中的渎职犯罪也无法被狭义的生态文明建设领域渎职犯罪所囊括。因此，采用狭义范围的生态文明建设领域渎职犯罪不妥。相对而言，广义的生态文明建设领域渎职犯罪范围较为可取，从横向上基本包括了自然资源管理和环境污染防治各个领域中的渎职犯罪，纵向上包括故意和过失类型的渎职犯罪，即便有些环境管理领域未涉及，也可以适用滥用职权罪和玩忽职守罪。

第二节　生态文明建设领域渎职犯罪的分类

根据不同标准，可以对我国的生态文明建设领域渎职犯罪做不同划分。

一、以行为方式为标准

根据客观行为表现的不同，可以将生态文明建设领域渎职犯罪分为滥用职权类型及玩忽职守类型的渎职罪。其中，滥用职权类型的渎职罪的表现为违反或超越有关环境法律规定的权限、程序等行使职权；玩忽职守罪的客观方面则表现为不履行或者不认真履行其应当履行的职责[②]。从现有生态文明建设领域渎职犯罪所涉罪名来

① 张明楷．刑法学（第四版）［M］．北京：法律出版社，2011：1067.

② 高洋．国家机关工作人员徇私舞弊独立罪名论［J］．人民检察，1998（6）：10.

看，可以分为以下几种：滥用职权类型的生态文明建设领域渎职犯罪包括滥用职权罪、违法发放林木采伐许可证罪、帮助犯罪分子逃避处罚罪；玩忽职守类型的生态文明建设领域渎职犯罪包括玩忽职守罪、环境监管失职罪；徇私舞弊类型的生态文明建设领域渎职犯罪主要有徇私舞弊不移交刑事案件罪，非法批准征用、占用土地罪，非法低价出让国有土地使用权罪。

二、以主观表现为标准

犯罪主观方面所涉及的因素有目的、动机、罪过等，据此可以对生态文明建设领域渎职犯罪作如下分类：①根据犯罪目的和动机来分，可将其分为非徇私舞弊类型的生态文明建设领域渎职犯罪和徇私舞弊类型的生态文明建设领域渎职犯罪。徇私舞弊类型的渎职罪不仅表现为违反或者超越有关环境法律规定的权限、程序等行使职权，还要求有徇私情、私利的目的或动机。而非徇私舞弊类型的生态文明建设领域渎职犯罪不要求有徇私情、私利的目的或动机。②根据犯罪的罪过不同，可以将其分为故意类型的生态文明建设领域渎职犯罪和过失类型的生态文明建设领域渎职犯罪。其中，故意类型的生态文明建设领域渎职犯罪包括滥用职权罪，徇私舞弊不移交刑事案件罪，帮助犯罪分子逃避处罚罪，违法发放林木采伐许可证罪，非法批准征用、占用土地罪，非法低价出让国有土地使用权罪；过失类型的生态文明建设领域渎职犯罪包括环境监管失职罪、玩忽职守罪。

三、以发生领域为标准

（1）以犯罪行为所指向的领域为标准，可将生态文明建设领域渎职犯罪分为环境污染防治领域的渎职罪和自然资源保护领域的渎职罪

环境污染防治领域包括水污染防治、土壤污染防治、大气污染防治、固体废物污染防治、噪声污染防治、放射性污染防治等，其对应的罪名主要有滥用职权罪、玩忽职守罪、徇私舞弊不移交刑事案件罪、帮助犯罪分子逃避处罚罪、环境监管失职罪。自然资源保护包括水资源保护、土地资源保护、森林资源保护、矿产资源保护、草原资源保护、渔业资源保护、野生动植物资源保护等领域，其对应的罪名主要有滥用职权罪，玩忽职守罪，徇私舞弊不移交刑事案件罪，帮助犯罪分子逃避处罚罪，违法发放林木采伐许可证罪，非法批准征用、占用土地罪，非法低价出让国有土地使用权罪。

（2）以犯罪所涉及的管理领域为标准，可以分为不同环境管理部门的生态文明建设领域渎职犯罪

根据我国“统管与分管相结合”的环境管理模式，除各级人民政府和各级环境保护机关外，具有环境管理职责的部门主要还有：①国家海洋行政主管部门具有部分环境管理职能，其主要体现为对海洋工程建设、海洋废弃物处理等进行监管；②港务监督行政主管部门具有部分环境管理职能，对港区水域的船舶污染、港区船舶的噪声污染进行监管；③渔政渔港主管部门对内河及港区渔业船舶污染、水域污染等进行监督管理；④军队环境保护行政主管部门具有部分环境管理职能，对军事演练、武器试验、军事科研、军事生产、部队生活等方面的污染防治及相关自然资源保护实施监督管理；⑤各级公安机关具有部分环境管理职能，对噪声污染、放射性污染、汽车尾气污染、伤害野生动物、破坏水土保持等污染防治和相关自然资源保护实施监督管理；⑥交通行政主管部门具有部分环境管理职能，对陆地水体船舶的大气污染、水污染和环境噪声污染实施监督管理；⑦国土资源保护行政主管部门具有部分环境管理职能，对土地资源、矿产资源等实施监督管理；⑧林业行政主管部门具有部分环境管理职能，对森林资源、陆生野生动植物、防沙治沙工作实施监督管理；⑨水利行政主管部门具有部分环境管理职能，对水资源保护、水土保持实施监督管理；⑩农业行政主管部门具有部分环境管理职能，对农田保护区、草原、野生植物资源实施监督管理；⑪渔业行政主管部门具有部分环境管理职能，对渔业资源、水生野生动物资源实施监督管理[①]。上述各部门都具有部分环境管理职责，其在履行相应环境管理职责过程中所发生的渎职犯罪，分别属于不同部门发生的生态文明建设领域渎职犯罪。

第三节　生态文明建设领域渎职犯罪的性质

一、作为渎职犯罪范畴的生态文明建设领域渎职犯罪

（一）作为渎职罪的立法体现

从立法角度看，许多国家的《刑法》未专门规定生态文明建设领域渎职犯罪，

① 沈洪艳．环境管理学［M］．北京：清华大学出版社，2010：70.

环境管理领域的渎职罪只是渎职罪适用的领域。（1）以大陆法系国家的立法为例，如德国，其《刑法典》将职务犯罪置于第三十章，其中条文较多，规定的都是各领域公务员渎职及受贿等情形，不涉及生态环境，但是若生态环境管理领域的公务人员涉及相关的渎职罪，则可依照相关规定处理。如《德国刑法典》第三百三十一条的第①种情形，“公务员或者公务负有特别义务的人员，针对履行其职务行为而为自己或他人索要、让他人允诺或收受他人利益的，处3年以下自由刑或者罚金刑”[①]。《日本刑法典》第一百三十二条规定，“公务员滥用职权，使他人履行没有义务履行，或者妨害他人行使权利的，处三年以下惩役或者禁锢”[②]。《荷兰刑法典》分为滥用职权的重罪和轻罪，以滥用职权的重罪为例，第三百五十五条规定，“行政部门负责人实施以下行为之一的，应判处三年以下监禁或第四类罚金：①明知违反宪法、其他法律或总行政命令，仍然会签皇家法令或皇家决定的；②明知皇家法令或皇家决定未经行政部门负责人会签，仍执行该法令或决定的；③明知违反宪法、其他法律或总行政命令，仍然作出决定、签发命令或实施现有的决定、命令的；④根据事项性质、职权范围，或明确委派，应由该行政部门履行宪法、其他法律或总行政命令有关规定，行政部门负责人故意不履行的”[③]；第三百五十六条规定，“行政部门负责人由于其严重过失或疏忽大意行为，未能履行第三百五十五条第四项规定义务的，应判处六个月以下拘役或第三类罚金”[④]。《瑞士刑法典》第三百一十二条规定，“当局成员或者官员滥用职权，意图使自己或他人获得非法利益，或对他人造成不利的，处五年以下重惩役或者监禁”；第三百一十四条规定，“当局成员或者官员损害在法律事务中应由其保护的公共利益，意图使自己或者他人获取非法利益的，处五年以下重惩役或监禁刑。可并处罚金[⑤]。（2）以英美法系国家的立法为例，如《美国模范刑法典》第二百四十三章第一条规定，“行为人明知其行为违法，仍以公务职权或者以谎称的公务职权，或者以该真实或者以谎称的公务职权为便利条件，实施下列行为的，成立轻罪：①使他人受到逮捕、拘禁、搜查……”[⑥]《加拿大刑事法典》第一百二十二条规定，“公职人员于执行公务时欺诈或者背信，构成可

① 徐久生，庄敬华，译．德国刑法典［M］．北京：中国方正出版社，2002：167.
② 张明楷，译．日本刑法典典［M］．北京：法律出版社，2006：153.
③ 龚馨，译．荷兰刑法典［M］．北京：中国方正出版社，2007：157.
④ 龚馨，译．荷兰刑法典［M］．北京：中国方正出版社，2007：157.
⑤ 徐久生，庄敬华，译．德国刑法典［M］．北京：中国方正出版社，2002：97.
⑥ 刘仁文，王祎等，译．美国模范刑法典［M］．北京：法律出版社，2005：202.

诉罪……”[①]这些立法规定表明，针对此类犯罪的犯罪侵犯是人类法益，不直接保护生态环境，生态环境只有在成为人类的实践对象时才会被保护。

我国现行的生态文明建设领域渎职犯罪相关规定是定位在“渎职罪”部分，即《刑法》第九章渎职罪，具体体现为：①专门的生态文明建设领域渎职犯罪，即刑法第四百零七条规定的违法发放林木采伐许可证罪，第四百零八条规定的环境监管失职罪，第四百一十条规定的非法批准征用、占用土地罪和非法低价出让国有土地使用权罪。②可以适用生态环境领域渎职行为的渎职罪，如滥用职权罪、玩忽职守罪、帮助犯罪分子逃避处罚罪、徇私舞弊不移交刑事案件罪。此规定表明生态文明建设领域渎职犯罪是与生态环境保护相关的执法人员在行使环境管理权的过程中妨碍国家正常的环境管理职责的行为，其直接侵犯的是国家正常的环境管理活动[②]。

因此，德国学者帕佩尔（Hans Jurgen Papier）认为环境刑法的法益是特定行政机关的机能，他认为“环境刑法的法益是有权限的国家机关根据行政法的程序及形式”[③]。我国多数学者也认为生态文明建设领域渎职犯罪的法益（客体）为国家法益，具体体现为行政管理秩序、行政管理制度、行政管理职能或者行政管理活动等。以我国刑法第四百一十条的非法低价出让国有土地使用权罪为例，本罪的客体（法益）如下：一是本罪客体是国家对土地的管理制度[④]，再细分则有如下观点：有的学者认为本罪客体为国家的土地使用权管理制度[⑤]；有的学者认为本罪客体是国家机关正常出让土地的管理制度[⑥]；还有的学者认为本罪客体是国家正常的土地管理、使用制度[⑦]。二是本罪客体是国家管理活动，如有的学者认为本罪客体是国家对土地的正常管理活动[⑧]；有的学者认为本罪客体是国家对国有土地使用管理的正常活动[⑨]；还有的学者认为本罪客体为国家土地管理机关的职务活动[⑩]。三是本罪客体是复杂客体，如有的学者认为本罪客体是国家机关的正常管理活动及土地管理制度[⑪]，有的学

① 罗文波，冯凡英，译．加拿大刑事法典［M］．北京：北京大学出版社，2008：104.
② 贾济东．渎职罪构成研究［M］．北京：知识产权出版社，2007：24.
③ ［日］山中敬一．ドイツ環境刑法における解釈論上の諸問題［J］．刑法雑誌，1992，32（2）：197.
④ 高铭暄，马克昌．刑法学（下）［M］．北京：中国法制出版社，1999：1190.
⑤ 赵秉志主编．新刑法典释义与应用［M］．长春：吉林人民出版社，1998：787.
⑥ 肖扬．中国新刑法学［M］．北京：中国人民公安大学出版社，1997：679.
⑦ 王季军．贪污贿赂罪・渎职罪［M］．北京：法律出版社，1999：268.
⑧ 韩耀元．渎职罪的定罪与量刑［M］．北京：人民法院出版社，2000：418.
⑨ 苏惠渔．刑法学［M］．北京：中国政法大学出版社，2012：895.
⑩ 杜澎．破坏环境资源犯罪研究［M］．北京：中国方正出版社，2003：389.
⑪ 赵秉志．新刑法典拆解比较与适用［M］．北京：中国经济出版社，1997：875.

者认为本罪客体是国家对土地的管理秩序及国家的土地所有权[①]。四是本罪保护的法益是国家法益[②]。

（二）作为渎职罪的司法体现

从司法实践来看，生态文明建设领域渎职犯罪的查处体现了一般渎职犯罪的查处模式：①罪与非罪的标准相同。司法机关判断生态文明建设领域渎职犯罪的罪与非罪的标准，与其他渎职罪没有太大差别，都是人类的生命健康、财产等利益的受损程度。根据最高人民检察院在2006年《关于渎职侵权犯罪案件立案标准的规定》，违法发放林木采伐许可证罪，环境监管失职罪，非法批准征用、占用土地罪，非法低价出让国有土地使用权罪等生态文明建设领域渎职犯罪的立案标准都是生命健康权、财产权等损失的程度[③]。②查处手段相同。根据相关的纪检监察的调查及司法实践，生态文明建设领域渎职犯罪的查处模式与其他渎职罪没有差别，都是获取举报线索、初核线索、监察部门调查、提起公诉、审判。③举证责任相同。与其他渎职罪相同，司法机关在证明构成生态文明建设领域渎职犯罪的证明责任也是遵循“谁主张，谁举证”。我国的生态文明建设领域渎职犯罪作为渎职罪的组成部分，认定其构成本罪要求“谁主张、谁举证”，为此，证明犯罪人构成本罪的举证责任在于司法机关，犯罪人不承担举证责任。④预防措施基本相同。检察机关对于生态文明建设领域渎职犯罪所采取的预防措施与其他渎职罪的预防措施基本相同，立足点都在于如何预防人身及财产等利益不受侵犯，与保障生态环境关联度不高。

---

① 何秉松 . 职务犯罪的预防与惩治［M］. 北京：中国方正出版社，1999：661.

② 张明楷 . 刑法学［M］. 北京：法律出版社，2012：1087.

③ 《最高人民检察院关于渎职侵权犯罪案件立案标准的规定》第一条第十九款规定的环境监管失职案（第四百零八条）的立案标准：涉嫌下列情形之一的，应予立案：1. 造成死亡1人以上，或者重伤3人以上，或者重伤2人、轻伤4人以上，或者重伤1人、轻伤7人以上，或者轻伤10人以上的；2. 导致30人以上严重中毒的；3. 造成个人财产直接经济损失15万元以上，或者直接经济损失不满15万元，但间接经济损失75万元以上的；4. 造成公共财产、法人或者其他组织财产直接经济损失30万元以上，或者直接经济损失不满30万元，但间接经济损失150万元以上的；5. 虽未达到3、4两项数额标准，但3、4两项合计直接经济损失30万元以上，或者合计直接经济损失不满30万元，但合计间接经济损失150万元以上的；6. 造成基本农田或者防护林地、特种用途林地10亩以上，或者基本农田以外的耕地50亩以上，或者其他土地70亩以上被严重毁坏的；7. 造成生活饮用水地表水源和地下水源严重污染的；8. 其他致使公私财产遭受重大损失或者造成人身伤亡严重后果的情形。

二、作为环境犯罪范畴的生态文明建设领域渎职犯罪

（一）作为环境犯罪的立法体现

1. 国外生态文明建设领域渎职犯罪的立法体现

世界上不少国家的环境刑法专门规定了生态文明建设领域渎职犯罪，如巴西、西班牙、塞尔维亚、俄罗斯、墨西哥、越南等，这些国家的生态文明建设领域渎职犯罪的立法规定都是置于环境犯罪之中，其具体方式如下：①在环境刑法中以专章（节）规定生态环境领域渎职犯罪，此种立法的有巴西、西班牙等国的刑法典。如巴西在1998年专门制定了单行的《环境犯罪法》，其第五章“危害环境的犯罪”的第五节“妨碍环境管理罪”专门规定了公务人员的渎职行为，如其第六十七条规定，“公务人员违背环境规则为只有从政府获得授权才能实施的活动、工作或服务提供执照、授权或许可的，处以1年到3年的拘留和罚金。如果犯罪属于非恶意的，处以3个月至1年的拘留，保留罚金”[①]。②立法规定公务人员属于环境犯罪中的特殊主体，此种立法以俄罗斯、越南、墨西哥、芬兰、保加利亚、塔吉克斯坦等国的刑法典为代表。如俄罗斯的《俄罗斯刑法典》，其以专章规定了环境犯罪，并规定犯罪只能由自然人实施，公务人员只是自然人中的一种，可以适用，但是如果公务人员利用职务之便实施环境犯罪的则加重处罚，如其第二百五十八条（非法狩猎罪）第二款规定，“……上述行为，利用职务之便实施的，或者由事先通谋的犯罪团伙或有组织的犯罪团伙实施的，判处数额为最低劳动报酬的500倍至700倍或被判刑人5个月至7个月的工资或其他收入的罚金，或2年以下剥夺自由，可以并处3年以下剥夺担任一定职务或从事某种工作的权利”[②]。③在环境刑法中以特定条款规定生态环境领域渎职犯罪，此种立法以塞尔维亚、克罗地亚、马其顿、黑山等国的刑法典为代表。如《塞尔维亚刑法典》，其第二十四章为侵害环境的犯罪，从第二百六十条到二百七十七条，计18条，专门规定公务人员渎职犯罪的有第二百六十一条规定的拒不采取环境保护措施罪、第二百六十二条的非法批准进行建设、设备操作、安装而污染环境罪，如第二百六十一条规定，“（一）公职人员或者其他相关责任人员，拒不采取规定的环境保护措施的，或者拒不执行有关主管机关做出的环境保护方面的决定的，处罚金或者三年以下监禁。（二）过失犯本条第一

---

① 郭怡，译．巴西环境犯罪法［M］．北京：中国环境科学出版社，2009：20.
② 黄道秀，译．俄罗斯联邦刑法典［M］．北京：北京大学出版社，2008：134-142.

款之罪的，处罚金或者一年以下监禁。（三）上述渎职行为导致环境污染的，依照本法第二百六十条[①]规定的污染环境罪处罚。（四）在犯本条第一款及第二款之罪的犯罪人宣告缓刑时，法庭应当命令其在一定期限内，采取旨在保护、养护或者改善人类环境的特殊法定措施”[②]。

2. 国内生态文明建设领域渎职犯罪的立法体现

生态文明建设领域渎职行为所应承担的法律责任是我国环境行政法的重要内容之一，自 1979 年《环境保护法（试行）》第三十二条[③]规定了生态环境领域渎职行为的法律责任以来，大多数环境行政法都规定了生态环境领域渎职行为所应承担的法律责任，此种法律责任可以理解为政府承担的不利后果，即环境执法者根据法律规定所应当承担的环境管理事项，未做或者未做好此确定事项时所要承担的不利后果[④]。环境行政法中所应该承担的法律责任可以分为行政责任和刑事责任，两者外在表现基本相同，但是危害结果及程度存在差别。1997 年，《刑法》以第四百零七条、第四百零八条、第四百一十条三个条文专门规定了违法发放林木采伐许可证罪、非法批准征占用土地罪、非法低价出让国有土地使用权罪、环境监管失职罪 4 个生态文明建设领域的渎职犯罪。

近几年来，我国的环境法律均规定了该领域的渎职罪如何处理。以最近几年的环境行政法为例，如 2009 年《海岛保护法》第四十四条详细规定了对海岛保护负有监督管理职责的部门渎职行为的行政责任，第五十五条规定了其渎职行为的刑事责任；2010 年《水土保持法》第四十七条规定了水行政主管等部门渎职行为的行政责任，第五十八条规定了其渎职行为的刑事责任；2014 年新修订的《环境保护法》也是如此，第六十八条规定了环境管理部门的渎职行为的行政责任，第六十九条

---

① 《塞尔维亚共和国刑法典》第二百六十条规定：（一）违反环境保护、养护与改善方面之法律法规，并因此而对空气、水体或土壤造成大面积或者严重污染的，处六个月以上五年以下监禁并处罚金。（二）过失犯本条第一款之罪的，处二年以下监禁。（三）犯本条第一款之罪的，并因此导致动植物的大范围毁灭或损伤的，或者导致被污染环境的清洁与恢复需要耗费大量的时间及财力的，处一年以上八年以下监禁并处罚金。（四）犯本条第二款之罪，并因此而导致动植物的大范围毁灭或损伤的，或者导致被污染环境的清洁与恢复需要耗费大量的时间及财力的，处六个月以上五年以下监禁并处罚金。（五）在对犯本条第一款至第四款之罪的犯罪人宣告缓刑时，法庭应当命令其在一定期限内，采取旨在保护、养护或者改善人类环境的特殊法定措施。

② 王立志译 .2011. 塞尔维亚共和国刑法典［M］. 北京：中国人民公安大学出版社，119-120.

③ 1979 年《环境保护法（试行）》第三十二条规定：对违反本法和其他环境保护的条例、规定，污染和破坏环境，危害人民健康的单位，各级环境保护机构要分别情况，报经同级人民政府批准，予以批评、警告、罚款，或者责令赔偿损失、停产治理。对严重污染和破坏环境，引起人员伤亡或者造成农、林、牧、副、渔业重大损失的单位的领导人员、直接责任人员或者其他公民，要追究行政责任、经济责任，直至依法追究刑事责任。

④ 钱水苗 . 政府环境责任与《环境保护法》的修改［J］. 中国地质大学学报（社会科学版），2008（2）：49.

规定了其渎职行为的刑事责任；2017 年《水污染防治法》第一百零一条及 2020 年《固体废物污染环境防治法》第一百二十三条规定了其渎职行为的刑事责任。由上述规定可见，生态文明建设领域渎职犯罪始终是环境行政法的重要内容，也是环境刑法的重要组成部分。

（二）作为环境犯罪的理论体现

许多学者认为生态文明建设领域渎职犯罪属于环境犯罪的范畴，应该在环境犯罪中专门规定公务人员的渎职犯罪行为，具体如下：

1. 国外学者的探讨

德国和日本许多学者认为不能仅以共同犯罪理论来解决生态文明建设领域渎职犯罪问题，而应该在环境刑法中规定公务人员的渎职行为。奥托·特拉夫尔（Otto Triffierer）认为环境执法者的渎职犯罪属于环境犯罪，“仅依据不作为或者帮助罪犯的规定来处罚公务担当者是不够的，应该设定环境法固有的特别规定的方法来处理。因此，尤其是发生公务担当者实施违法许可、不履行监督职责或附条件不履行监管职责、重大立案失误三种情形时，应该受到必要的刑罚处罚”[①]。因此，特拉夫尔认为应将此情形规定在《德国刑法典》第二十八章第三百二十九条 a 作为第二款以处罚类似行为[②]。然而，法务委员会经讨论没有采纳此提案。伊东研祐认为，“以环境刑法的行政从属性作为前提，必须要讨论公务担当者的刑事责任”[③]。因美尔也认为环境执法者的渎职犯罪应该属于环境犯罪，“因为特殊不法性，环境领域中的过错行为过去一般是不处罚的。因此，在将来的法律中，不仅要以环境侵害或环境危险行为作为构成要件要素，甚至还要考虑公务担当者作为义务人的地位，以这种完全特殊的过错行为为构成要件要素。公务担当者作为国家委托的人，负有调和环境财产的责任，对于侵害了这种作为义务人地位的情况，可以适用现行刑法第二百六十六条内在的背信思想”[④]。

2. 我国学者的探讨

（1）在我国 1997 年刑法修订之前，许多学者认为我国刑法应该制定专门的环境犯罪章节，并将生态文明建设领域渎职犯罪规定在其中，理由如下：一是环境犯

---

① ［日］山中敬一. ドイツ環境刑法における解釈論上の諸問題［J］. 刑法雑誌，1992，32（2）：201.
② ［日］山中敬一. ドイツ環境刑法における解釈論上の諸問題［J］. 刑法雑誌，1992，32（2）：205.
③ ［日］伊東研祐. 環境刑法における保護法益と保護の様態［A］. 刑事法学の現代的状況——内藤謙先生古稀祝賀［C］. 東京：有斐閣，松尾浩也，芝原邦爾编，1994：313.
④ ［日］山中敬一. ドイツ環境刑法における解釈論上の諸問題［J］. 刑法雑誌，1992，32（2）：206.

罪的主体是一般主体，其范围包括国家工作人员[①]；二是环境犯罪的客体包括了危害公共安全罪、妨碍社会管理秩序罪、破坏社会主义经济秩序罪、侵犯财产罪、渎职罪五类罪的客体[②]；三是环境犯罪的客观方面表现为四种形式，第四种形式表现为负有监督管理权限的机关或者工作人员违法批准或者非法指令他人批准建设项目，导致环境污染破坏后果严重的[③]。因此，刑法应该将生态文明建设领域渎职犯罪规定在环境刑法部分。

（2）我国台湾地区有学者认为环境犯罪包括生态环境领域渎职犯罪，其认为从环境渎职的危害性来看，环保行政人员违法许可或者执法者对环境犯罪涉嫌者应行移送而不移送者，其对环境法益的杀伤力远胜于重大污染行为，应该将其作为环境犯罪来对待。郑昆山教授认为环境犯罪包括水污染犯罪、噪声犯罪、空气污染犯罪、污染土壤罪、危害环境之废弃物清理罪、法人之环境犯罪、公务员之环境犯罪、其他环境犯罪等，其仅将生态环境领域渎职犯罪作为环境犯罪的类型之一[④]。柯泽东教授也持此观点，其在草拟的“公害犯罪处罚条例”中规定了此类渎职犯罪，“条例”共11条，其第六条规定，“公务员包庇他人犯前三条之罪者，依各该条之规定，加重其刑至二分之一”；第七条规定，“主管或者监督公害防治之公务员，因废弛公害之监督、追查、检验或取缔，致生伤亡者，处三年以上十年以下有期徒刑”[⑤]。

三、渎职犯罪与环境犯罪的比较分析

渎职犯罪与环境犯罪两者遵循的规律存在很大差异，具体如下：

（一）立法理念上的差别

渎职罪作为传统的犯罪类型，体现了传统伦理，其目的在于调整人类之间的关系，刑罚的目的在于维护人类利益。而环境犯罪与渎职罪在立法理念上存在差别，最初意义上的环境犯罪的立法理念属于人类中心主义理念，人类中心主义的立法理念不同于传统立法理念，在人类中心主义的立法理念中，人类居于“中心”地位，生态环境居于“边缘地位”。此种理念下的环境刑法保护了此种人类与生态环境所形成的“中心”与“边缘”的秩序，即虽然刑法将生态环境置于“边缘地位”，但

① 杨春洗．中国环境犯罪的刑事治理［J］．法学家，1994（6）：5.
② 邹清平．论危害环境罪［J］．法学评论，1986（3）：51.
③ 王灿发．我国惩治环境犯罪立法亟待解决的几个问题［J］．中国法学，1996（1）：89.
④ 郑昆山．德国环境刑法发展趋势之研究［J］．东海法学研究，1996，10（3）：38-39.
⑤ 柯泽东．环境刑法之理论与实践［J］．台大法学论丛，1989，18（2）：180.

是毕竟将生态环境纳入了保护范围。与之相对应的环境刑法的法益主要是人类利益，生态环境只是作为人类的某种利益而存在，德国学者霍曼（Olaf Hohmann）对此认为，“环境或自然环境不是独自的法益，环境是人类展开的必要及前提条件；环境刑法的法益是生命、身体、健康等个人法益；环境刑法的构成要件是对生命、健康、身体的完整性等法益侵害相应的行为给予处罚，在此限度内是正当的”①。随着环境问题的发展，生态伦理开始出现并逐渐影响立法，生态伦理作为环境伦理的重要组成部分，立足于生态环境本身，探讨生态与人类之间如何共存的规则，以及制定如何规制人类行为的准则，目的在于保护生态环境②。受此理念影响环境刑法法益主张对生态环境（包括水体、土壤、大气等环境要素）本身直接实施保护。我国生态文明理念吸收了生态伦理的精髓，受其影响，环境法律的立法目的已经开始变化，如根据新《环境保护法》第一条③可以确定本法的立法目的在于实现人与自然的和谐共生，此目的是生态文明理念的体现，反映了人类·生态中心主义的环境伦理，其将人类利益和生态利益置于同等保护地位，基于生态文明理念下的环境刑法应将生态环境作为直接的保护对象。

（二）保护法益上的差别

从传统法律的观点看，法律是人类利益的体现，渎职罪作为传统犯罪，其保护的法益也是人类利益，主要体现为国家法益④。与传统刑法不同，环境犯罪保护的法益为环境法益，环境法益是全然不同于传统法益的全新法益，关于何为环境法益，学者们基于人类中心主义、生态中心主义等不同的立场而存在多种观点：①人类中心主义的环境法益，将环境法益理解为人类的某种权益⑤，哈斯默尔（Winfried Hassemer）对此认为，环境只是人生存的构成要素，破坏环境的行为只有侵害了人的生命、健康，才能用刑罚处罚，“环境刑法的法益不是为了环境自身，而是人类健康、生存必要的包括环境媒介物之上的环境”⑥。日本学者长井圆对此认为，“人类共有财产的‘环境’应该关注包含‘次世代’在内的人类，不仅‘私有财产’以上

① ［日］金尚均.危険社会と刑法：現代社会における刑法の機能と限界［M］.东京：成文堂，2001：17.

② 余谋昌，王耀先.环境伦理学［M］.北京：高等教育出版社，2004：48.

③ 《环境保护法》第一条规定：为保护和改善环境，防治污染和其他公害，保障公众健康，推进生态文明建设，促进经济社会可持续发展，制定本法。

④ 周光权.刑法各论［M］.北京：中国人民大学出版社，2008：507.

⑤ 吕忠梅.论公民环境权［J］.法学研究，1995（6）：61.

⑥ ［日］伊東研祐.環境刑法における保護法益と保護の様態［A］.刑事法学の現代的状況——内藤謙先生古稀祝賀［C］.東京：有斐閣，松尾浩也，芝原邦爾编，1994：313.

的法益值得保护，体现为物质、精神利益的环境媒介的集合及要素的‘公益财产’的‘环境法益’也应被保护”[①]。②生态中心主义的环境法益，此种法益观将环境法益理解为生态环境自身的利益，人类利益只是生态利益的组成部分。现今不存在生态中心主义的环境刑法，但是历史上曾经有过生态中心主义环境刑法的实践。如17世纪日本的德川幕府，第五代将军德川纲吉为了体现佛教尊重自然、爱护生命的理念，于1687年颁布了一系列保护动物的法令，统称为《生类怜悯令》，赋予了人类照顾、养护、不得丢弃、不得杀伤动物等义务，其最初的保护对象是狗，后来扩展为兽类、鸟禽类、鱼类、贝类及虫类等几乎所有动物。《生类怜悯令》规定的刑罚很重，如武藏国寺尾和大场两村村民10余人因抛弃病马而在1687年4月被处以流放之罪，幕府旗本秋田采女季品因以吹矢射鸟而在1687年10月被处以死刑[②]。由于此种立法脱离了实际，在将军纲吉死后旋即被废除。③人类·生态中心主义的环境法益，此种理念的环境刑法要求将人类利益与生态利益并重，即将直接保护的对象由人类利益拓展至生态利益，因此，此种环境刑法的法益属于复数法益，包括人类利益和生态利益，在此种复数法益的排位上，基本上将二者置于同等地位。国外环境刑法大都属于此种立法，其直接将生态环境作为刑法的保护对象，但是在判断将何种生态法益纳入保护范围则以人类利益作为判断标准。从我国来看，现行环境犯罪的目的在于保护人类利益，附带保护生态利益，故此种立法属于人类中心主义的立法。在生态文明理念成为国家的重要指导思想之际，我国的环境刑法必须发生相应变化，即不仅保护人类利益，也要保护生态利益[③]。

（三）谴责程度上的差别

二者作为犯罪行为，都受到了法律的否定和谴责，但是在否定和谴责的程度上存在不同。渎职犯罪作为由来已久的犯罪，属于典型的自然犯，其违反了传统伦理道德，是被法律彻底否定的行为，必须受到法律的惩处[④]。环境犯罪大多发生在企业的生产经营过程中，是企业生产行为对生态环境所导致的某种不利后果，企业生产作为人类利用和改造自然的行为方式之一，具有一定的正当性，即企业生产和环境保护都是正当利益，但是两者之间存在此消彼长的情况，环境刑法起着使两者保持

---

① ［日］長井圓．環境刑法の基礎・未来世代法益［J］．神奈川法学，2002，35（2）：433.

② ［日］根崎光男．生類憐み政策の成立に関する一考察：近世日本の動物保護思想との関連で［A］．人間環境論集［C］．法政大学人間環境学会編集，2000，1（1）：7.

③ 帅清华．环境伦理的嬗变与环境刑法的法益［J］．西南政法大学学报，2015（2）：91.

④ 张明楷．自然犯与法定犯一体化立法体例下的实质解释［J］．法商研究，2013（4）：46.

平衡的作用，环境刑法严格规定了处罚范围，此种不是因为违反传统伦理道德，而是由于法律规定才成为犯罪的行为是法定犯①，此种立法也称为行政犯的立法模式，某种环境侵害行为之所以被确定为犯罪，是因为法律的规定。

（四）危害结果上的差别

根据刑法的规定，构成渎职罪必须具备危害结果，构成环境犯罪也需要危害结果，然而此两种犯罪的危害结果存在差别。渎职罪的危害结果是犯罪构成的必要要件，直接表现为人类财产的减损，此危害结果相对简单明了，且易于查明。而环境犯罪的危害结果与此不同：从危害结果的地位来看，危害结果虽然大多数情况下是环境犯罪的必要要件，但在以危险犯方式存在的环境犯罪中，危害结果不是犯罪构成的要件；从表现形式上看，其既可以表现为人类财产的减损，也可以直接表现为生态环境的破坏；从与人类关联性的角度来看，既可以体现为人类的财产，也可以体现为与人类无直接关联的生态环境；从危害结果可计算性上看，既可以体现为简单明了、易于统计的人类财产，也可以体现为难以估量的生态环境的破坏。

（五）因果关系上的差别

渎职犯罪作为传统类型的犯罪，其所适用的因果关系与其他犯罪没有不同，此种刑法上的因果关系要求较为苛刻。与之相对，环境犯罪的因果关系的证明标准相对较低，鉴于环境犯罪的科技性与潜伏性，难以调查取证且难以确定具体损失，为了有利于打击环境犯罪、保护生态环境，环境刑法关于此种因果关系的规定的要求已经放宽，例如日本1970年颁布的《公害犯罪处罚法》规定了推定因果关系，其第五条规定，“与工厂生产活动伴随产生的危害人体健康的物质，若排放量达到了危害公众身体或者生命的程度，且对此地区排放的危害是同一种物质，由此导致公众身体或者生命的危害时，即可推定此种危害是由于该人排放的物质所造成”②。此种推定因果关系只要证明行为与结果之间存在高度盖然性，即可肯定因果关系存在。

---

① 张明楷．自然犯与法定犯一体化立法体例下的实质解释［J］．法商研究，2013（4）：46.

② 《人の健康に係る公害犯罪の処罰に関する法律（昭和四十五年十二月二十五日法律第百四十二号）》第五条规定：工場又は事業場における事業活動に伴い、当該排出のみによつても公衆の生命又は身体に危険が生じうる程度に人の健康を害する物質を排出した者がある場合において、その排出によりそのような危険が生じうる地域内に同種の物質による公衆の生命又は身体の危険が生じているときは、その危険は、その者の排出した物質によつて生じたものと推定する。

（六）举证责任上的差别

根据国内外立法和司法实践，渎职犯罪和环境犯罪的证明责任存在不同：一是举证分配不同。渎职罪作为传统犯罪，犯罪嫌疑人无须承担举证责任，举证责任由司法机关承担，若举证不足，不能追究其刑事责任。环境犯罪与此不同，鉴于其难以调查取证且危害结果难以计算，许多国家降低了司法机关的举证责任，如有的采取了严格责任，严格责任是一种相对客观的责任，是指法律在某种情况下，对某些缺乏犯罪心态的行为追究刑事责任的一种制度，实际上是将举证责任交给被告方[①]。有的将部分举证责任分配给了犯罪嫌疑人，即公诉机关在有证据证明污染存在的前提下，由污染者就其污染行为不构成犯罪承担举证责任[②]，如《巴西环境犯罪法》第七十条第三款规定的，“获知环境违法行为的当局必须通过适当的行政程序迅速地进行查证，否则按照同等责任进行处罚”[③]，此种未迅速查证即负同等责任的规定相对以前的举证责任发生了变化，即已经不要求犯罪主观方面的举证责任。二是举证程度不同，渎职罪多是体现为结果犯，其所需要举证的范围较广，其实行行为、危害结果、因果关系等都属于必须要证明的事项；而环境犯罪，尤其是以危险犯出现的环境犯罪，其所要证明的范围较窄，其导致的危害结果不是必须证明的事项。我国《刑法修正案（八）》将重大环境污染事故罪修正为污染环境罪，使其由结果犯的立法模式变更为危险犯的立法模式，导致危害结果不再是本罪的必要构成要件，实际上降低了公安机关、检察机关和审判机关的举证责任。

四、坚持环境犯罪范畴下的生态文明建设领域渎职犯罪

将生态文明建设领域渎职犯罪作为环境犯罪的组成部分对我国的生态文明建设具有重大意义。生态文明建设是我国“五位一体”布局中重要的一极，是与经济建设、政治建设、文化建设、社会建设并列的任务之一，生态文明建设的主要目的在于保护生态环境，实现人与自然和谐共生。生态文明建设自党的十八大确立为我国的根本任务以来，意味着我国环境法律的立法基础发生了变化：①生态文明理念体现了人与自然关系的重新定位，即人类对自然价值观的转变，此种转变必然导致对原有立法目的、原则、制度的反思和更新，进而导致整个法律体系

① 赵秉志．英美刑法学［M］．北京：中国人民大学出版社，2004：50-51.
② 王懿．试论在污染环境犯罪中设立举证责任倒置的原则［J］．犯罪研究，2004（6）：70.
③ 郭怡．巴西环境犯罪法［M］．北京：中国环境科学出版社，2009：20-21.

的转变和更新，这要求构建相应的生态法律体系；②生态文明建设体现了人类对经济、社会发展方式的重新认识，此种变化要求重构生态系统的平衡，此种涉及生态要素的全方位、系统性变革，需要以普遍性的法律规范来统筹兼顾，协调和推进相关领域的建设；③从全球视野角度看，作为人类命运共同体物质承载者的生态环境，其恢复和改善需要各国之间倾力合作，这需要与之相适应的法律体系[①]。为此，生态文明建设必然要求构建能够直接将生态利益纳入保护范围的环境法律体系，此种环境法律体系包括了环境行政法、环境刑法等法律。环境刑法作为规制环境行政执法的第二性的法律，通过惩处生态文明建设领域渎职犯罪，进而实现环境治理的“良治”[②]，助推管理者认真履行管理生态文明建设的职责。在此意义上，从环境犯罪角度来看待生态文明建设领域渎职犯罪，对于打击生态文明建设领域渎职犯罪，确保生态文明建设的监管秩序，保障我国生态文明建设的质量具有重要意义。

第四节　生态文明建设领域渎职犯罪的特征

与其他犯罪相比，生态文明建设领域渎职犯罪具有如下特征：

一、生态文明建设领域渎职犯罪具有行政从属性

刑法的行政从属性是客观存在的现象，有学者认为刑法的行政从属性是指，依据刑法条文之规定，某种行为之可罚性依赖于行政法或者基于该法所发布之行政命令[③]。此定义基本妥当，但是，刑法的行政从属性不是仅止于可罚性的从属，还包括犯罪构成的从属，换言之，刑法的行政从属性意味着犯罪的成立以违反行政法规或者基于该法规而发布的行政命令为前提。环境刑法的行政从属性具有必然性，此种行政从属性预示着刑法已经部分或者完全丧失了犯罪构成评价功能，即环境行政法是环境犯罪的犯罪构成不可或缺的组成部分，环境刑法对于有关行政决定或者行政事实应当遵从，有学者称之为“行政的预决力”[④]。例如我国《刑法》第三百三十八

① 王灿发．论生态文明建设法律保障体系的构建［J］．中国法学，2014（3）：43.

② 蔡守秋．论政府环境责任的缺陷与健全［J］．河北法学，2008（4）：22.

③ 郑昆山．环境刑法之基础理论［M］．台北：五南图书出版公司，1998：180.

④ ［日］交告尚史．環境刑法の行政従属性（環境の刑法的保護——日本とドイツ〈特集〉）［J］．刑法雑誌，1992，32（2）：218.

条[①]的污染环境罪中的“违反国家规定”的规定，此规定表明“违反国家规定”是污染环境罪的构成要件，换句话说，如果行为人没有违反国家规定，则此犯罪构成无法成立。环境刑法的行政从属性表明了在国家的环境管理行为中，环境行政法的第一序位性，即作为环境执法的依据，环境行政法凭借其发达的体系，先行解决存在的环境纷争，发挥事先规制的机能；而环境刑法属于第二序位的法律，具有消极性的特征，作为环境行政法的担保法，对环境行政法的实施起着担保作用[②]。生态文明建设领域渎职犯罪作为环境刑法的组成部分，其必定从属于相应的行政法规，如我国现行刑法所规定的违法发放林木采伐许可证罪所从属的《森林法》等森林资源管理方面的法律，非法批准征用、占用土地罪所从属的土地管理法规，这体现了其犯罪构成离不开环境行政法的规定。生态文明建设领域渎职犯罪的行政从属主要包括两方面：一是具体的管理职责是由行政法律法规规定，或者是来自有关行政决定和命令；二是渎职行为具体表现是由行政法律法规规定，生态文明建设领域渎职行为既包括一般渎职行为，也包括渎职犯罪行为，对此是由环境行政法来规定。鉴于“职责来源”以及“渎职表现”是属于行政管理的范畴，应该由环境行政法来规定，而不应该由刑法来规定，刑法只是将生态文明建设领域渎职行为中的最为严重的那部分纳入规制范围，因此，这决定了生态文明建设领域渎职犯罪的规定必须与环境行政法规对生态文明建设领域渎职行为的规定保持一致，如此才能保证法秩序的统一[③]。例如刘某滥用职权污染环境。刘某系潍坊市城市管理监察支队寒亭区大队副大队长，分管环境卫生等事项。2014 年 9 月—2015 年 3 月，某企业违法偷排污水，刘某知晓后不仅没有依法查处，反而与企业股东张某、游某、赵某商量并挖埋地下水管，私自将排污设备接入城市污水处理管网，排放企业生产的污水，导致污水处理厂下游浞河发生严重污染，经鉴定，造成损失 8 659 302 元。2016 年，刘某被法院以滥用职权罪、污染环境罪判处有期徒刑 7 年半，罚金若干[④]。

---

① 《中华人民共和国刑法》第三百三十八条规定：违反国家规定，排放、倾倒或者处置有放射性的废物、含传染病病原体的废物、有毒物质或者其他有害物质，严重污染环境的，处三年以下有期徒刑或者拘役，并处或者单处罚金；后果特别严重的，处三年以上七年以下有期徒刑，并处罚金。

② ［日］交告尚史．環境刑法の行政従属性（環境の刑法的保護——日本とドイツ〈特集〉）［J］．刑法雜誌，1992，32（2）：218.

③ ［日］交告尚史．環境刑法の行政従属性（環境の刑法的保護——日本とドイツ〈特集〉）［J］．刑法雜誌，1992，32（2）：219.

④ 潍坊城管监察支队官员滥用职权污染环境，被判七年半［EB/OL］．（2018-09-13）［2019-07-23］.http://sd.news.163.com/18/0913/09/DRIS8EES04378EPR.html.

二、生态文明建设领域渎职犯罪具有利益相关性

生态文明建设领域渎职犯罪大多与利益相关联，生态文明建设领域渎职犯罪与利益直接关联的主要表现是生态文明建设领域渎职犯罪与贪污贿赂犯罪经常交织在一起。近年来，检察机关在办理环境渎职犯罪的案件中，发现许多环境管理过程中职务犯罪的背后潜藏了利益因素，即生态文明建设领域渎职犯罪常与贪污贿赂犯罪相伴而生，一些环境执法者主动或者被动充当环境犯罪分子的保护伞，为了个人利益而放任环境违法行为的发生。如 2013 年，环保系统实施了失职渎职行为的执法者，其收受贿赂的比例高达 68.1%①；再如 2015 年 1—8 月，全国检察机关查处查办环境管理过程中的贪污贿赂案件 292 件，共涉及 343 人，其中，多数贪污贿赂案件伴随着生态文明建设领域渎职行为②。此外，环境执法者也可能基于其他利益，如地方利益或者部门等利益，故意忽视其职责，实施渎职犯罪。例如腾格里沙漠污染事件，早在 2010 年就有记者曝光宁夏有造纸企业向腾格里沙漠违法排污，但并未引起官方重视；2012 年央视曝光有企业违法向腾格里沙漠非法排污，但仍未引起官方重视；2014 年 9 月，经记者再度曝光腾格里沙漠的污染现状后，此事件立即引起全国关注，但是当地党政部门只是承认工作失误、环境监管不力，直到习近平总书记对此做出批示后，当地有关部门才对相关企业和责任人员进行调查处理③。对于长达 4 年多的非法排污行为，当地的环境管理部门竟然放任不管，此种渎职行为显然是受制于地方利益。

三、生态文明建设领域渎职犯罪具有生态破坏性

（一）生态文明建设领域渎职犯罪严重危及了生态环境

生态文明建设领域渎职犯罪和其他渎职犯罪一样，危害巨大，给人类利益造成巨大损失，如导致公民财产受损、国家声誉受损、公共利益受损，但是与其他渎职犯罪相比，生态文明建设领域渎职犯罪的特殊性在于其对生态环境会产生巨大危害。生态文明建设领域渎职犯罪是发生在环境管理过程中的渎职犯罪，此行为首先

---

① 郄建荣. 失职渎职收受贿赂占比高达 68.1% 环保系统一年半近千人被处理［N］. 法制日报，2014-01-21（6）.

② 徐日丹. 斩断破坏生态环境“隐形黑手”［N］. 检察日报，2015-10-22（1）.

③ 内蒙古腾格里沙漠污染事件处理结果公布［EB/OL］.（2014-12-23）［2020-02-16］.http://env.people.com.cn/n/2014/1223/c1010-262 57113.html.

会对生态环境造成污染破坏，在生态环境污染破坏累积到一定程度且发生质变后，才会对人身、财产等利益造成伤害。生态文明建设领域渎职犯罪对生态环境的危害主要体现在两方面：①间接危害。此种渎职犯罪对生态环境的危害多体现为间接危害。渎职行为直接侵犯了国家的正常环境管理活动[①]，此种正常的环境管理活动一般体现为对某行政事项的处理，而不是环境侵权本身，其对于生态环境所造成的危害是通过环境侵权行为而进行的。例如，违法发放林木采伐许可证的渎职行为本身不会危害生态环境，其是通过采伐人的滥伐林木的行为来侵害生态环境。②直接危害。在共同侵权的场合，存在生态文明建设领域渎职犯罪行为直接侵害生态环境的情况，如环境执法者与环境侵权者因事先共谋而放弃查处职责，放任企业继续向河流排放废水，此种渎职行为作为侵权行为的组成部分，直接危及了生态环境，导致对生态环境的危害持续扩大。例如曾觉发环境监管失职案，2012 年，广西壮族自治区发生了龙江河镉污染事件，负有监管职责的河池市环保局副局长曾觉发收受贿赂，不认真履行监管职责，导致镉污染事件发生，污染了当地水生态环境，致使大量鱼类死亡[②]。此案件表明：一是环境执法者的行为会直接导致环境危害扩大，曾觉发不认真履行职责，导致非法排污持续进行，由此造成了重大污染事件，在此环境事件中，曾觉发不履行职责行为属于侵权行为的组成部分，直接导致生态环境污染扩大。二是印证了生态文明建设领域渎职犯罪的利益相关性，即环境执法者的渎职犯罪行为大多与利益相关联。

（二）生态文明建设领域渎职犯罪对生态环境的危害具有潜伏性

渎职犯罪行为必定带来危害结果，此种危害结果包括确定结果和不确定结果，与其他渎职犯罪相比，尤其是污染防治领域的生态文明建设领域渎职犯罪所带来危害结果的不确定性更为明显。由于生态环境自身具有再生和自净能力，即具有一定的环境容量，环境污染破坏因素只有累积了一定程度且突破相应的环境容量后，才会引起生态环境的质变，从而危害人类的人身及财产安全。因此，生态文明建设领域渎职犯罪的危害后果往往是渐进的、隐蔽的，只有到了临界点，发生一定的质变，危害结果才会逐渐显现出来。生态文明建设领域渎职犯罪危害结果的潜伏性主要表现在两方面：①产生何种结果不确定。生态文明建设领域渎职犯罪所引起具体的生态环境污染破坏的危害后果难以估量。执法者在最初实施渎职行为之际，其所

---

① 韩耀元 . 渎职罪的定罪与量刑［M］. 北京：人民法院出版社，2000：418.

② 徐日丹，贾阳 . 全面履行法律监督职能　严惩破坏生态环境犯罪［N］. 检察日报，2014-06-13（1）.

引起的环境污染破坏可能无关紧要，但是一旦突破了环境容量，可能会引发灾难性后果。例如，在我国南方很多省份，因监管不严而导致向河流过度排放含镉金属的污水，此种金属污染无疑破坏了水环境，但是对水环境造成了何种程度的破坏则难以估量；一旦人类直接或者间接饮用了被镉污染的水，是否会危及其生命健康，以及如何危害生命健康则难以确定。②何时产生危害结果不确定。生态文明建设领域渎职犯罪对人类造成危害的路径是“生态文明建设领域渎职行为—环境侵权行为—危害结果”，因此，此种渎职行为导致的结果不是马上出现，而是存在时间差，此种时间差体现在两方面：一是何时突破环境容量存在时间差；二是何时出现法定的危害结果存在时间差。可以是几天，也可以是几年，甚至更久，如工厂向河流违法排污，使得水生态环境发生变化，但是何时突破环境容量和何时出现法定的危害结果不确定，下游居民直接或者间接饮用了被污染的水是否会导致生命健康权受损也不确定，即便环境容量被突破后，因生态环境的质变而引起人身、财产等损害也需要经历特定时间才能出现。如湖北省第一起环境监管失职案，即王华楚环境监管失职案，本案案发时间是 1999 年 4 月 17 日，案发后，武汉市洪山区环保局立即进行损失鉴定，经鉴定损失额为 20 余万元，2003 年经专家组再次鉴定，损失额为 199.7 万元①。此案例表明：一是生态文明建设领域渎职犯罪所导致的危害后果具有很强的不确定性，即何时发生危害结果及发生何种危害结果难以明确。二是生态文明建设领域渎职犯罪危害结果的鉴定非常困难，不同人员、不同时间对危害结果所做鉴定的结果可能存在不同。这种不确定的危害后果是司法机关在打击生态文明建设领域渎职犯罪过程中所面临的难题之一。

四、生态文明建设领域渎职犯罪具有消极隐蔽性

（一）生态文明建设领域渎职犯罪是消极对待职责的行为

生态文明建设领域渎职犯罪隐蔽性的首要表现是其是一种消极行为，一般情况难以被外人关注，只有引起重大危害后果，才能吸引他人注意。环境行政行为是环境管理部门履行法律赋予职责的体现，作为环境执法者，其应该依法认真履行环境管理职责，依法认真履行环境管理职责的行为多体现为积极的作为，即通过积极作为方式来实现环境管理的职能。而生态文明建设领域渎职行为本质上是环境执法者

① 王小南，冯明. 湖北环境污染第一案开审［N］. 湖北日报，2004-02-20.

对环境管理职责的放弃，即消极对待，不依法认真履行环境管理职责，体现了对生态环境、国家、社会、公民利益保护的消极性。生态文明建设领域渎职犯罪行为的消极性的特征有：一是主观上的消极性，即行为人明知其渎职行为是一种不认真对待环境职责的行为，而消极对待履行职责，希望、放任危害结果发生，或者因疏忽大意而未阻止危害结果发生；二是客观上的消极性，即尽管客观上行为人完全可以依法认真履行环境管理职责，但是行为人消极对待，玩忽职守或者滥用职权。生态文明建设领域渎职犯罪的消极性有两种类型：①体现为积极方式的消极行为。尽管滥用职权类型的生态文明建设领域渎职犯罪表面上也体现为积极的作为，但是此种积极作为本质上没有依法行政，而是超越职权或者滥用职权，故意不依法履行环境管理职责，此种不作为或者乱作为背离了法律赋予的权力，是不认真对待环境管理职责的体现，是一种以积极方式来实现的消极作为。②体现为消极方式的消极行为。在玩忽职守类型的生态文明建设领域渎职犯罪中，环境执法者直接表现为放弃其环境管理职责，以消极不作为的方式对待环境管理职责，其当为而不为，具有较为鲜明的消极性。如黄某、全某环境监管失职一案：2014 年 3 月，湖南省蓝山县某选矿厂在生产铅锌矿过程中违规洗洗，非法大量排污，县环保局做出行政处罚决定，罚款 5 万元，并责令停止生产、拆除生产设备。但负有环境责任的执法人员黄某、全某没有落实停产并拆除设备的决定。导致选矿厂继续生产并违法排污，直到 2017 年 4 月。经鉴定，选矿厂这 3 年间违法排污造成损失达 65.56 万元以上，土壤及污水修复总费用估算结果为 3 063 万元。县法院经审理认定两人构成了环境监管失职罪并判处相关刑罚。在本案中，黄某、全某未能认真对待自己的职责，在执法环保局的行政处罚决定过程中，消极对待，造成巨额损失，生态环境受到严重破坏[①]。

（二）生态文明建设领域渎职犯罪是难以被查实的行为

生态文明建设领域渎职犯罪的隐蔽性还表现为其渎职行为难以被发现。生态文明建设领域渎职犯罪人作为国家公务人员，其地位、学识、能力大多较高，使得其在进行犯罪活动时，能够进行理性计算，采取周密计划，以最小代价来规避法律责任，将风险降到最低。况且，行为人的犯罪行为多是发生在其职责之内，其以不作为或者乱作为方式不依法履行职责即可实施渎职犯罪，无须借助外力，此种消极的

① 因环保监管失职，蓝山县环保局执法大队两人获罪［EB/OL］.（2019-06-05）［2020-02-16］.http://hn.people.com.cn/GB/n2/2019/0605/c356890-33013068.html.

履行职责的行为，难以被外人发现。在生态文明建设领域渎职犯罪发生后，行为人由于具备一定的反侦查能力，会尽快毁灭证据，使得他人难以获取渎职犯罪行为的证据。此外，由于生态文明建设领域渎职犯罪人身为国家权力的执行者，其社会地位较高、人脉更广，案发后，行为人还会借助有关社会资源为自己的行为脱罪，一旦犯罪的危害后果巨大，引起社会关注，大多会以工作失误或者一般性的行政违法来推脱，以逃避脱刑事制裁。即使进入司法程序，单纯的生态文明建设领域渎职犯罪很难调查取证，纪检部门和司法机关对渎职行为的调查往往是借助他罪而展开，如一旦确定行为人存在贪污受贿行为，则通过对贪污受贿行为的查处来查清相关联的渎职行为。此外，生态文明建设领域渎职犯罪往往牵涉环境管理部门的员工福利及领导升迁，部门领导者倾向于“大事化小、小事化了”来处理此类犯罪行为，以罚代刑，这也使得该渎职犯罪难以被发现并追究相应的刑事责任。一般来说，只有生态文明建设领域渎职犯罪行为导致生态环境、国家、社会、公民等利益遭受巨大损失，且引起人们高度重视之际，才可能对其进行刑事处理。例如，2014—2020年，全国法院判处的环境监管失职罪的案件只有 60 件[①]，平均每个省（自治区、直辖市）每年判处的环境监管失职案不到 0.4 件。此种司法实践充分证明，生态文明建设领域渎职犯罪的证据很难获取，所以难以被查实，造成此种情况的原因有很多，比如行政违法和刑事犯罪的标准难以把握，主观方面取证较为困难，或者环境监管部门领导对于此类问题缺乏处理积极性等。

① 资料来源裁判文书网［EB/OL］.（2020-05-05）［2020-02-16］.https：//wenshu.court.gov.cn/website/wenshu/181217BMTKHNT2W0/index.html?pageId=211d2a191a99275d5a3d34b35b9aca6b&s21=%E7%8E%AF%E5%A2%83%E7%9B%91%E7%AE%A1%E5%A4%B1%E8%81%8C%E7%BD%AA.

第四章　生态文明建设领域渎职犯罪的现象论

第一节　生态文明建设领域渎职犯罪的发生领域

根据司法机关的查处情况，我国生态文明建设领域渎职犯罪的发生领域主要如下：

一、自然资源管理领域的渎职犯罪

（一）土地资源管理领域的渎职犯罪

土地资源管理领域的渎职犯罪属于高发的渎职犯罪，且具有普遍性，在全国各地检察机关查处的渎职犯罪中，此类渎职犯罪一直占据很大比例。例如2005—2010年，全国共查处土地管理领域渎职犯罪3 245人，年均查处500余人；其中，2008年查处的土地管理领域渎职犯罪合计669人，2009年查处的土地管理领域渎职犯罪合计698人，2010年查处的土地管理领域渎职犯罪合计626人，占到同期查处生态文明建设领域渎职犯罪人数的一半左右[①]。2015—2020年，在裁判文书网以“滥用职权罪＋土地”为关键词进行查询，5年内全国基层法院判处的土地资源管理领域的滥用职权罪案件为2 862件；以“玩忽职守罪＋土地”为关键词进行查询，5年内全国基层法院判处的土地资源管理领域的玩忽职守罪案件为2 105件；非法批准征占用土地罪47件、非法低价出让国有土地使用权罪9件[②]。合计案件5 000多件，平均每年1 000余件。土地资源管理涉及部门较多，包括规划部门、国土部门、建设部门、房产部门等；涉及的流程繁杂，包括土地规划、土地审批、土地流转、土地征收、土地利用、土地检查等环节。根据查处情况，该领域渎职犯罪易发环节主要体现为：

---

① 牛正良 . 关于查办危害土地资源渎职犯罪的几个问题［J］. 中国检察官，2011（6）：23.

② 本部分统计数据根据最高人民法院的裁判文书网进行整理［EB/OL］.（2020-05-05）［2020-02-16］. https：//wenshu.court.gov.cn/website/wenshu/181217BMTKHNT2W0/index.html?pageId=f003b15ff6b840aaf08beb-baa28df60e&s21=%E6%BB%A5%E7%94%A8%E8%81%8C%E6%9D%83%E7%BD%AA.

1. 土地流转环节

土地流转主要指土地使用权流转，此环节涉及巨大利益变更，实践中属于渎职犯罪高发阶段。此阶段渎职犯罪的主要表现形式有：有的土地执法人员徇私情、私利，与申请用地者相互勾结，擅自改变土地用途、降低等级，或将专项土地用途的指标转批为其他用途；有的土地执法者对于土地申请者的申请，滥用职权或者玩忽职守而使其少缴甚至不缴土地出让金；有的土地执法人员滥用职权，采取“以租代征”“农村集体土地流转”的名义，擅自将农用地转为建设用地，或者竞相压价出让工业用地；有的土地执法人员对需要转让的土地，在出让金、规费未缴清等条件不符合的情况下，滥用职权或者玩忽职守而为其办理相关转让手续等。如牟某、孙某、柳某等滥用职权一案：某矿区枫林阁花园酒店原为峰峰矿区城建工程指挥部综合楼，建筑面积 5 000 余平方米，原系国有资产。在没有政府批文且朱某未办理土地使用权出让手续、未依照国家有关规定缴纳土地使用权出让金的情况下，牟某、孙某、柳某三人超越法定职权，合力将其国有房产过户给朱某个人变为私产，给国家造成了 1 495.02 万元的财产损失①。

2. 土地征收环节

土地征收包括农村集体土地转变为国有土地、对被征收的相对人进行补偿和安置两个阶段。在此环节中，渎职犯罪行为的主要有：有的土地执法人员滥用职权，以各种方式扩大或者缩小拆迁范围和安置补偿面积，采取伪造房屋手续、虚报拆迁占地面积等弄虚作假手段，违法办理拆迁安置手续，非法安置宅基地和房屋，骗取政府的安置补偿；有的土地执法人员或者在征地拆迁、安置补偿等阶段严重不负责任，把关不严，给国家造成经济损失。如阿某滥用职权、玩忽职守一案：2017 年，被告人阿某利用政府委托作为东河街道土地征收工作小组成员、经办人的职务便利，在哈密市伊州区政府对吾尔达村土地进行征收工作过程中，不正确履行职责，未严格审核吾尔达村民王某家、西某家、阿某三家上报的土地征收亩数，未及时发现上述三户虚增 3.703 亩征收土地的问题，致使上述三户村民违规领取征地补偿款 103.684 万元②。

3. 土地审批环节

土地审批是土地利用的初步环节，我国土地利用实行许可制，必须由政府及土地管理部门审批。土地审批过程中的渎职犯罪现象较常见，主要表现为：具有土地

---

① 河北省邯郸经济技术开发区人民法院（2018）冀 0491 刑初 79 号刑事判决书。

② 新疆维吾尔自治区哈密市伊州区人民法院（2019）新 2201 刑初 1073 号刑事判决书。

管理职责的执法人员违反规定，擅自简化审批手续，越权批地办证；或者玩忽职守而疏于把关，对不符合条件的用地申请，未经过认真审查便审批通过或者上报审批；或者徇私舞弊，用土地做人情，违规批地、少批多划，给国家造成经济损失；或者采取“化整为零”方式，违反规定将本应该一次性征用的土地分若干次报批；或者对一些单位或者个人违法占用土地行为不处理，而为其补办征用、占用土地手续。例如韦某玩忽职守、受贿一案：2014 年 9 月 18 日，某区国土局局长韦某在开会审核某地块时，未按照规定进行调查核实，仅依据土地评估结果便在会上决定该地块补缴土地出让金 5 700.84 万元。之后该方案上报政府并获通过。后经鉴定，该地块总价为 103 661 538.35 元人民币。综上，被告人韦某在土地使用权出让审核中，严重不负责任，致使国家经济损失严重，截至 2019 年 11 月，尚未追缴回的土地出让金仍有 3 365.984 6 万元①。

4. 土地利用环节

土地利用是指人类为了一定的经济目的和社会目的，采取特定的方式方法，对土地进行长期或者周期性的经营改造等活动。土地利用环节中的渎职犯罪具体形式有：有的土地执法人员滥用职权、玩忽职守擅自批准土地利用规划申请，变更土地性质和规划要求，使低价值用地变更为高价值用地，如将工业用地变更为商业用地、提高土地建筑容积率等，导致国家土地收入减损；有的土地执法人员不认真审核应有证照，盲目批准建设许可，导致土地损毁。例如孟某玩忽职守一案：2014—2016 年，被告人孟某在担任安阳县国土资源局监察二中队队长期间，对张某等人在安阳县韩陵粮食加工厂所占用的国有工业用地上，违法建设临街门面房和住宅小区的行为，没有认真履行监管职责，致使张某等人在未办理国有土地用途变更相关手续、未补缴土地出让金的情况下，违法建设临街门面房和住宅楼共 6 栋对外出售，给国家造成重大经济损失 115.36 万元②。

5. 土地检查监督环节

土地检查监督是指土地执法人员对土地管理法律法规执行情况进行监督检查的行政行为。此阶段的渎职犯罪表现形式有：有的土地执法人员对土地违法疏于稽查，导致违法用地、土地损毁严重；有的土地执法人员对发现的违法用地处理不力，致使国家遭受损失；有的土地执法人员在查处土地违法行为之际滥用职权、玩忽职守，不认真查处或者包庇土地违法行为导致情形严重的。如赵某玩忽职守案，

---

① 广西壮族自治区桂林市秀峰区人民法院（2019）桂 0302 刑初 218 号刑事判决书。

② 河南省安阳县人民法院（2018）豫 0522 刑初 10 号刑事判决书。

河北省蠡县桑园镇杨北村村民在未办理任何审批手续的情况下，擅自在本村去古灵山村的公路西侧、本村八队村民的基本农田内取土卖土。时任桑园镇土地所所长的赵某接到举报后，明知该行为属于非法占地取土行为，却玩忽职守，放任不管，导致十亩多基本农田被严重破坏（挖土最深处达 25 米）无法耕种[①]。

（二）森林资源管理领域的渎职犯罪

森林资源管理领域是渎职犯罪高发的领域，特别是在南方各省，由于森林覆盖率高、森林资源发达，林业执法任务较重，林业执法人员渎职机会较多，因而林业管理领域渎职犯罪较为严重。如江西省在 2008—2012 年全省林业管理领域的职务犯罪人数为 420 人，占全省 4 年来职务犯罪总数的 18.9%[②]。如广东省，全省在 2010—2012 年查处的林业管理领域的渎职犯罪人数为 114 人，占查处生态文明建设领域渎职犯罪总人数的 26.3%[③]；全省在 2013—2014 年共查处林业管理领域的渎职犯罪人数为 142 人[④]。再如从全国层面看，2015—2020 年全国基层法院判处的案件情况：在裁判文书网以“滥用职权罪 + 林业”为关键词进行查询，全国基层法院判处的森林资源管理领域的滥用职权罪案件为 799 件；以“玩忽职守罪 + 林业”为关键词进行查询，全国基层法院判处的森林资源管理领域的玩忽职守罪案件为 1 353 件；另违法发放林木采伐许可证罪 52 件[⑤]。5 年案件合计 2 204 件，平均每年约 400 件。可见，森林资源管理领域是渎职犯罪的高发领域，根据查处情况看，其渎职发生的环节具体如下：

1. 林木采伐审批环节

根据《森林法》《森林法实施条例》等法律法规的规定，采伐林木必须申请采伐许可证，按许可证的规定进行采伐，未经许可，不得采伐和采集。从查处林业渎职犯罪的情况来看，林木采伐许可过程中的渎职犯罪主要有：①采伐作业设计阶段。有两种形式：一是随意设计，即林业执法人员严重不负责任，在作业设计时不到实地察看，即自行编造作业设计表；或者对林地权属、四至等情况不做核实即

---

① 案例选登［EB/OL］.（2013-07-31）［2019-02-16］.http://www.zj.pro/bmdt/more.jsp?cid=004024029 & page=1.

② 案例选登［EB/OL］.（2013-07-31）［2019-02-16］.http://www.zj.pro/bmdt/more.jsp?cid=004024029 & page=1.

③ 朱香山，韦磊 . 广东省检察院与 12 部门联合研究部署保护生态环境［EB/OL］.（2015-05-23）［2020-02-16］.http://www.gd.jcy.gov.cn/jcyw 2/201305/t20130523_1117265.html.

④ 韦磊，王磊 . 广东：重拳出击严查涉农职务犯罪［EB/OL］.（2015-02-02）［2020-02-16］.http://www.gd.jcy.gov.cn/xwtt/201502/ t20150202_1545969.html.

⑤ 本部分统计数据根据最高人民法院的裁判文书网进行整理［EB/OL］.（2020-05-05）［2021-02-16］. https: //wenshu.court.gov.cn/website/wenshu/181217BMTKHNT2W0/index.html?pageId=f003b15ff6b840aaf08beb-baa28df60e&s21=%E6%BB%A5%E7%94%A8%E8%81%8C%E6%9D%83%E7%BD%AA.

自行设计。二是违法设计，有些林业工作人员经过调查核实后对林地的有关情况已经比较明确，但出于私情私利，违反有关禁止性规定进行违法的作业设计。②采伐报批阶段。在报批环节的渎职犯罪主要是疏于审核，随意签署同意报批意见，或者是明知存在问题却仍然签署同意报批意见，如明知是国家级生态公益林，或明知存在权属纠纷，或明知申报材料不全等，却仍然签署同意报批意见，致使上级主管部门错误发放林木采伐许可证。③审批发证阶段。一是随意发证，如在审批发证过程中疏于审核把关，导致错误发证。二是违法发证，如擅自同意无证采伐或擅自同意先砍后批；擅自逾越权限，违规审批发证；为掩盖滥伐事实而补发林木采伐许可证。如徐某某、黄某某、陈某滥伐林木、玩忽职守一案：因欲砍伐的树木树龄未到，徐某某、黄某某勾结林业工作站副站长陈某，将树龄由 23 年改为 27 年，并办理了林木采伐许可证，对应的证号分别为闽 00093682、闽 00093683、闽 00093681。被告人陈某明知采伐许可证的取得存在违规的情况下，不但参与之后的采伐设计，在林木采伐过程中也未将此情况如实上报。导致树木被滥伐 324.824 立方米。被告人陈某在修改树龄和林木采伐过程中，前、后共 6 次收受被告人徐某某送的现金，合计 5 000 元[①]。

2. 林木采伐监督检查环节

林业监督检查环节的渎职行为较为频繁，根据查处情况，其具体表现形式有：有的林业执法人员不履行或者乱履行伐中检查和伐后验收职责造成国家重大损失；有的林业执法人员明知有违法行为却放任不管造成国家重大损失；或者违法将伐后验收职责交由采伐人自己行使造成国家重大损失。李某玩忽职守一案：2018 年 5 月，纪某某办理了蓄积 81.4 立方米的林木采伐许可证，在纪某某采伐期间，李某身为林木采伐监管人，从未到现场监管检查，也未安排其他工作人员履行林木监管职责，导致纪某某滥伐林木蓄积 169.855 立方米，被城固县人民法院判处有期徒刑 4 年，并处罚金 5 000 元。李某不履行监管职责，其行为已经构成玩忽职守罪[②]。

3. 木材运输检查环节

根据《森林法》《森林法实施条例》等的有关规定，如果运输木材或者采挖树木出县、出省的，必须持有县级以上林业行政主管部门签发的木材运输证件。此环节的渎职犯罪主要表现为：一是有的林业执法人员违规放行无证运输或超方运输的木材；二是有的林业执法人员对木材运输证不登记、不盖章以使其重复运输；三是

① 福建省沙县人民法院（2017）闽 0427 刑初 181 号刑事判决书。
② 陕西省城固县人民法院（2019）陕 0722 刑初 24 号刑事判决书。

有的林业执法人员包庇涉林犯罪分子，使其逃避刑事制裁；四是有的林业执法人员违反规定拒不移交林业刑事案件。如朱某钦玩忽职守一案：在禄丰县中村乡2013年人工商品林采伐期间，被告人朱某钦作为林政股股长，负有检查职责，但是其不认真履行职责，没有按照规定到伐区进行定期、不定期的检查，没有履行好对林木采伐、木材运输的监管职责，在检查之际发现问题没有及时督促乡镇进行整改。其间发生了徐某祥等人在小庄科（稗子田）伐区和窄沟河伐区滥伐林木的行为，但被告人朱某钦和其他监管人员没有及时发现并制止，致使小庄科（稗子田）和窄沟河伐区的林木被滥伐1 740.392立方米，造成经济损失332 382元[①]。

4. 森林防火环节

根据《森林法》《森林防火条例》等的规定，地方各级政府及林业主管部门等负有保证森林免于火灾的责任，此环节渎职犯罪主要有两种情形：违规审批野外用火，且监督检查不到位；不认真履行救火职责。如左某某玩忽职守一案：被告人左某某原系多伦县林业局办公室主任、多伦县林业系统国道510线两侧林地防火责任人，2016年11月3日，其在防火期内雇用多伦县神韵传媒有限责任公司李某对多伦县蔡木山乡砧子山村黄柳条组西侧林地、国道510南侧的单立柱广告牌进行更换，签订协议时未同施工方签订防火协议书，也未向施工方明确防火期禁止野外用火的要求，以致在2016年11月4日李某某雇用的施工工人王某某、赵某某、杨某某等人在施工过程中使用电焊机进行焊接工作时，掉落的焊渣引发了森林火灾，造成209亩林地被烧毁，直接经济损失达120余万元[②]。

5. 林业资金管理环节

根据《森林法》等的规定，林业主管部门负责管理育林基金、更新改造资金、野生动物（陆生）资源保护管理费等多项资金费用的收取，负责生态公益林补偿、退耕还林种苗造林补助费、造林育林费等多项涉林经费的发放工作。有的林业执法人员玩忽职守、滥用职权，不收取、少收取或者乱收取相关费用；有的林业执法人员玩忽职守、滥用职权，不按照法律规定用途使用有关费用；有的林业执法人员玩忽职守、滥用职权，不发或者乱发相关经费；还有的林业执法人员贪污或者挪用有关费用。如巨某玩忽职守一案：被告人巨某于2000年被任命为辽中县林业局造林股股长，其2005年起任辽中县退耕办主任，负责辽中县长滩镇退耕还林工作，其间，巨某针对辖区内的退耕还林请求，不认真审查核实，且不认真执行国家退耕还

① 云南省禄丰县人民法院（2016）云2331刑初7号刑事判决书。

② 内蒙古自治区多伦县人民法院（2018）内2531刑初5号刑事判决书。

林政策，导致不符合申请退耕还林款条件的5户最终通过退耕还林审批，致使退耕还林补贴款共1 983 620元被错误领取[①]。

（三）水利资源管理领域的渎职犯罪

水资源管理涉及多个部门，水与人类关系密切，涉及的管理部门众多，渎职情形很常见。如广东省，其近年来水资源管理领域的渎职犯罪查处总数排位靠前，次于国土资源管理部门、林业管理部门，排在第三位，全省在2010—2012年3年间共查处水利部门渎职犯罪共41人[②]；全省在2013—2014年共查处水利部门渎职犯罪共80人[③]。以2015—2020年全国此类渎职犯罪为例，以"滥用职权罪＋水"为关键词进行查询，全国基层法院判处的该管理领域的滥用职权罪案件为851件；以"玩忽职守罪＋水"为关键词进行查询，全国基层法院判处的该管理领域的玩忽职守罪案件为813件[④]。5年内案件合计1 664件，平均每年330余件。水资源管理过程中的渎职犯罪多发生在取水许可、水资源费征收、河道管理、监督检查等环节中，具体如下：

1. 取水环节

按照《水法》《取水许可和水资源费征收管理条例》的规定，取水单位和个人应计量取水、计量缴费，然而有的企业以及有关单位为追求经济利益，违法取水、用水浪费问题严重；有的水使用者打井取水不申报；有的水使用者取水设施简陋，不安装计量设施或者计量设施弃而不用；有的水使用者不按规定缴纳水资源费，偷逃水资源费，导致国家水资源的损失和浪费。作为管理者的水行政主管部门的国家工作人员，在取水许可和监管过程中渎职犯罪，不履行或者不认真履行职责，给取水单位逃避缴费、少缴费以可乘之机，造成国家水资源费损失严重。如张某某玩忽职守一案：张某某原系新兴县水务局水政股股长，负责本县取水许可证的审批、发放和水资源费的催缴、征收等工作。县东源供水工程有限责任公司于2009年申请减免水资源费但未获得批准，县水政股理应向其催收应该缴纳的款项，但是一直没

① 辽宁省沈阳经济技术开发区人民法院（2016）辽0191刑初253号刑事判决书。

② 朱香山，韦磊．广东省检察院与12部门联合研究部署保护生态环境［EB/OL］．（2013-05-23）［2020-02-16］.http://www.gd.jcy.gov.cn/jcyw 2/201305/t20130523_1117265.html.

③ 韦磊，王磊．广东：重拳出击严查涉农职务犯罪［EB/OL］．（2015-02-02）［2020-02-16］.http://www.gd.jcy.gov.cn/xwtt/201502/ t20150202_1545969.html.

④ 本部分统计数据根据最高人民法院的裁判文书网进行整理［EB/OL］．（2020-05-05）［2021-02-16］. https: //wenshu.court.gov.cn/website/wenshu/181217BMTKHNT2W0/index.html?pageId=f003b15ff6b840aaf08beb-baa28df60e&s21=%E6%BB%A5%E7%94%A8%E8%81%8C%E6%9D%83%E7%BD%AA.

有通知，致使该公司2010—2014年应缴纳的2 685 003.48元水资源费一直没有缴纳。在该用水单位长期不缴清水资源费的情况下，张某某既没有按规定进行征收、处罚，又没有申请法院强制执行，造成国家损失3 742 945.815元[①]。

2. 水资源费管理环节

水资源费应依法按照取水企业的实际用水量计量征收。从检察机关查处情况看，有的水执法人员在水资源费征收过程不认真核实，如不到现场观察，而是应取水单位的请求来确定大致用水量，然后固定数额收取水资源费；或者常年定额收费、协商收费；有的水执法人员认为水是可再生资源，多用少用、多收少收无所谓，造成水资源费巨额损失；有的水执法人员利用职务之便，侵占或者挪用水资源费。如张某滥用职权、玩忽职守一案：张某原系大英县水务局水政水资源股长兼行政许可股股长，其在工作期间实施了滥用职权的行为：①2012年4月至2017年11月，被告人张某违反规定未足额收取四川川投水务集团大英有限公司（以下简称川投水务公司）水资源费，给国家造成经济损失243.253 483万元。②2017年12月至2018年9月，被告人张某违反规定向税务部门提供川投水务公司实际取水量，给国家造成水资源税损失25.850 025 6万元。③2012年11月至2018年10月，被告人张某未按拍卖数量足额收取砂石企业采砂权出让费和砂石资源费，给国家造成经济损失27.865万元。其滥用职权的行为给国家造成了近300万元损失[②]。

3. 水利设施管理环节

水利设施是利用水利资源的必要条件，水利设施的管理是水利资源管理的重要环节，事关广大人民的基本需求。然而，水利管理人员滥用职权或者超越职权乱作为、玩忽职守不作为，导致水利设施事故发生。如姜某玩忽职守案，2004年5月27日，因恩施市水利局局长兼市防汛办主任姜某玩忽职守，对于围堰渗漏采取加高的不合规方式进行处理，造成恩施市清江大龙潭水利枢纽工程上游围堰突然溃决，导致4名正在水利枢纽上施工的工人以及下游河滩便道上正在行驶的一辆面包车被巨大的洪流冲走，造成15人死亡、3人失踪，直接经济损失达571万余元[③]。

4. 河道管理环节

河道管理主要涉及河道采砂行为，河道砂石开采关系河道本身的流向、河岸的

① 广东省新兴县人民法院（2016）粤5321刑初142号刑事判决书。
② 四川省大英县人民法院（2019）川0923刑初37号刑事判决书。
③ 李忠诚．职务犯罪破坏水资源的表现形式（下）［J］．环境保护，2009，37（17）：51-52.

变化，与沿岸居民安全相关联，且河道中的砂石料是矿产资源，因此，河道采砂应经主管行政部门审批。为此，各地相继制定了河道采砂管理办法，以规范河道采砂行为，但由于历史的沿革，有些水利部门滥发河道采砂许可证或者不认真履行查处职责，不仅造成国家出让金的流失，甚至威胁河道安全。此类渎职犯罪分为两类：一是滥发采砂许可证，或者对未经许可采砂者不查处或者不认真查处；二是河道采砂的费用征收中的渎职犯罪，河道中的砂石是矿产资源，应该有偿取得，有些执法人员不征收或不认真征收河道采砂费。如王某某滥用职权罪一案：2016 年 4 月 1 日，金山矿管办通过公开招标程序，将某河流域河道黄砂开采权发包给陈某某等人，并与其签订合同，约定承包期限自 2016 年 4 月 1 日—2017 年 6 月 30 日。2017 年，被告人王某某担任该镇党委书记期间，在未经招投标的情况下，先后召开书记办公会、三套班子会议，为陈某某等人无偿延长合同期限一年，并安排相关人员与陈某某签订补充协议，致使陈某某等人自 2017 年 7 月 1 日—2018 年 2 月 11 日超期非法采砂。经测算，造成国家矿产资源损失共计 783.620 6 万元人民币①。

5. 水纠纷处理及检查环节

此环节的渎职罪表现形式主要有：有些水务部门执法人员对水利设施安全监管不到位，造成责任事故发生；有些水务部门执法人员对问题单位监管不到位，未实地察看检查；有些水务部门执法人员对该限期安装计量设施的未监督安装、该处罚的没有按规定处罚；有些水务部门执法人员对取水企业底数不清，造成脱管漏管；此外，有些水务部门执法人员滥用职权，随意减免水资源费，给国家造成损失等。如孙某、张某玩忽职守一案：被告人孙某、张某在担任扶余市水利局节约用水办公室主任、副主任期间，负责检查处理非法取用地下水资源等统一管理和监督等工作，由于二人在工作中严重不负责任，不认真履行职责，未发现扶余市第二实验学校在校园内私自打井取用地下水，用于本校师生日常生活用水，因该水源受到污染，导致该校学生饮用后发生呕吐、腹泻等事故，造成 180 余万元的损失②。

（四）矿产资源管理领域的渎职犯罪

矿产资源管理领域的渎职犯罪属于渎职犯罪高发的领域。2013 年，查处的火灾、矿难等事故背后的失职渎职、受贿等职务犯罪达 685 件，涉及 1 066 人，同比

① 江苏省连云港市中级人民法院（2019）苏 07 刑初 59 号刑事判决书。
② 吉林省扶余市人民法院（2017）吉 0781 刑初 313 号刑事判决书。

分别上升 61.9% 和 72.5%[①]。2014—2020 年，根据裁判文书网数据，全国基层法院判处此类渎职犯罪情况如下：以“滥用职权罪 + 矿产”为关键词进行查询，全国基层法院判处的该管理领域的滥用职权罪案件为 334 件；以“玩忽职守罪 + 矿产”为关键词进行查询，全国基层法院判处的该管理领域的玩忽职守罪案件为 512 件[②]。6 年内案件合计 846 件，年均案件数约 140 件。其中，相当一部分属于矿产资源管理过程中的渎职犯罪。此类渎职犯罪主要发生在如下环节：

1. 探矿权、采矿权取得环节

《矿产资源法》《矿产资源法实施细则》《矿产资源开采登记管理办法》等规定，探矿权和采矿权必须经过国家许可，经过登记并发放采矿许可证。采矿权申请人在申请办理采矿许可证时，必须要明确开采范围、开采资质、开采方案等有关条件，如果条件不具备则不得许可。但是，有些执法人员在审批过程中，滥用职权或者玩忽职守，对明知不符合条件者而予以批准，明知符合条件者而不批准，或者超越职权批准；有些执法人员在许可证管理过程中，疏于管理，未严格按规定对采矿许可证进行年审，也不办理注销登记，放任其继续开采；有些执法人员明知开采者的采矿证到期而不予以撤销。如马某玩忽职守、受贿一案：2007 年，被告人马某在担任金平县国土资源局矿政科科长期间，违反《矿产资源开采登记管理办法》的规定，在不符合延续手续的条件下，为金平县三家寨采石场（以下简称三家寨采石场）办理采矿许可证延续手续，由此导致三家寨采石场长期被开采。不仅使国家损失 8 432 926.83 元，而且导致了 2016 年 9 月 22 日群体性事件的发生，造成恶劣的社会影响[③]。

2. 矿产资源税费管理环节

根据《矿产资源法》等的规定，矿产资源实行有偿取得制度，为此，矿产资源的开采应该缴纳税费。我国《资源税暂行条例》明确规定了有关矿产资源税的征收标准，税务部门执法人员依法征收资源税即可，然而实践中，有关征税人员违法不征少征等渎职犯罪行为较为常见。此外，据《矿产资源补偿费征收管理规定》的规定，必须参照“矿产品销售收入、补偿费费率、开采回采率”等系数并按特定公式

① 曹建明. 最高人民检察院工作报告［EB/OL］.（2014-03-18）［2020-02-16］.http://www.spp.gov.cn/tt/201403/t20140318_69216.shtml.

② 本部分统计数据根据最高人民法院的裁判文书网进行整理［EB/OL］.（2020-05-05）［2021-02-16］. https：//wenshu.court.gov.cn/website/wenshu/181217BMTKHNT2W0/index.html?pageId=f003b15ff6b840aaf08beb-baa28df60e&s21=%E6%BB%A5%E7%94%A8%E8%81%8C%E6%9D%83%E7%BD%AA.

③ 云南省金平苗族瑶族傣族自治县人民法院（2019）云 2530 刑初 42 号刑事判决书。

来计算并收取有关矿产资源费，但有些执法人员滥用职权或玩忽职守，不征、少征税费，使国家财产损失严重。如斯某、牧某玩忽职守一案：2016—2017年，时任包头市某局副局长的被告人斯某与时任该局服务中心征费股股长的被告人牧某，在未安排工作人员对辖区内某矿业公司的实际生产进行调查核实的情况下，没有认真履行职责，向包头市石拐区矿管局出具该公司已缴清2016年、2017年税费的证明，致使该公司于2016年12月—2017年4月，在只缴纳税费10万元的情况下，共计向外运输13 075.03吨铁精粉，致使顺成矿业少向国家缴纳税费1 272 878.15元①。

3. 矿产资源检查环节

矿产资源领域的犯罪现象较为严重，其表现形式多样，具体有：一是越界开采，即超越采伐界限开采；二是违法开采，即未取得许可而开采，属于盗采国家资源。作为矿产资源的执法者，必须认真履行监督检查职责，即对于探矿、采矿等行为认真监督，并及时查处违法犯罪者。许多肩负检查职责的执法人员放任其开采，不依法制止、处罚违法采矿行为，致使国家矿产资源损失严重；更有甚者，有些执法人员放纵或者包庇，导致违法者违法开采，侵占国家矿产资源，给国家带来巨大损失。如崔某玩忽职守一案：2008年4月，被告人崔某担任北安市国土资源执法监察局局长一职，负有全市行政区域内土地、矿产资源巡查，全市行政区域内土地、矿产资源违法案件查处，对各土地资源管理所巡查情况监督检查等工作职责。由于崔某未认真履行监管职责，导致海星镇海星村村民萧某自2016年6月—2017年7月，在北安市海星镇海星村兴海屯西南蓄水池非法采砂23 774.62立方米，经鉴定给国家造成经济损失475 492.00元人民币②。

4. 矿产违法行为的处理环节

行政处罚环节也是矿产资源管理中渎职行为高发环节，如执法人员对违法而擅自从事矿产资源活动的行为不予取缔或者不依法处理的；或者对违法探矿采矿行为以罚代管、以罚代刑；或者徇私舞弊不将犯罪嫌疑人移交司法机关。如钟某某受贿、滥用职权一案：2017年2月—2017年6月，被告人钟某某在担任英德市白沙镇政府巡查清理整治非法盗采稀土矿外聘打击队队员期间，伙同钟某、张某某、苏某某等人，明知何某某非法开采稀土，在收受何某某给予的贿赂款后，违反规定，滥用职权，对何某某非法采矿行为不向政府报告；少巡查甚至不巡查，巡到时不进行毁灭性打击；按约定提前传递巡查打击信息等便利，帮助何某某等顺利逃避处罚

① 内蒙古自治区包头市九原区人民法院（2018）内0207刑初119号刑事判决书。

② 黑龙江省北安市人民法院（2019）黑1181刑初86号刑事判决书。

和打击，致使何某某盗采国家矿产资源的违法犯罪行为得以持续，严重破坏了当地的生态资源环境，造成国家利益特别重大损失，且在当地造成了恶劣的社会影响。经鉴定，损失达 18 665 040 元[①]。

5. 安全生产环节

安全生产是矿产资源利用的基本要求，矿产资源利用阶段属于事故多发阶段，如何预防事故发生，是管理者和生产者必须认真面对的问题。为预防和减少生产安全事故，保障公民的人身及财产安全，我国《安全生产法》对于保障矿产资源的开采等领域的安全事项做了详细规定。实践中此阶段的执法者违反安全生产规定导致安全事故频发，如有些执法人员批准或者通过不符合安全条件的涉及生产的事项；对已经依法取得批准的单位但是不再符合安全条件的，执法人员发现后本应该撤销原来许可，但是有些执法人员不撤销；有些执法人员对已经发现的违反了安全生产的行为不予查处；有些执法人员不认真履行监管职责，对已经发现的安全生产隐患不排除，导致矿山爆炸、道路损毁、桥梁垮塌或重大火灾等事故发生；有些执法人员对已经发生的重特大安全事故本应积极抢救却消极对待，甚至与业主勾结，隐瞒不报，致使危害后果持续扩大。如赵红剑等人玩忽职守罪一案：2019 年 1 月 12 日 16 时 20 分，神木市百吉矿业有限责任公司（以下简称百吉矿业）发生一起重大煤尘爆炸事故，造成 21 人死亡，直接经济损失 3 788 万元。经鉴定，本起事故为生产安全责任事故。法院经审理认定被告人赵红剑作为百吉矿业驻矿安检员，在驻矿期间未认真履行职责，玩忽职守，违规放行汽车入井，对驻矿案件日常监督检查工作不到位，对事故发生负有直接责任。据此，法院判处其有期徒刑 2 年 6 个月、缓刑 3 年[②]。

（五）渔业资源管理领域的渎职犯罪

法院判处此管理领域的渎职犯罪案件情况为：根据裁判文书网数据，2014—2020 年全国基层法院判处此类渎职犯罪情况如下：以“滥用职权罪 + 渔业”为关键词进行查询，全国基层法院判处的该管理领域的滥用职权罪案件为 181 件；以“玩忽职守罪 + 渔业”为关键词进行查询，该管理领域的玩忽职守罪案件为 123 件[③]。年均案件数约 50 件。相对而言，渔业资源管理领域过程中的渎职犯罪不

---

① 广东省清远市中级人民法院（2018）粤 18 刑终 291 号刑事裁定书。

② 陕西省神木市（2020）陕 0881 刑初 254 号刑事判决书。

③ 本部分统计数据根据最高人民法院的裁判文书网进行整理［EB/OL］.（2020-05-05）［2021-02-16］. https：//wenshu.court.gov.cn/website/wenshu/181217BMTKHNT2W0/index.html?pageId=f003b15ff6b840aaf08beb-baa28df60e&s21=%E6%BB%A5%E7%94%A8%E8%81%8C%E6%9D%83%E7%BD%AA.

多，主要发生在渔业补贴申请与发放、渔业执法检查等环节。

1. 渔业权取得环节

渔业权采取许可制度，此种许可主要有两方面：①养殖许可。需要利用国家规划确定用于养殖业的全民所有的水域、滩涂的，必须向县级以上渔业行政主管部门提出申请并取得养殖许可证，依照许可从事养殖生产。②捕捞许可。国家有关原则确定渔业资源的总可捕捞量，采取捕捞限额制度，捕捞者应该向有关部门申请并取得捕捞证，方可从事捕捞工作。此许可环节的渎职犯罪主要表现为：对受理的许可申请不审查或者不认真审查；在做出许可决定之际，违反《渔业法》等法律规定，对不应该许可而做出许可，对应该许可却不予许可；或者违反职责不认真分配捕捞限额等。如罗某某滥用职权、贪污一案：被告人罗某某与黄某某（另案处理）等人在开展审核 2010 年渔业用油油价财政补贴工作中，违反渔业船舶登记办法、渔业捕捞许可管理及渔业成品油价格补助等相关法规、文件的规定，擅自同意渔民增大渔船主机功率，审核通过证件不齐全、证件无效的申请材料，违反规定发放补贴给渔民，造成国家经济损失 1 197 941.19 元人民币[①]。

2. 渔业补贴发放环节

渔业补贴项目中的渎职环节涉及监管单位的各项职能，尤其是基层渔业部门，此部门的工作人员与申报人联系紧密，能够更加准确地掌握申报单位的真实信息，相对而言，犯罪概率更高，具体表现如下：①立项阶段。作为渔业补贴项目，必须经过渔业部门审批，有些申报者为了获得补贴，在主体性质、经营规模上弄虚作假，相关渔业部门的执法人员在明知或者应知的情况下，对此鼓励或者默许，使得项目得以通过立项。②实施阶段。在渔业补贴项目进入实施阶段后，要接受有关渔业部门的监管。实践中，有些获得渔业项目补贴者不认真完成项目，或者减少应该的投入，还有的借用其他企业或者养殖户的建设内容、套用项目申报之前已经完成的建设内容等。相关的渔业部门执法人员在明知或者应知的情况下，对此支持或者纵容，不认真检查，不督促整改。③验收阶段。当渔业补贴项目实施期限届满后，必须接受基层渔业部门的验收。有些获得渔业项目补贴者弄虚作假应付验收。相关的渔业部门执法人员在明知或者应知的情况下，不认真履行检查职责，使得项目顺利通过验收。如肖某滥用职权案，肖某在担任张家港水产技术指导站副站长期间，单独或者伙同他人在履行高效设施渔业、池塘循环水养殖工程等项目的施工监管、

① 广西壮族自治区藤县人民法院（2015）藤刑初字第 263 号刑事判决书。

竣工验收等职责中，明知相关申报项目不符合施工要求，仍帮助申报人编造资料，使项目顺利通过验收，造成高效渔业项目补贴资金损失共计 266 万元[①]。

3. 渔业违法行为查处环节

我国对于渔业资源实行严格保护制度，具体有：从方式而言，禁止采取过密渔网、炸鱼、毒鱼、电鱼等破坏性手段进行捕捞；且禁止过度捕捞幼鱼、禁止在特定时间和地点捕鱼。并通过《渔业船舶检验管理规定》等规定明确了渔船的要求安全。对于违反上述禁止性保护制度的，县级以上渔业主管部门应当及时进行调查处理，实践中有的渔业执法人员不依法履行此职责而构成渎职犯罪是较常见的。如林某某玩忽职守一案：平潭县“闽平渔 69187 号”渔船因未在年检有效期内申报检验，被列入渔船黑名单。时任县海洋渔业站站长的被告人林某某负责渔业安全生产工作，因长期脱岗，未能切实担负起辖区内船舶的监管职责，未能及时发现不适航的“闽平渔 69187 号”渔船长期违规出航作业。2014 年 3 月 5 日 14 时许，“闽平渔 69187 号”在装载水泥违规运往前岐屿之际发生沉船事故，造成 3 人死亡。经调查组调查认定，林某某对事故船只被停航后是否进行整改并禁止出海跟踪、监督不到位，是导致“3 · 5”海难事故发生的间接原因之一[②]。

（六）其他资源管理领域的渎职犯罪

除上述领域外，草原资源等资源领域也存在渎职犯罪，法院判处此管理领域的渎职犯罪案件情况为：根据裁判文书网数据，2014—2020 年全国基层法院判处此类渎职犯罪情况如下：以“滥用职权罪 + 草原”为关键词进行查询，全国基层法院判处的该管理领域的滥用职权罪案件为 63 件；以“玩忽职守罪 + 渔业”为关键词进行查询，判处的该管理领域的玩忽职守罪案件为 61 件[③]。年均案件数约 20 件，可见，此管理领域的渎职犯罪发生概率不高。

通常来说，此类渎职犯罪主要发生在如下方面：①草原建设、利用、保护等环节中的渎职犯罪。其中，草原建设包括对草原的进行投入、改善条件、进行治理、建立草种基地等措施；草原利用包括作为牧区使用、作为矿产资源开采使用、作为建设服务草原和畜牧业生产的工程设施而使用等；草原保护包括划定草原补贴发

① 江苏省张家港市人民法院（2013）张刑二初字第 0355 号刑事判决书。

② 福建省平潭县人民法院（2017）闽 0128 刑初 215 号刑事判决书。

③ 本部分统计数据根据最高人民法院的裁判文书网进行整理［EB/OL］.（2020-05-05）［2021-02-16］. https：//wenshu.court.gov.cn/website/wenshu/181217BMTKHNT2W0/index.html?pageId=f003b15ff6b840aaf08beb-baa28df60e&s21=%E6%BB%A5%E7%94%A8%E8%81%8C%E6%9D%83%E7%BD%AA.

放、自然保护区保护、保护草原植被、草原作业许可、草原防火防害等方面。在草原建设、利用和保护过程中，均存在不履行或者不认真履行管理职责从而导致国家和公民利益受损的情形。②草原违法行为查处环节中的渎职犯罪。草原违法行为包括乱垦、乱挖、乱圈、乱建等违法行为，执法者应该认真履行职责，严厉惩处草原违法行为。实践中，有些草原执法者滥用职权、玩忽职守，不认真查处草原违法行为，或者包庇草原犯罪分子，或者拒不移交草原刑事案件。如李某、靳某、于某等贪污、玩忽职守一案：2011—2014 年，被告人李某在协助鄂伦春自治旗草原管理站开展鄂伦春自治旗牧草良种补贴项目过程中，利用其负责宜里镇牧草良种补贴项目实施的职务便利，采取伪造牧草良种补贴面积和资金情况表、良种补贴调查表和资金发放确认表等手段，伙同、姚某、于某、乔某、靳某等人以农户顶名方式虚报牧草补贴人员和种植面积套取牧草补贴。另被告人李某、靳某又分别单独虚报农户牧草补贴人员和种植面积套取补贴，虚假申报补贴人员和种植面积套取 2011 年度、2012 年度、2013 年度牧草良种补贴总计 937 190.00 元人民币①。

二、环境污染防治领域的渎职犯罪

环境防治领域中的渎职犯罪范围很广，包括水、土壤、大气、固体废物、噪声等污染防治领域的渎职犯罪。环境污染防治涉及部门多，不仅包括生态环境主管部门，还包括许多具有污染防治功能的环境管理机构。环境污染防治领域是渎职行为高发领域，仅以环境保护部门部（厅、局）的渎职行为为例，2012 年 1 月—2013 年 6 月，全国的环境保护部（厅、局）共有 977 人因违纪违法分别受到党纪政纪或法律处理，其中，渎职和收受贿赂占比高达 68.1%②。如广东省，其环境污染防治领域的渎职犯罪查处率较高，全省检察机关在 2013—2014 年查处的生态文明建设领域渎职犯罪人中，环境保护部门共有 72 人③。再如 2015—2020 年，根据裁判文书网数据，全国基层法院判处此类渎职犯罪情况如下：以“滥用职权罪 + 污染”为关键词进行查询，全国基层法院判处的该管理领域的滥用职权罪案件为 270 件；以“玩忽职守罪 + 污染”为关键词进行查询，判处的该管理领域的玩忽职

① 内蒙古自治区鄂伦春自治旗人民法院（2018）内 0723 刑初 147 号刑事判决书。

② 郗建荣 . 失职渎职收受贿赂占比高达 68.1% 环保系统一年半近千人被处理［N］. 法制日报，2014-01-21（6）.

③ 韦磊，王磊 . 广东：重拳出击严查涉农职务犯罪［EB/OL］.（2015-02-02）［2020-02-16］.http://www.gd.jcy.gov.cn/xwtt/201502/ t20150202_1545969.html.

守罪案件为 267 件；另环境监管失职罪 45 件[①]。案件总数为 582 件，年均案件数约 110 件。

总之，此管理领域的渎职犯罪较普遍。环境防治领域的渎职犯罪表现形式多样，存在不履行、不认真履行、乱履行三种违反职责的情形。以环境执法机关的执法发生阶段为标准，可以分为事前预防、事中控制、事后治理三个阶段，下文是从这三个阶段来理解环境污染防治过程中的渎职犯罪。

（一）事前预防阶段的渎职犯罪

环境污染治理的首要目标是预防，即将有关的环境污染保持在可控制的范围内。为了实现预防目标，我国制定了一系列预防制度，有环境规划制度、环境标准制度、环境影响评价制度、排污许可制度、“三同时”制度、环境税费制度、公众参与制度。尽管如此，环境执法者不认真遵守管理制度，渎职失职的情形较为常见。

1. 立项审批过程中的生态文明建设领域渎职犯罪

有些执法人员超越职权而批准项目，造成重大污染事故；或者大搞权钱交易，滥用职权批准不符合规定的项目，造成环境污染。如张某滥用职权一案：张某在任金坛市环境保护局管理科科长期间，在受理常州市植物药品厂的环评申报材料后，未认真审查就超越职权审批，且在事后又擅自更改污水排放的要求，同意常州市植物药品厂的生产性废水排入生活污水管道，直接导致金城镇“中心河”受到污染，致使大量农作物和经济作物受害死亡，给农民造成巨大损失[②]。

2. 环境影响评价过程中的渎职犯罪

其是指在有关影响或者改变生态环境的决定出台前，须对生态环境的现状进行调查和评估，提出各种可能的方案，分析方案与生态环境之间的关联，预测和分析上述方案对生态环境所造成的影响，从而选择最适合于环境的意思决定[③]。环境影响评价是预防环境污染的重要手段，在此评价过程中，有些环境执法人员渎职失职，违法批准建设项目的环境影响评价文件，导致环境污染事件发生。如徐某受贿、滥用职权一案：2016 年 3 月，德某染料有限公司（以下简称德某公司）以胜科德某污

---

① 本部分统计数据根据最高人民法院的裁判文书网进行整理［EB/OL］.（2020-05-05）［2021-02-16］. https：//wenshu.court.gov.cn/website/wenshu/181217BMTKHNT2W0/index.html?pageId=f003b15ff6b840aaf08beb-baa28df60e&s21=%E6%BB%A5%E7%94%A8%E8%81%8C%E6%9D%83%E7%BD%AA.

② 案例选登［EB/OL］.（2013-07-31）［2019-02-16］.http://www.zj.pro/bmdt/more.jsp?cid=004024029 & page=1.

③ 汪劲 . 环境法学［M］. 北京：北京大学出版社，2011：128.

水预处理厂需要升级改造为由，书面向原化工园区环保局申请，需在2016—2017年使用槽罐车直接运送高浓度污水共计850吨至南京胜科水务有限公司处理，并附胜科公司临时污水处理协议和处理技术方案，方案载明德某公司使用槽罐车运送至胜科公司处理的污水COD浓度高达5万～10万毫克/升，胜科公司需添加单独高级氧化装置，使用SBR池进行专门处理。被告人徐某时任原化工园区环境保护局副局长，明知德某公司需使用槽罐车长期运送的污水COD浓度高达5万～10万毫克/升，可能含有危险废物等，且在没有见到预处理厂重新进行环境影响评价及批复的情况下，违反《水污染防治法》《环境影响评价法》等规定，滥用职权，先后两次批准同意德某公司将生产废水以槽罐车方式直接运至胜科公司处理的申请，且未安排事后监管，未对此次生产废水接受和处理情况予以专门监管，最后造成相关高浓度废水直接排入长江、54.06吨危险废物排入长江，造成严重环境污染。[①]。

3. 排污许可审批过程中的渎职犯罪

排污必须经过许可，我国的《环境保护法》《水污染防治法》等环境法律规定了排污许可，且环境保护部2018年公布了《排污许可管理办法（试行）》，此外，地方性环境保护法规都规定了排污许可。这些法律法规都详细规定了此种许可的申请、受理、审查、批准等程序。对于排污许可的申请，有些环境执法人员对符合条件的申请拖延甚至不予办理，对不符合条件的申请而予以批准，导致造成重大损失或具有其他严重情节的行为。例如李某民滥用职权、受贿一案：李某民原系河南省环境保护厅污染控制处副处长，负责审核发放排污许可证。2006年，李某民接受某县造纸厂张某艳2.1万元受贿款后，在明知该厂已被关停的情况下，帮助张某艳将该厂更名某县新华造纸二厂，并违法办理了排污许可证，使已经被关停的某县造纸厂继续生产，并排放了大量污水，造成了重大损失[②]。

4. 环境税费管理过程中的渎职犯罪

如排污费管理中的渎职犯罪，根据《排污费征收使用管理条例》的规定，排污费必须作为环境保护专项资金专款专用，专用于污染防治领域，有些执法人员随意免征、减征排污费，有些执法人员甚至侵占、挪用排污费，有些环境执法人员违法批准或者发放有关环保专项资金，有些执法人员甚至侵占、挪用此专项资金等。如郑某某、官某某、郭某某犯滥用职权一案：2012—2014年，自贡市大安区环境保护

① 江苏省南京市鼓楼区人民法院（2018）苏0106刑初706号刑事判决书。

② 河南省环境保护厅规划财务处原副处长李秋民案［EB/OL］.（2019-01-14）［2020-02-16］.http://www.hnep.gov.cn/lzzc/yacg/webinfo/2019/01/1547094809029250.htm.

局副局长郑某某、环境监察执法大队工作人员郭某某、官某某在开展2012年度省级环保专项资金污染防治项目工作中，明知大安区某甲肉牛养殖场、大安区某乙肉牛养殖场不符合申报条件，仍违反四川省环境保护厅、四川省财政厅下发的相关规定，滥用职权伪造不符合客观事实的虚假文件，将上述两个养殖场的项目予以上报并最终通过，造成国家经济损失达47万元[①]。

（二）事中控制阶段的渎职犯罪

环境污染防治的事中阶段是指环境执法者对于企业等单位的排污行为进行监督管理，使其符合法律法规所规定标准的过程。此过程多是发生在企业生产过程中，环境管理部门运用种种行政手段对此过程进行监管，将污染物控制在标准之内，使其不至于发生污染事件。作为管理部门，环境管理机构承担着监督职责，必须依法监管排污行为，此监管过程中的渎职犯罪具体表现为：

1. 环境监测过程中的渎职犯罪

环境监测是监测主体依据法定程序和方法，运用物理、化学或生物等方法，对环境要素或者污染物状况进行检测，分析环境污染因子及其可能对生态系统产生的影响，确定环境质量、污染程度、生态环境变化过程和趋势，为环境管理提供有依据的系统性工作[②]。环境监测是污染防治的基础，对污染防治起着技术支持作用，监测数据的准确性是正确展开环境保护工作的前提，数据状况反映了环境污染的基本水平，也是国家治理环境的依据之一。为此，新《环境保护法》对环境监测提出了更高要求，尽管如此，监测人员不依法监测，渎职失职现象仍较严重：一是不认真监测数据。即在监测过程中，有些环境监测机构的工作人员渎职失职，不严格履行职责，导致监测质量不高；或者明知方法等存在问题而放任监测结果发生或者疏忽大意不认真监测，导致监测数据与事实不符；或者根据结果进行监测[③]。二是篡改监测数据。现实中环境监测人员渎职犯罪较多，如数据造假，修改参数或者破坏采样系统等方式，随意修正数据，或者篡改数据，或者伪造监测数据，使得环境管理部门依照不真实数据来治理环境，导致环境污染得不到治理，从而加剧了环境污染破坏，给国家、社会、公众带来了巨大损失。例如，环保官员伪造监测数据案：2016年3月6日，在某市环境保护局长安分局局长何某的指示下，该分局环境监

① 四川省自贡市大安区人民法院（2016）川0304刑初181号刑事判决书。

② 蔡守秋．环境资源法教程［M］．北京：高等教育出版社，2017：216-217.

③ 刘洪君．我国环境监测现状分析及发展对策［J］．信息化建设，2015（6）：117.

测站站长李某、副站长张某1、工作人员张某2、张某3，多次使用棉纱堵住环境污染监测的采样器，干扰采样数据，致使该采样数据失真，造成该站自动监测数据多次出现异常，严重影响国家的监测秩序[①]。

2. 污染防治检查过程中的渎职犯罪

污染防治领域的行政检查范围包括环境治理过程中有关决定等执行情况、有关环境保护措施的实施情况、有关环境法律法规遵守情况等。此过程中的行政检查的裁量范围很广，且与被裁量的相对人的人身财产等权利密切关联，在此过程中，渎职犯罪现象很常见，如执法人员对环境污染有关事项不认真履行检查职责，虚假检查，或者超越权限乱检查，使环境管理机构不能及时查处污染防治领域的违法行为[②]。如权某、曹某环境监管失职一案：被告人权某、曹某于2015年3月分别任单县环保局经济园区环保所所长、副所长以来，工作严重不负责任，不认真履行工作职责。在明知单县德尔化工有限公司环评手续与所生产产品不符、无污水处理设施、无排污许可证的情况下，不认真核对单县德尔化工有限公司生产的产品、不认真检查是否真正停产，致使单县德尔化工有限公司长期违法生产，并于2016年12月将工业废水通过城市管网排入单县第二污水处理厂，导致该厂瘫痪，无法处理污水。经山东法正资产评估有限公司评估，造成经济损失780 147.40元[③]。

（三）事后处理阶段的渎职犯罪

事后处理阶段的生态文明建设领域渎职犯罪是指在环境污染破坏事件发生之后，环境执法人员在对此进行处理过程中的渎职犯罪。执法者在处理环境污染破坏事件过程中，应不偏不倚，依法履行职责。然而，鉴于环境处理过程多是直接涉及企业、公民的切身利益，此过程的渎职犯罪不仅损害了行政相对人的合法权益，也影响了环境治理，进而加剧了生态环境的污染破坏。此阶段的渎职犯罪主要表现如下：

1. 处理前的渎职犯罪行为

根据《宪法》规定，公民有控告、申诉、批评、建议等权利，《环境保护法》等法律制定了“公众参与制度”，保障公民能够参与环境污染防治等环境事项，从而保障其能够有效行使控告、申诉、批评、建议等法定权利。当公民认为环境污染

① 陕西省西安市中级人民法院（2016）陕01刑初233号刑事判决书。

② 王莹莹，郭永长．浅议环境行政不作为的法治对策［J］．中国司法，2007（7）：90.

③ 山东省单县人民法院（2018）鲁1722刑初12号刑事判决书。

事件损害其利益时，可以向当地的环保部门举报，要求解决相关问题。作为相关环境执法人员，对收到的反映环境污染的举报线索等，要及时受理、分流、处理、反馈和答复有关人员，以救济受损权利。但是实践中，有些执法人员不及时处理，加剧了环境污染破坏，严重者甚至造成环境群体性事件发生，最终导致公民、企业的合法权益无法及时救济①。如马某某环境监管失职一案：2014年3—5月，被告人马某某任尉氏县环保局环境监察大队十三中队中队长期间，负有对尉氏县门楼任乡、邢庄乡进行环境监察、对"十五小""新五小"企业进行监管的职责，被告人马某某不认真履行工作职责，对自己辖区内属于"十五小"企业的门楼任乡卜家村化工厂和邢庄乡芦馆村化工厂违规建厂情况没有认真巡查及时发现，接到群众举报后，对这两家无任何审批手续且污染严重的企业未依法及时进行查处，导致两家化工厂发生重大环境污染事故，造成财产损失120万元②。

2. 处理过程中的渎职犯罪

行政处理是环境执法部门的一项重要权力，是防治环境污染的重要手段。在环境处理过程中，有些环境执法人员玩忽职守不认真执法；或者滥用职权而违法处理环境事项，导致产生或者加剧了环境污染破坏。如邵某、尚某玩忽职守案：因襄阳万宝粮油公司违法排放的强酸性废水直接排入河中，导致渔业无法养殖且严重影响附近居民生活，环保局接到投诉后指派邵某、尚某前往调查处理，二人未认真深入地调查取证且未查处万宝公司的严重污染环境的行为，而是仅向万宝公司发函要求限期治理生产废水，导致其继续排污，最终造成两人死亡③。

3. 处理方式的渎职犯罪

根据司法实践，此种渎职犯罪主要发生在行政强制过程中，环境执法人员本应采取强制措施而不采取的，不应该采取而采取的，或者违反法定程序实施行政强制措施的，如违法查封、扣押、冻结款物的，或者违法限制人身自由的等。如李某玩忽职守案：云南省澄江县环保局环境监察大队大队长李某严重不负责任，在已经发现云南澄江锦业工贸有限公司存在未按环评及批复要求建设符合规范的磷石膏渣场、洗矿废水收集池未做防渗处理、环保设施不健全、未经环保部门批准擅自新建磷矿洗矿项目等严重环境违法行为的情况下，未能督促相关企业停止环境侵权行为，也未能提出相关的整改措施，导致阳宗海水体砷污染严重，水质由原来的Ⅱ类

---

① 阮李全，胡耘通．论环境行政不作为的控制机制［J］．社会科学家，2009（5）：80-82.

② 河南省尉氏县人民法院（2015）尉刑初字第293号刑事判决书。

③ 案例选登［EB/OL］．（2011-10-28）［2019-02-16］.http://www.zj.pro/bmdt/more.jsp?cid=004024029 & page=1.

下降到劣Ⅴ类，致使阳宗海的农业、工业、渔业、景观等功能部分丧失，并造成沿湖2.6万余人饮用水源严重污染[①]。本案中，李某作为执法者，本应采取行政强制措施，但是却放任不履行职责，最终导致阳宗海重大环境污染事件发生。

第二节 生态文明建设领域渎职犯罪的表现形式

生态文明建设领域渎职犯罪的表现形式主要是指其发生在何种执法形式中，生态文明建设是国家管理的重要内容，通过具体领域的国家机关工作人员来实现，故此领域的渎职犯罪体现在具体的管理形式中。下文从行政执法和司法两个方面来探讨此领域渎职犯罪的具体形式。

一、环境管理行为中的渎职犯罪

要理解生态文明建设领域渎职犯罪的表现形式，需理解行政执法方式。应松年教授认为“行政执法是指具体行政行为”[②]。罗豪才教授认为，“行政执法是主管行政机关依法实施的直接影响行政相对方权利、义务的行为，或者对个人、组织的权利行使以及义务履行等情况所实施的监管的行为”[③]。朱维究教授认为，“行政执法方式即行政执法行为的表现形态与方式，可以分为行政检查、行政指导、行政契约、行政奖励、行政许可、行政处罚、行政处分、行政强制执法、行政监督检查”[④]。蔡守秋教授认为“环境行政执法方式包括发生在环境管理过程中的行政处罚、行政处分、行政奖励、行政许可、行政强制、行政监督检查、行政处理、行政要求等方式”[⑤]。湖南省、江苏省等地制定的《行政程序规定》也明确了行政执法的具体形式包括行政许可、行政处罚、行政强制、行政给付、行政征收、行政确认等具体行政行为[⑥]。上述观点实际上表明了行政执法主要是指具体行政行为，不包括抽象的行政行为。发生在抽象行政行为中的渎职罪理论上是存在的，但是实践中罕见，故本书将生态文明建设领域渎职犯罪限定在具体行政行为范围内。此处将从依职权和依申

---

① 案例选登［EB/OL］.（2011-10-28）［2019-02-16］.http://www.zj.pro/bmdt/more.jsp?cid=004024029 & page=2.
② 应松年.行政法学新论［M］.北京：中国方正出版社，1998：232.
③ 罗豪才.行政法学［M］.北京：中国政法大学出版社，1989：133.
④ 朱维究.行政行为的司法审查［M］.太原：山西人民出版社，1997：8-9.
⑤ 蔡守秋.环境行政执法和环境行政诉讼［M］.武汉：武汉大学出版社，1992：117.
⑥ 《湖南省行政程序规定》第五十四条规定、《江苏省行政程序规定》第三十九条规定，“本规行政执法，是指行政机关依据法律、法规和规章，作出的行政许可、行政处罚、行政强制、行政给付、行政征收、行政确认等影响公民、法人或者其他组织权利和义务的具体行政行为”。

请具体行政行为两方面展开来论述环境管理领域的渎职犯罪。

（一）依职权具体行政行为中的渎职犯罪

依职权具体行政行为是指行政主体无须行政相对人的申请，根据自身的行政职权就可以主动实施的具体行政行为[①]。环境管理领域的依职权具体行政行为包括很多，属渎职犯罪高发阶段的有环境行政规划、环境行政检查、环境行政征收、环境行政处罚、行政强制等阶段，下文将分开论述。

1. 环境行政规划中的渎职犯罪

行政规划是指行政主体在实施公共事业及其他活动之前，预先所提出的有关行政目标、制定出规划蓝图来作为具体的行政目标，为随之所要实现的行政目标而拟定的政策性纲领的行为[②]。行政规划作为行政管理过程中的重要手段，在国家的行政管理活动中适用广泛，对生态环境进行规划是行政规划的重要适用内容。生态环境是人类生存的物质基础，也是社会经济发展的物质基础，人类通过利用自然资源等虽然取得了辉煌成就，但也造就了人与自然之间的紧张关系，对生态环境进行规划是保证人与自然和谐共处的有效行政手段。作为行政规划的组成部分，环境行政规划是国家规划的重要组成部分，是国家根据本国的环境状况以及经济发展要求，在一定期限对区域内生态环境的开发、利用、保护、恢复和管理所作的综合性的安排[③]。合理的环境行政规划可以利用生态环境，并将环境污染破坏保持在可控范围内，促进经济发展和生态环境二者的协调，实现人与自然的和谐共生。作为环境管理的有力手段，环境法律详细规定了环境行政规划，明确了环境行政规划的主体、职责范围、程序等事项：①环境基本法规定的行政规划。2014 年《环境保护法》有多个条款涉及环境行政规划，如第十三条规定环境保护工作应该纳入国家经济、社会发展规划，第十七条规定应该统一规划环境质量监测站（点），第十九条规定有关开发利用规划必须进行环评，第二十条规定国家对重点区域、流域环境污染等必须实行统一规划，第二十八条规定没有达到国家环境质量标准的重点区域、流域等必须拟定限期达标的规划等。②资源管理领域的法律所规定的行政规划。如 2019 年《土地管理法》以专章（第三章）形式规定了土地利用总体规划制度，2016 年《水法》以专章（第二章）形式规定了水资源规划制度，2018 年《矿产资

① 姜明安．行政法与行政诉讼法［M］．北京：北京大学出版社，高等教育出版社，2020：366.
② ［日］盐野宏．行政法总论［M］．杨建顺，译．北京：北京大学出版社，2008：142.
③ 逯驭麟．环境行政规划的断片化分析［J］．天水行政学院学报，2014（5）：40.

源法》第七条规定了矿产资源规划制度，2016年《煤炭法》第十四条、第十五条、第十六条分别就全国煤炭资源勘查规划和煤炭生产开发规划做出了规定，2019年《森林法》以专章（第三章）林业资源的发展规划。③污染防治领域的法律所规定的行政规划。如2018年《水污染防治法》以专章（第二章）规定了水污染防治的标准与规划；2020年《固体废物污染环境防治法》第八条、第十三条等条文规定有关规划；2018年《大气污染防治法》以专章（第二章）规定了大气污染防治标准和限期达标规划；国务院2012年发布的《节能减排"十二五"规划》专门规定了有关节能减排规划。此外，其他污染防治领域的法律法规也规定了相关的行政规划。

环境行政规划作为环境行政管理过程中的重要手段之一，也体现了预防原则，对于防治生态环境的污染、破坏意义重大，规划部门必须认真对待，依法科学规划，避免因规划不当对生态环境产生负面影响。环境行政规划行为相对较为抽象，虽然此阶段的渎职犯罪情形不甚常见，但是也存在渎职犯罪的情形。如余某滥用职权案：余某系某县退耕还林工程作业设计组组长，在负责某镇规划设计、验收退耕还林工程之际，不认真履行职责，违反规定将郑某、李某等承包的800余亩不属于退耕还林范围的果园规划为退耕还林面积，使得郑某、李某二人非法取得了退耕还林补贴100万余元[①]。此案例表明，尽管环境规划领域的渎职犯罪不常见，但是根据查处情况，在环境行政规划的事后阶段存在渎职空间，即事后对环境行政规划进行检查的环节，可能会发生生态文明建设领域渎职犯罪。

2. 环境行政检查中的渎职犯罪

行政检查亦称行政监督检查，是指行政主体为实现行政管理职能，对相对人是否守法和是否履行行政法义务的情况，所进行的调查了解和处理的具体行政行为[②]。行政检查作为行政执法手段适用广泛，基本囊括各行政管理领域，如税务稽查、卫生检查、药品检查、交通安全检查等。环境行政检查是发生在环境管理过程中的行政检查，环境行政检查是环境管理重要的一环，是环境执法必不可少的环节，也是进行行政处理的必要前提，作为行之有效的管理手段，有关法律详细规定了环境行政检查，明确了行政检查的主体、职责范围、程序等事项：①环境基本法规定的行

① 国家林业局森林资源管理司，最高人民检察院渎职侵权检察厅．破坏森林资源渎职案例评析［M］．北京：中国林业出版社，2011：29-30.

② 应松年．行政法与行政诉讼法［M］．北京：法律出版社，2005：257.

政检查。2014 年《环境保护法》第二十四条[①]规定了行政检查，包括行政检查的主体，检查者所享有的权利，检查者必须履行的义务。再如 2017 年《海洋环境保护法》第五条规定了对海洋环境进行行政检查的主体，第十九条规定了检查者与被相对人之间的权利义务，第四十八条规定了海岸工程建设项目的环境保护设施必须经过环境行政检查机关的批准，第七十五条规定了拒绝检查的处罚。②资源管理领域的法律所规定的行政检查。2019 年《土地管理法》以专章（第六章）形式规定了对违反土地管理法律、法规的行为进行监督检查，其第六十七条规定了土地行政检查的主体；第六十八条规定了土地行政检查采取的措施；第六十九条规定了土地行政检查的程序，第七十条规定了被检查的相对人义务；第七十一条规定了检查者对被检查的相对人的行政处分；第七十二条规定了检查者对经检查发现的土地违法行为的处理。此外,《水法》《森林法》《渔业法》等资源法都规定了行政检查。③污染防治领域的法律所规定的行政检查。如 2020 年《固体废物污染环境防治法》第二十六条规定了检查主体、对象、范围、方式，以及被检查对象配合的义务；第一百零三条规定违反检查义务或者检查不合格所应承担的责任。此外，2017 年《水污染防治法》、2018 年《大气污染防治法》等法律法规都规定了行政检查。

如陈某渎职一案：2015 年，因江西省永丰县某乡镇的 4 家煤矸石砖厂非法排放工业废气，经补办环评手续后仍然长时间超标排放工业废气，环境监察大队副大队长陈某对此负有检查的职责却未认真履行检查义务，放纵违法排污，造成了某国有林场 1 053 亩森林资源受损、直接经济损失 231 万余元[②]。由上述案例可见：一是环境行政检查与他人利益等紧密相连，执法者的检查行为直接涉及对利益性质和归属的判定。执法者只有认真履行检查义务，才能确保环境执法的公平公正，不认真履行检查职责则会损害行政相对人的合法权益。二是实践中，环境行政检查常会损害相对人的合法权益，环境执法者违法检查、不当检查、重复检查、检查不作为等行为，会直接损害相对人的合法权益。

---

① 《环境保护法》第二十四条规定：县级以上人民政府环境保护主管部门及其委托的环境监察机构和其他负有环境保护监督管理职责的部门，有权对排放污染物的企业事业单位和其他生产经营者进行现场检查。被检查者应当如实反映情况，提供必要的资料。实施现场检查的部门、机构及其工作人员应当为被检查者保守商业秘密。

② 资料来源凤凰网 . 新闻发布会：江西 861 人因破坏生态被起诉［EB/OL］.（2020-04-20）［2021-02-20］. http://jx.ifeng.com/special/xwfbh70/.

3. 环境行政征收中的渎职犯罪

行政征收有广义和狭义之分，广义行政征收包括狭义行政征收、行政征用、行政征调等；狭义行政征收不包括行政征用、行政征调，仅指行政主体凭借国家行政权，根据国家和社会公共利益的需要，依法向个人和有关单位所进行的强制、无偿的征收特定数额的金钱或实物的行政行为[①]。环境行政征收是发生在环境管理领域的征收，是指环境行政主体根据国家和社会公共利益的需要，依法向行政相对人强制、无偿征收特定数额的金钱或实物的具体行政行为[②]。我国的环境法律规定了环境行政征收，具体包括如下方面：①征收环境保护税。2014 年《环境保护法》第四十三条规定了环境保护税，2016 年全国人大常委会制定了《环境保护税法》，污染防治领域的环境保护税正式有了法律依据。除此之外，消费税、资源税、企业所得税、城市维护建设税、城镇土地使用税和耕地占用税等都与生态环境保护存在关联[③]。②征收环境保护费。与环境保护相关的保护费有很多，如 2014 年《环境保护法》第四十三条、第五十四条、第六十八条关于排污费的征收及使用情况的规定，2017 年《水污染防治法》第四十九条规定的征收污水处理费，2019 年《森林法》第八条规定的征收育林费，2013 年《草原法》第三十九条规定的征收草原植被恢复费等。③征收实物。环境管理过程中对实物的征收，体现为 2019 年《土地管理法》对土地的征收，2013 年《草原法》对草地的征收等。

环境行政征收直接涉及金钱或者实物权属变更，属于高发的生态文明建设领域渎职犯罪。此种生态文明建设领域渎职犯罪主要表现为：在进行征收审批之际，不认真履行审批职责，非法批准征收或者不征收有关税费、土地等；在进行征收之际，存在不征收、少征收、乱征收；在征收后，不及时上缴，截留、侵占所征收的税费等。如艾某玩忽职守案，艾某身为海南省陵水县国土环境资源局的副局长，在主持香水湾“路三”建设征地工作中，违反法律规定，不正确履行职责，对本单位工作人员周某在征地工作的行为没有认真审查，致征地审核工作流于形式，给国家造成了直接经济损失 745 741 元[④]。

4. 环境行政处罚中的渎职犯罪

行政处罚是指行政机关依照法定职权与程序，对违反行政法律规范的公民、法

---

① 姜明安 . 行政法与行政诉讼法［M］. 北京：法律出版社，2003：126.

② 姜涛 . 论环境税收制度［A］. 环境资源法论丛［C］，2003：363.

③ 姜涛 . 论环境税收制度［A］. 环境资源法论丛［C］，2003：387.

④ 案例选登［EB/OL］.（2011-10-28）［2019-02-16］.http://www.zj.pro/bmdt/more.jsp?cid=004024029 & page=1.

人或者其他组织所实施的行政惩戒，对于实施惩戒的主体来说是一种惩戒性行政行为，对于承受惩戒的主体来说是一种惩罚性的行政法律责任①。作为行政管理的有力保障，行政处罚广泛适用于各行政管理领域，环境管理领域只是其适用的一个领域。环境行政处罚是环境管理部门履行管理职责的重要表现，是指环境执法主体依照法定权限和程序给予违反环境行政法律规范尚未构成犯罪的公民、法人和其他组织的一种行政制裁②。作为环境管理的重要手段，现行法律对其做了详尽规定：①专门法律法规的规定。此种专门性的法律法规有《行政处罚法》《环境保护行政处罚办法》等。《行政处罚法》对于行政处罚的主体、种类、程序等做了规定；环境保护部2010年《环境行政处罚办法》对环境管理过程中的处罚主体、处罚种类、处罚程序等进行了详细规定。②环境法律法规的规定。环境行政处罚作为环境法律的有机组成部分，是环境法律不可缺少的组成部分，几乎每部环境法律都对其做了规定，如《环境保护法》第六章法律责任中规定了行政处罚，即违反本法而需给予行政处罚的情形，其第六十条规定责令停产停业、第六十一条规定了责令恢复原状、第六十二条规定了责令公开信息和罚款、第六十三条规定了行政拘留，其他环境法律都有类似规定。

鉴于行政处罚对于行政相对人的利益会产生直接影响，其“寻租”的空间很大，行政处罚过程中的渎职犯罪始终处于高发状态。环境行政处罚过程中的渎职犯罪的形式有：有些执法人员违反规定而超越职权行使行政处罚权；有些执法人员不履行或者不认真履行行政处罚权。如王某滥用职权案：某县环保局执法稽查队队长王某，在查处该县洺河沿岸10余家非法小电镀厂、小化工厂时，违反有关“此类非法生产厂家应进行取缔并依法予以2万至20万元罚款”的处罚规定，仅象征性地收取500～1 000元的罚款了事。其滥用职权的行为不仅导致国家损失21.33万元，而且致使这些非法生产厂家得以继续生产并向洺河排放了大量有毒污染废水，导致洺河永年段10余千米的地表水和地下水严重污染，影响了洺河沿岸的百姓生活用水和农田灌溉用水③。

5. 环境行政强制中的渎职犯罪

行政强制包括行政强制措施和行政强制执行，根据《行政强制法》的规定，行政强制措施是发在行政管理过程中的，为制止有关违法行为、控制危险或者保全证

---

① 杨解君. 秩序·权力与法律控制——行政处罚法研究［M］. 成都：四川大学出版社，1999：36.

② 蔡守秋. 环境资源法学教程［M］. 武汉：武汉大学出版社，2000：516.

③ 案例选登［EB/OL］.（2011-10-28）［2019-02-16］.http://www.zj.pro/bmdt/more.jsp?cid=004024029 & page=2.

据等，行政机关所依法实施的短暂性的限制人身自由，或者控制有关个人或者单位财产的行政行为。行政强制执行，是指有关主体依法对不履行行政决定的个人或者单位强制履行的行为。环境行政强制是行政强制的适用领域，分为行政强制措施和行政强制执行，环境行政强制为环境污染防治及自然资源的利用和保护提供了有力保障，为环境管理机关的行政执法提供有力支持。鉴于环境行政强制意义重大，我国有关法律对其做了详细规定：①专门法律的规定。我国《行政强制法》是关于行政强制的专门性法律，其第九条规定行政强制措施的种类，如限制公民人身自由，查封场所、设施或者财物，扣押财物，冻结存款等；第十二条规定行政强制执行的方式，如加处罚款或者滞纳金，划拨存款、汇款，拍卖或者依法处理查封、扣押的场所、设施或者财物，排除妨碍、恢复原状，代履行等。此外，本法还详细规定了各种行政强制形式的实施程序等，另外，在第六章法律责任中，还详细规定了行政强制主体渎职表现及其应该承担的责任。②环境法律的规定。作为环境管理的有力保障，行政强制成为了环境法律的重要内容之一，如《环境保护法》第二十五条规定了查封、扣押造成污染物排放的设施、设备，第五十九条规定了按日计罚，此外，2007 年修订的《重庆市环境保护条例》第一百一十一条、2008 年修订的《深圳经济特区环境保护条例》第六十九条、第七十九条、2011 年修订的《深圳经济特区环境噪声污染防治条例》第七十九条等都规定了按日计罚[①]。在环境行政强制中，按日计罚是《环境保护法》规定的最新的强制形式，其作为遏制环境污染和破坏的有力手段，威力惊人，适用半年罚款金额已超过 2.3 亿元[②]。

环境行政强制对相对人权利义务影响很大，为此，《行政强制法》规定了严格的适用程序，确保其依法进行。但是，环境行政强制过程中的渎职情形仍属高发态势，其主要表现形式有：超越职权的行政强制，即没有法律依据的行政强制；不作为的行政强制，即环境管理部门本应实施行政强制却未实施；作为不当的行政强制，即环境管理部门本应依法实施却滥用职权而实施行政强制。

如黄某甲犯玩忽职守罪、受贿罪蔡某犯玩忽职守罪一案：浙江省三门万鑫纸业有限公司（以下简称万鑫纸业）系造纸企业，依法属于重点排污单位监管对象。2014 年 7 月，万鑫纸业被停产整治，8 月被实行断电断水强制停产整治，但在此期间，万鑫纸业既未彻底整治，也未停产，仍一直私自持续生产，并排放大量超标废

① 帅清华 . 我国按日计罚的反思与重构［J］. 内蒙古社会科学，2013（5）：73.

② 环保部：今年上半年环保按日计罚涉罚金逾 2.3 亿［EB/OL］.（2015-08-05）［2020-02-16］.http://news.xinhuanet.com/politics/2015-08/05/c_1116158186.htm.

水。被告人黄某甲时任该县环保局总工程师并分管县环保局环境监察大队和港南、珠岙、健跳3个环保站，负有对辖区内万鑫纸业进行环境执法检查的职责。被告人黄某甲作为县环保局分管执法工作的领导，没有跟踪督促港南环保站规定对万鑫纸业进行每月巡查；明知万鑫纸业在线监控系统不能正常使用，并且知道万鑫纸业没有按规定进行停产整治的情况下，仍不督促组织人员进行查处。时任三门县环保局港南环保站站长的被告人蔡某，负有对辖区内万鑫纸业进行环境执法检查的职责。被告人蔡某没有对万鑫纸业进行认真现场督察，在万鑫纸业仍违法持续生产，监察记录记载处于停产整改状态，并在环境执法检查中发现企业环保设施与产能不相匹配、在线监控设施未正常运行的情况下，未对该企业进行查处。万鑫纸业的违法行为后被浙江卫视《今日聚焦》栏目曝光[①]。本案中，被告人黄某甲、蔡某作为环境监察人员，在检查和巡查过程中，针对所发现的违法行为应该积极履行职责，采取各种行政强制手段制止违法行为，确保停产整治的行政处罚可以落实到位。但是两被告人严重不负责任、不认真履行环境执法职责，导致万鑫纸业在停产整治阶段仍私自生产排放超标废水，破坏了周围环境，严重影响周围村民生产生活活动，造成了恶劣的社会影响。

（二）依申请具体行政行为中的渎职犯罪

依申请的具体行政行为，是指行政主体只有在行政相对人提出申请后才能被动实施的具体行政行为[②]。依申请的具体行政行为表现形式多种多样，属渎职犯罪高发阶段的有行政确认、行政许可、行政给付、行政裁决等阶段，下文将分开论述。

1. 环境行政确认中的渎职犯罪

行政确认是指行政主体证明和确定特定的既存事实和法律关系的具体行政行为[③]。行政确认包括确定、认定（认证）、证明、登记、鉴证等形式，行政确认作为行政管理的重要手段，有利于行政机关进行科学管理，有利于保护个人、组织的合法权益，能够便于预防和解决纠纷[④]。行政确认是环境管理的重要手段，对环境管理过程中资源的利用与保护、公民及组织权益的保护起到很大作用，有助于解决环境纠纷。环境行政确认与环境行政许可存在紧密联系，通常行政许可之前的环节是行政确认，即在通过行政确认后会给予行政许可，例如对矿产资源的探矿权和采矿权

① 浙江省三门县人民法院（2015）台三刑初字第410号刑事判决书。
② 姜明安．行政法与行政诉讼法［M］．北京：北京大学出版社，高等教育出版社，2011：221.
③ 胡建淼．行政法学［M］．北京：法律出版社，2009：270.
④ 姜明安．行政法与行政诉讼法［M］．北京：北京大学出版社，高等教育出版社，2011：249.

进行确认后，要颁发相关权属证书，即取得行政许可。我国环境法律对行政确认做了详细规定：①环境污染防治领域的行政确认。从法律层面而言，污染防治有关的法律未明确规定此种行政确认，其实际潜藏在环境行政许可环节，《水污染防治法》《大气污染防治法》等都规定了排污许可制度，一些部委规章或者其他规范规定了排污许可的确认过程，如环境保护部 2018 年公布的《排污许可管理办法（试行）》；再如有些地方制定了一些行政确认的规定，如《广东省排污许可证管理办法》《福建省排污许可证管理办法》。这些法律法规都规定了"排污许可申请的核发"，此种"核发"过程便是对排污许可申请的行政确认过程。②资源利用与保护领域的行政确认。我国环境行政确认在资源管理领域普遍适用，许多环境法律都对此做了规定：如《矿产资源法》第三条规定的探矿权和采矿权的登记确认，第十二条规定的矿产资源勘查的登记确认；2019 年《森林法》第十五条规定的森林所有权或者使用权的确认；2013 年《草原法》第十一条规定的草原使用权的确认；2019 年《土地管理法》第十一条、第十二条规定的建设用地使用权的确认，林地、草原的所有权或者使用权的确认等。

环境行政确认中的渎职犯罪行为主要体现为不作为与乱作为，即应该确认而不确认导致损失巨大的，不应该确认而确认导致损失巨大的，或者超越职权做出行政确认导致损失巨大的等。如王某某玩忽职守案：汪某某向某县国土局申请办理国有土地使用权证，县国土局指派工作人员王某某经办，王某某对申请人提交的申请资料进行了审查，并到现场进行了外籍调查，制作了宗地图，但是由于其严重不负责任，导致在其制作的宗地图上将涉案土地边上的本应该标注的大桥所在地标为空地，并建议县国土局发证，县国土局依照其发照建议为汪某某办理了有关出让手续，导致国家损失 366 716 元[①]。本案中，针对汪某某所请求的确权事项，责任人王某某未能依法对其进行认真核实，其本应尽调查义务，根据调查结果得出确权与否的结论，但是由于其严重不负责任，最终导致不该确权而确权，给国家造成了巨大损失。

2. 环境行政许可中的渎职犯罪

根据《行政许可法》第二条的规定，行政许可是指行政机关根据公民、法人或者其他组织的申请，经依法审查，准予其从事特定活动的行为。可见，行政许可本质上是一种"赋权"行为，即行政主体针对行政相对人的申请，依据特定的法律

① 案例选登［EB/OL］.（2013-07-31）［2019-02-16］.http://www.zj.pro/bmdt/more.jsp?cid=004024029 & page=1.

规定而赋予特定申请者能够取得为法律一般禁止的权力资格的行政行为[①]。行政许可不仅是一种具体行政行为，更是一项行之有效的行政管理手段，对维护个人利益、公共利益、合理配置资源等发挥着重要作用。环境管理领域是行政许可适用的重要领域，是指享有环境行政许可权的行政主体针对行政相对人的申请，依据特定的环境法律规定而赋予特定申请者能够取得为环境法律一般禁止的权力资格的行政行为[②]。环境行政许可通常要兼顾环境利益，即通过行政许可将生态环境纳入国家统一管理，从源头上进行预防和控制，使得生态环境的保护与经济社会能够协调发展。

我国法律对环境行政许可做了详细规定：①专门法律法规规定的许可。行政许可作为行政管理的重要手段，国家专门制定了《行政许可法》，以确保其能够在法律范围内进行，《行政许可法》详细规定了行政许可的设定、实施主体和程序、检查监督等环节。此外，也有行政部门针对本管辖领域制定了许可实施办法，如水利部制定的《水行政许可实施办法》，规定了水行政许可事项、实施主体和程序、检查监督等。②环境法律规定的许可。环境行政许可作为环境管理的手段，也是预防环境风险、确保环境安全的重要方式，环境法律对其做了规定，具体有：一是综合性许可，如 2019 年《城乡规划法》规定的建设规划许可证；二是自然资源领域的许可，如 2019 年《森林法》规定的采伐许可证，2013 年《渔业法》规定的养殖证和捕捞许可证，2018 年《野生动物保护法》规定的狩猎证、驯养繁殖许可证，《矿产资源法》规定的采矿许可证；三是污染防治领域的许可，如《环境保护法》《水污染防治法》《大气污染防治法》等规定的排污许可等。

环境管理领域的行政许可往往与利益直接关联，在环境行政许可的审批、监督、检查等各个环节，都存在行政主体自由裁量的空间，易发生权力“寻租”现象，进而发生渎职行为。实践中，此种生态文明建设领域渎职犯罪发生的情形有：对于许可申请应当受理而不受理、不应当受理而受理；或者受理后不审查或者不认真审查；应当批准而不批准、不应当批准而批准；许可之后经检查应当撤销而不撤销等。例如杨某违法发放林木采伐许可证案：某市（县级市）林业局副局长杨某在负责审批林木许可证的申请与发放期间，明知国家重点保护珍贵树木的采伐审批权限不在本级林业主管部门，仍然批准发放了珍贵树木的采伐许可证，1 746 立方米

---

① 胡建森．行政法学［M］．北京：法律出版社，2003：254-255.

② 姜敏．环境法基本原则与环境行政许可制度建构［J］．中国政法大学学报，2011（4）：133.

国家二级珍贵树木被采伐，导致国家损失164万余元[①]。本案中的杨某，在履行国家赋予的职责时，明知不符合发放采伐许可证的条件，却违反法律规定而滥发，其行为已经构成犯罪。

3. 环境行政给付中的渎职犯罪

行政给付有广义和狭义之分，广义行政给付亦称给付行政，主要有供给行政、社会保障行政、财政资助行政等类型；狭义行政给付主要是指社会保障行政，即指行政主体为保障人民生活达到一定水准而进行的给付活动，主要有公共扶助、社会保险、公共卫生、公共医疗和社会福利等类型[②]。行政给付本质上是赋予有关利益的行为，即针对特定符合条件的申请者提供物质利益等有关权益的行政行为。行政给付作为现代行政管理的重要手段，适用范围广泛，环境管理只是其适用的表现领域。环境管理领域的行政给付是指广义行政给付，其表现形式主要体现如下：①环境法律法规规定的行政给付。《森林法》第二十九条规定的林业专项补助资金；《草原法》第四十八条规定的对退耕还林农牧民的粮食、现金、草种费补助；《渔业法》规定的渔业资源的增殖保护制度；《水污染防治法》第八条规定的水环境生态保护补偿制度；《退耕还林条例》规定的退耕还林中央补助专项资金以及补助粮食；《自然保护区条例》规定的对国家级自然保护区的的资金补助等。②环境政策规定的行政给付。国家涉及环境的有关补贴政策较多，包括耕地保护与质量提升补助政策、畜牧良种补贴政策、振兴奶业支持苜蓿发展政策、渔业柴油补贴政策、渔业资源保护补助政策、以船为家渔民上岸安居工程、海洋渔船更新改造补助政策、农产品产地初加工支持政策、农村沼气建设政策、新成果的推广应用、开展农业资源休养生息试点政策等[③]。

鉴于环境行政给付直接与金钱等利益关联，环境行政给付中的渎职犯罪多表现为骗取国家补贴、违法发放补贴、违法不发放补贴等。如黄某玩忽职守案：陈某为套取国家补贴，在申报渔业补贴过程中伪造虚假材料、虚报工程，时任某市水产指导站站长黄某，明知陈某虚假申报，却不依法履行审查和监管职责，使得陈某的申报项目得以立项并通过验收，造成国家财产损失70余万元[④]。骗取国家生态环境方

① 国家林业局森林资源管理司，最高人民检察院渎职侵权检察厅主编．破坏森林资源渎职案例评析［M］．北京：中国林业出版社，2011：118.

② 孙丽岩．授益行政行为研究［M］．北京：法律出版社，2007：167.

③ 2015年国家农业10大补贴政策［EB/OL］．（2015-07-23）［2020-02-16］.http://www.agronet.com.cn/News/ 1014867.html.

④ 案例选登［EB/OL］．（2013-07-31）［2019-02-16］.http://www.zj.pro/bmdt/more.jsp?cid=004024029 & page=1.

面的补贴是高发的犯罪行为，作为相关负有审核的公务人员，应该要认真履行职责，严格根据标准进行审核。

4. 环境行政裁决中的渎职犯罪

行政裁决在不同语境存在不同含义，有时是指行政处罚裁决，有时是指行政机关依职权对所有纠纷进行的裁决，有时特指依申请的行政裁决，此处的行政裁决特指依申请的行政裁决，即行政机关针对特定的申请，依照法律对当事人之间发生的、与行政管理活动密切相关的、与合同无关的民事纠纷进行审查，并做出裁决的具体行政行为[①]。行政裁决的主体是法律授权的特定行政机关，裁决的对象是特定的民事纠纷、经济纠纷，形式上具有准司法性，效果上具有强制性。行政裁决不仅便于快速解决纠纷，而且便于理顺管理各方的关系，是现代国家进行行政管理的重要手段。环境管理领域的行政裁决是指环境行政主体针对相对人的申请，依照法律运用其专业知识，对当事人之间发生的与环境管理活动密切相关的环境民事纠纷、经济纠纷进行审查，并做出裁决的具体行政行为[②]。现代社会由于环境问题引发的环境纠纷极为频繁，这迫切要求行之有效地快速解决环境纠纷的制度，环境行政裁决的出现弥补了此种空白，由于其程序简便易行且裁决者大多具备相关的环境知识，有利于快速解决专业性、技术性较强的环境纠纷。环境行政裁决作为环境行政机关行使权力的过程，存在渎职犯罪情形。环境执法人员在行政裁决之际自由裁量空间过大，即裁决者可以根据其判断采取某种行动，或者不采取行动，其选择的范围不限于决定的内容，也可能是执行任务的方法、时间、地点或侧重面[③]。鉴于环境行政裁决的裁量权幅度过大，存在渎职犯罪的空间，其渎职表现形式有：裁量之际的不作为，即玩忽职守、消极对待；裁量之际的乱作为，即滥用职权或者超越职权而进行的裁量。

如金某犯受贿罪、贪污罪一案：被告人金某系杭州市西湖区住房和城乡建设局房政科工作人员，其具有协调土地拆迁安置的职责，2005—2013 年，在涉及西湖房地产实业总公司的土地拆迁工作中，多次支持并协调涉及相关土地纠纷的行政裁决，并以极低价格购买了该房产公司房屋两套，获取差价 122 万余元[④]。本案金某不具有完全的行政裁决权，但是其行为可以影响到裁决结果，所以可以说具有部分行

① 姜明安．行政法与行政诉讼法［M］．北京：北京大学出版社，高等教育出版社，2008：289.
② 张建伟．试论环境行政裁决［J］．河南社会科学，2004（5）：15.
③ 王名扬．美国行政法［M］．北京：中国法制出版社，1995：545.
④ 杭州市西湖区人民法院（2014）杭西刑初字第 598 号刑事判决书。

政裁决权。金某在受贿120万元的前提下，滥用职权，最终影响了裁决结果，金某辜负了国家对其信任，背离了公正价值，其滥用职权的行为构成犯罪，根据相关刑法理论，此罪被牵连犯所吸收。

二、环境司法行为中的渎职犯罪

通常而言，环境管理职能是由环境行政机关行使，但是从广义上而言，司法机关也参与环境管理活动。司法机关主要通过查处生态文明建设领域渎职犯罪来履行环境管理职能，此种环境管理职能实质上是监督权的体现，即司法权对行政权的监督，在此监督过程中，渎职犯罪现象也较为常见。根据我国环境司法经历的阶段，可以大致将环境司法阶段的渎职犯罪划分为如下部分：

（一）公安机关侦查过程中的渎职犯罪

公安机关参与环境管理的形式主要有：一是针对部分环境违法行为所行使的行政处罚的权力，如根据《环境保护法》等环境行政法的规定，违反环境行政法而需要行政拘留的由公安机关执行；二是针对环境犯罪行为所行使的侦查权力；三是公安机关所行使的其他的环境管理权力，如2018年《环境噪声污染防治法》第五十八条、第五十九条、第六十条规定的公安机关的罚款权，即对部分违反《环境噪声污染防治法》的行为可给予罚款处罚。在公安机关参与环境管理的诸多形式中，司法行为通常仅指公安机关对于环境犯罪所进行的侦查行为。从实践中看，此阶段的渎职犯罪主要表现为公安人员在侦查环境犯罪的过程中滥用职权、玩忽职守，从而包庇或者放纵环境犯罪分子，使其逃避刑事处罚的行为。公安机关管辖环境犯罪的范围极为广泛，几乎包括所有环境犯罪领域，如自然资源管理的各个领域、污染防治的各个领域等。以森林资源保护领域的渎职犯罪为例，根据管辖原则，森林公安机关管辖的范围包括盗伐林木案件，滥伐林木案件，非法收购、运输盗伐、滥伐林木案件，非法采伐、毁坏国家重点保护植物案件，非法收购、运输、加工、出售国家重点保护植物、国家重点保护植物制品案件等。实践中有的森林公安人员徇私而不履行查处犯罪分子的职责，对该立案的不立案侦查、不该立案而立案，或者将刑事案件作为行政案件来处理。

例如张某福、张某学滥用职权案：绥中县前卫镇古塔村村民蔡某为牟私利，在未经林业主管部门审批、许可的情况下，组织他人滥伐林木1 333株，立木蓄积196.102 6立方米；2004年9月蔡某又滥伐林木173株，立木蓄积合计14.18立方米。绥中县森林公安分局局长张某福、副局长张某学负责查办此案，在查明案件事实后，认定蔡某涉嫌滥伐林木罪的情况下，以单位名义多次收取蔡某“罚款”1万元，用于单位日常开销和发放干警办案补助，对蔡某未做刑事追究[①]。森林公安局是森林资源的有力保障，本案中两位公职人员未能依据法定职权来履行职责，查处违法犯罪行为，而是徇私舞弊不予查处，其行为客观上会放纵犯罪分子。

（二）检察机关司法过程中的渎职犯罪

检察机关参与环境司法主要体现在如下方面：一是行使侦查权的阶段，如对生态文明建设领域渎职犯罪行为的查处，此项权力随着自侦部门转隶而转移至纪检监察部门；二是行使起诉权，如对环境犯罪行为进行审查起诉，以确定是否提起公诉；三是其他方面，如对关于环境犯罪和生态文明建设领域渎职犯罪的举报线索及时分流转送到相关部门进行初核，此权力也随着自侦部门转隶而转移。此阶段的生态文明建设领域渎职犯罪总体发案率不高，其主要表现为有关检察人员滥用职权、玩忽职守不认真履行检察职能，包庇或者放纵环境犯罪分子，使其逃避相应的刑事制裁。总体来说，发生在此阶段的生态文明建设领域渎职罪的案件不多。

例如被告人周某某徇私枉法、受贿一案：被告人周某某，系原贵阳市观山湖区检察院党组成员、副检察长，其在担任副检察长期间，对涉及相关土地犯罪行为徇私枉法，具体如下：①其在担任小河区分管两侦的副检察长，也是征拆小组的成某单位的联系人之一时，在周某1的腾龙湾项目中拆迁问题中，检察院专门出面处理相关问题，并收取了周某1所送的茅台酒、贵烟及12万元现金。②2013年年初，因观山湖区土地储备中心工作人员李某某涉嫌职务犯罪被观山湖区检察院查处，时任观山湖区土地储备中心主任包某某为请周某某关照李某某，同时也希望周某某在该案查办过程中不再牵扯过多的人，安排一名工作人员到周某某办公室送了1万元人民币给周某某，周某某收下后用于个人消费[②]。本案中，周某某作为副检察长却未能正确履行职责，其在第一案件中，非法收受现金12万元及烟酒若干，其行为已经构成受贿罪；在第二起案件中，周某某非法收受现金1万元并实施了徇私枉法的行为，根据牵连犯从一重处断原则，法院认定其为受贿行为。所以，周某某的行为构成受贿罪。

---

① 案例选登［EB/OL］.（2011-10-28）［2019-02-16］.http://www.zj.pro/bmdt/more.jsp?cid=004024029 & page=2.

② 贵州省金沙县人民法院（2017）黔0523刑初323号刑事判决书。

（三）审判机关司法过程中的渎职犯罪

审判机关工作人员的生态文明建设领域渎职犯罪较少见，但是不排除其通过滥用职权或者玩忽职守进行包庇，或者徇私枉法导致放纵环境犯罪分子并使其逃避刑事处罚。例如高某某受贿、徇私枉法、滥用职权一案：案发时高某某案发任房县人民法院刑事审判庭庭长，其在办理下述案件中徇私枉法：① 2016 年 5 月，高某某在审理张某非法收购、运输、出售濒危野生动物罪一案过程中，张某为得到轻判，在高某某的办公室送给其 4 000 元，高某某予以收受。② 2016 年 5 月，高某某在审理张某非法收购、运输、出售濒危野生动物罪一案中，收受张某 1.4 万元。事后高某某做出了有利于张某的刑事判决[①]。此案中，法官高某某在收取了 1.8 万元好处费后做出了有利于张某的判决，法官高某某的受贿行为与徇私枉法行为紧密关联，应该认定为牵连犯，所以法院择一重罪处理，最后判处法官高某受贿罪。

第三节 生态文明建设领域渎职犯罪的危害

生态文明建设领域渎职犯罪的危害主要体现为对生态文明建设的危害，生态文明建设领域渎职犯罪破坏了人与自然之间的和谐，使二者处于恶性互动之中，从而危及生态文明建设。具体如下：一是对生态文明建设的直接危害。生态文明建设领域渎职犯罪直接加剧了我国当前的生态环境污染破坏，使得环境法治建设难以实现，进而导致了环境治理的失灵[②]。二是对生态文明建设间接的危害，即生态文明建设领域渎职犯罪损害国家政治建设、经济建设和社会建设，导致其与生态文明建设处于矛盾状态，使得生态文明建设的任务无法实现。具体而言，此类渎职犯罪对生态文明建设的危害主要体现为如下方面：

一、危害国家的环境法治建设

（一）损害环境执法工作

环境管理作为行政管理的组成部分，是国家在环境管理领域行使公权力的体现，是党和国家实现为人民服务宗旨的重要体现，此公权力是否依法运行，直接关

① 湖北省十堰市中级人民法院（2019）鄂 03 刑终 130 号刑事判决书。

② 汪劲 . 环保法治三十年：我们成功了吗［M］. 北京：北京大学出版社，2011：12.

系到能否取信于民：①降低执法的公信力。国家依法行使环境管理权，只有做到“有法可依、有法必依、执法必严、违法必究”，才能真正做到取信于民。环境行政职能部门的执法者渎职犯罪，导致了漠视环境违法行为的存在，不仅造成生态环境的污染或者破坏、危害了公民的合法权益，而且损害了公民与环境执法者之间的互信，进而导致公民对于环境执法者的执法能力和水平产生怀疑。②削弱执法的效果。环境管理行为是行政执法的重要组成部分，环境执法效果直接反映了行政执法的效果。环境执法过程中的渎职犯罪加剧，甚至直接导致了环境问题的发生，而且使国家难以及时应对环境问题，导致生态环境污染破坏严重，严重削弱执法效果，鉴于生态文明建设领域渎职犯罪无法妥善解决既存的环境问题，进而导致公民对环境执法者的执法行为的信任度降低，从而透支执法公信力[①]。③弱化政府的管理。生态文明建设领域渎职犯罪行为，不仅损害环境执法队伍的执法水平，削弱环境执法的效果，而且，若此种行为长期发生，会使民众由对执法者的不满蔓延至对国家的不信任，从而对党和国家采取不合作的态度。此外，生态文明建设领域渎职犯罪行为导致民众合法环境权益受损，若其受损权益难以得到救济，会对执法部门、党和国家产生不满，此种不满情绪若无法得到宣泄，势必走上极端之路，制造极端事件。因此，生态文明建设领域渎职犯罪行为的反复发生，会损害政府声誉，进而削弱党和政府的领导，威胁其统治地位。

（二）阻碍环境法律实现

法治是法律制度及其运行的有机统一，环境法治是法治的组成部分，环境法治将环境保护活动纳入法治轨道，是法治在环境管理过程中的体现和贯彻。环境法治要求在环境立法、执法、司法、守法、法律监督的一系列活动中，要坚持环境法律的主导作用，从而实现人与自然和谐共处的良好秩序[②]。生态文明建设领域渎职犯罪行为势必危及我国的环境法治：①阻碍环境法律实施。徒法不足以自行，尽管我国已经制定了大量的环境法律法规，但若不积极实施，其只能是空中楼阁，毫无用处。环境管理领域的滥用职权、玩忽职守等渎职行为导致很多环境法律事实上处于搁置状态，如此不仅损害了法律的严肃性和威慑力，还使得环境法律难以真正付诸实施，使国家的环境政策难以实现。②妨碍环境法律的实现。法律实现是指将立法意图通过法律实施转化为现实，亦即法律规范所设定的权利和义务，通过与主体的

① 周欢．环境行政不作为的规制探析［J］．环境，2014（S1）：3.

② 王世进，赖章盛．环境法治现状及环境法的伦理支撑［J］．求索，2005（11）：86.

行为相结合转化为现实社会的法律关系和法律行为[①]。环境法律的实现是法律实现的组成部分，环境法律的实现意味着环境法律在国家环境管理过程起到其应有的作用。环境管理领域的渎职行为背离了环境法律的要求，破坏了环境法律的尊严和正确实施，并对他人产生误导作用，使得奉公守法的环境执法人员对环境法律有效性产生怀疑，进而可能消极执法，最终导致环境法律的立法意图无法实现[②]。③危害环境管理秩序。良好的环境管理秩序是与环境法治所相对应的秩序，主要体现为人与自然的和谐。只有和谐有序的环境管理秩序，才能促进人与自然的和谐相处，才能为当代及后代人提供良好的生态环境。良好的环境管理秩序是环境法治的结果，是环境管理部门及其执法人员依法履行职责的结果。环境执法者只有依法行使环境管理职责，才能实现环境法治，从而形成良好的环境管理秩序。若其不依法履行职责，必定对各环境管理领域，如资源（生态系统）管理领域、区域环境管理领域以及专业环境管理领域等造成危害，由此妨碍国家的环境法治建设，破坏国家良好的环境管理秩序。因此，环境执法领域的滥用职权、玩忽职守等犯罪行为，阻碍环境法律的实施并使其无法实现，必将破坏环境法治，导致无法形成良好的环境管理秩序，使得人与自然处于恶性互动之中。

二、危害经济的可持续发展

生态文明建设领域渎职犯罪所引起的环境问题会危及我国经济的可持续发展：①自然资源管理领域的渎职犯罪会损害经济发展的基础。经济社会的可持续发展必须依靠自然资源，自然资源的可持续性决定经济发展的可持续性。我国制定了一系列自然资源法律法规，目的在于保障自然资源的可持续利用，以确保我国经济发展的可持续性。自然资源管理领域的渎职犯罪会产生如下危害：一是监管部门违法许可会导致自然资源的过度开发或者流失，直接造成国家的损失；二是监管部门对自然资源的利用与开采监督不力，可能会导致资源的破坏性开采，不仅破坏生态环境，而且造成资源浪费；三是监管部门因渎职而不处罚或者以罚代刑，此种选择性执法导致处罚不公，会破坏法治秩序，进而破坏市场经济秩序。例如江西赣南稀土污染，全省多年利润才 329 亿元，然而治理污染需要 380 亿元，赚的钱还不够治理污染；非法开采造成废弃稀土矿山 302 个，残留的 1.9

① 马新福．法理学［M］．长春：吉林大学出版社，1997：386.

② 阮李全，胡耘通．论环境行政不作为的控制机制［J］．社会科学家，2009（5）：81.

亿吨废渣治理就需 70 年[①]。②环境污染防治领域的渎职犯罪阻碍经济的发展。环境执法部门不依法履行职责，导致生态环境的污染，此种污染会影响经济的可持续发展：一是增加企业成本，即环境问题会给企业等经济组织造成经济损失，导致其成本增加。二是增加国家支出，即环境问题使得国家面临着治理环境的任务，而治理环境是一项高耗费的工作，治理环境意味着国家必须为此付出更大的代价。例如云南的阳宗海污染事件，即便国家处理了包括 2 名厅级干部在内的 26 人，但是对于已被污染的阳宗海而言于事无补。据专家估计，仅仅是彻底治理好阳宗海的水质，不仅耗时长，而且至少需要花费 40 亿元[②]。可见，生态环境污染无论对于企业自身，还是对于国家，都是不堪承受的负担。因此，生态文明建设领域渎职犯罪所导致的生态环境的污染或者破坏，不仅影响企业的正常生产运营，而且给国家增添了负担，破坏了经济建设与环境保护的平衡，危害了经济发展的可持续性。

三、破坏社会的和谐稳定

生态文明建设领域渎职行为直接或者间接导致了环境问题发生，而环境问题会威胁公民的人身或者财产权利。例如 2018 年 11 月 14 日福建碳九泄漏事件，由于操作不当，泉州码头一艘石化产品运输船的 69.1 吨碳九产品漏入近海，造成水体污染。案发后，刻意隐瞒泄漏的碳九产品为 6.97 吨，导致多人受伤，由于大量养殖的水产品死亡，许多渔民倾家荡产。沿海居民为此遭受了巨大损失。由于存在相应的渎职行为，泉港区区长颜朝辉等人遭到了相应的行政处分[③]。公民的人身或者财产等合法权益受损，很多情形下会借助非法形式寻求救济，尤其是不确定的多人利益受损之际，其寻求救济的活动很容易造成群体事件，破坏社会稳定：①直接威胁社会稳定。环境管理领域的滥用职权、玩忽职守等渎职行为会直接或者间接导致环境问题产生，鉴于环境问题带来的危害不是局限于特定个人，而是危及特定地区、领域、行业，使其遭受损失。特定地区、领域或者行业的大量损失必定带来此范围内的不确定性和不安定感，如福建碳九泄漏事件，许多

---

① 赣州稀土污染：盗采残留 1.9 亿吨废渣治理需 70 年［EB/OL］.（2012-04-20）［2021-02-16］.http://roll.sohu.com/20120420/n341112621.shtml.

② 沙洲 . 缴税一千万 治污四十亿——重返云南阳宗海砷污染事发地［J］. 环境与生活，2013（5）：40.

③ 谢洋 . 广西两名环保官员被控收受排污企业财物［EB/OL］.（2020-04-30）［2021-02-16］.https：//www.thepaper.cn/newsDetail_forward_7219489.

群众向当地环保局投诉，此行为会破坏社会秩序，危害当地稳定[①]。再如 2013 年 11 月 22 日的青岛爆炸事件以及 2015 年 8 月 12 日的天津爆炸事件，两起事故中均存在监管人员的渎职行为，不仅造成人员伤亡，还直接危及当地社会稳定。②间接威胁社会稳定。环境管理领域的滥用职权、玩忽职守等渎职行为会侵犯公民的环境权益，鉴于此种渎职行为造成的环境问题一般涉及面广，受害人群大，损害影响深，由此可能导致信访事件的产生，且引发的信访规模往往庞大，涉及人数众多，涉及利益繁杂，若处理不好，会危及社会稳定。例如 2012 年 7 月 28 日江苏省启东环境群体性事件，由于地方政府在行政决策的过程中未能遵守法定程序，未充分听取民意，导致引发几万人的集体上访事件，破坏了社会秩序，危及当地社会的稳定[②]。

四、加剧环境的污染破坏

生态环境污染破坏与生态文明建设领域渎职行为之间关联性很高，是直接或间接导致生态环境污染破坏的重要原因。①从理论上看，生态文明建设领域渎职犯罪会导致生态环境的污染或者破坏。从环境保护事业的角度看，存在三方主体，包括政府、企业和第三方主体，政府的身份是管理者和监督者，即对生态环境的保护起着管理和监督作用；企业则扮演着被管理者和被监督者的角色，其生产行为被纳入行政管理和监督的范围；第三方主体包括人大、公民、团体、司法机关等，其身份是监督者。三方之间形成相互制约的一种状态，如果此种状态是一种总体均衡、稳定的互动关系，那么环保事业则处于良性状态，即生态环境会得到有效保护；如果三者之间存在缺位或者越位的状态，会打破三方均衡，使得三者之间形成恶性互动，即我国的环保事业处于恶性状态。生态文明建设领域渎职犯罪的产生意味着三者之间的良性平衡被打破，从而导致对企业生产行为的管理和监督不力，由此而造成生态环境的破坏[③]。②从实际来看，生态文明建设领域渎职犯罪导致了我国生态环境的污染或者破坏。我国当前的环境问题产生的重要原因之一是生态文明建设领域渎职犯罪行为的存在，原环境保护部副部长潘岳指出，环境保护部门的国家机关工作人员超越职权范围、滥用职权或者不认真行使

---

① 周欢 . 环境行政不作为的规制探析［J］. 环境，2014（S1）：3.

② 杨雪杰 . 关键词：环境问题引发的群体性事件［J］. 环境保护，2012，40（24）：24.

③ 王曦 . 环保主体互动法制保障论［J］. 上海交通大学学报（社会科学版），2012（1）：7.

职权，是我国环境问题产生的主要原因[①]。而且，我国近年来的重大环境事件几乎都伴随着生态文明建设领域渎职行为，以我国最近几年发生的重大环境污染事件为例，如表 4-1 所示。

表 4-1 2008—2018 年我国重大环境污染事件与渎职行为关系

年份	污染事件	对渎职行为的处理
2008	云南阳宗海砷污染事件	云南省对 26 名环保部门工作人员实施了行政问责，其中 12 人被予以免职处分，澄江县环保局环境监察大队大队长李树岗被追究刑事责任[②]
2009	湖南浏阳镉污染事件	浏阳市环保局局长陈文波、副局长张志亮因渎职被免职[③]
2010	福建紫金矿业污染环境事件	福建省上杭县环保局长陈军安、副局长蓝勇因环境监管失职罪而被追究刑事责任[④]
2011	云南曲靖铬渣污染事件	官方承认存在渎职情形，曲靖市环保局长杨树先旋即被免职[⑤]
2012	广西龙江镉污染事件	河池市金城江区环保局环保监察大队原正副大队长蓝群峰、韦毅因环境监管失职被追究刑事责任[⑥]
2013	山东青岛输油管道爆炸污染环境事件	青岛经济技术开发区安监局副局长李宝三等人因渎职被追究刑事责任[⑦]
2014	内蒙古腾格里沙漠排污事件	内蒙古自治区环保厅、阿拉善盟、阿拉善左旗、腾格里经开区等共 24 名相关责任人因渎职被问责[⑧]
2015	天津 8・12 爆炸事件	天津市交通运输委主任武岱等 25 人因渎职行为被追究刑事责任[⑨]

① 潘岳．近期两大环境事件根源在政府行政不作为［EB/OL］.（2006-09-15）［2016-02-14］.http://www.people.com.cn/GB/70110/70114 /4820751.html.
② 任维东．云南严办阳宗海污染案警醒全省［N］．光明日报，2008-11-01（3）.
③ 黄兴华．浏阳镉污染事件处置"软肋"［J］．瞭望，2009（32）：16-17.
④ 徐日丹，贾阳．全面履行法律监督职能 严惩破坏生态环境犯罪［N］．检察日报，2014-06-13（1）.
⑤ 曲靖市人民代表大会常务委员会决定任免名单［N］．曲靖日报，2011-10-2（001）.
⑥ 谢洋．广西两名环保官员被控收受排污企业财物［EB/OL］.（2012-12-12）［2021-02-16］.http://fanfu.people.com.cn/n/2012/1212/c6 4371-19876111.html.
⑦ 青岛中石化管道泄漏爆炸事故案宣判 14 人被判刑［EB/OL］.（2015-11-30）［2021-02-16］.http://news.china.com/domestic/945 /20151130/20845666.html.
⑧ 内蒙古腾格里沙漠污染事件处理结果公布［EB/OL］.（2014-12-23）［2021-02-16］.http://env.people.com.cn/n/2014/1223/c1010 -26257113.html.
⑨ 天津爆炸案：11 名官员被立案 其中有 7 名厅官［EB/OL］.（2014-08-27）［2021-02-16］.http://www.js.xinhuanet.com/2015-08/27/c_1116390798.htm.

续表

年份	污染事件	对渎职行为的处理
2016	宜春中安实业有限公司违法排污污染环境	袁州区环保局局长李建军、分管副局长黄晓鹏等人因落实环境保护主体责任和监督责任不到位，被追究责任[①]
2017	嘉陵江四川广元段铊污染事件	宁强县委、县政府及汉中市环保局及相关行政人员因监管职责不到位受到相应行政处分[②]
2018	福建碳九泄漏事件	泉港区区长颜朝晖、区委常委陈相成、区交通运输局局长朱辉阳等人分别受到相应行政处分。[③]

表 4-1 中的环境污染破坏事件都是年度重大环境事件，在这些环境事件中，渎职行为如影随形，直接或者间接加剧了生态环境的污染破坏，因此，有学者认为，“鉴于普遍性环境执法不力，因而使得环境问题丛生，这也是我国环境问题产生的主要原因”[④]。

第四节　生态文明建设领域渎职犯罪的查处情况

生态文明建设领域渎职犯罪的发展趋势建立在事实的基础上，当前，关于生态文明建设领域渎职犯罪的事实支撑主要是司法机关的查处情况，根据查处情况，我国的生态文明建设领域渎职犯罪的形势较为严峻，今后一段时间里，其发展趋势具有如下特征：

一、生态文明建设领域渎职犯罪的发案情况

（一）案件总体情况相对平稳

根据查处情况来看，生态文明建设领域渎职犯罪的趋势呈现出了平稳发展的

① 下属违规接受吃请　袁州区环保局局长李建军受处分［EB/OL］.（2020-04-20）［2021-02-16］.http://www.fazhijx.com/sn/system/2016/07/26/030023253.shtml.

② 生态环境部：去年重大突发环境事件仅“嘉陵江铊污染”1 起［EB/OL］.（2020-04-20）［2021-02-16］.https：//www.thepaper.cn/newsDetail_forward_2040479.

③ 震惊！瞒报十倍！泉州泉港碳九实际泄漏量为 69.1 吨！［EB/OL］.（2020-04-20）［2021-02-16］.https://www.sohu.com/a/277984767_654979.

④ 蔡守秋 . 论政府环境责任的缺陷与健全［J］. 河北法学，2008（4）：18.

特征：①年度查处数据较为均衡。一是案发数总体较高。近10余年来，全国检察机关查处生态文明建设领域渎职犯罪总数较多，2004—2007年，全国检察机关查处生态文明建设领域渎职犯罪3 822人[①]；2008年4月—2009年11月，全国检察机关共查处生态文明建设领域渎职犯罪6 513人[②]；2010年，全国检察机关查处生态文明建设领域渎职犯罪1 248人[③]；2011年，全国检察机关查办生态文明建设领域渎职犯罪1 803人[④]；2012年，全国检察机关查处生态文明建设领域渎职犯罪2 403人[⑤]；2013年，全国检察机关生态文明建设领域渎职犯罪1 196人[⑥]；2014年，全国检察机关查处生态文明建设领域渎职犯罪1 229人[⑦]。针对裁判文书网显示的2015—2020年，全国基层法院查处的生态文明建设领域渎职犯罪16 294件，具体分布如下：2015年3 113件，2016年4 190件，2017年4 371件，2018年2 931件，2019年1 617件，2020年72件[⑧]。二是发展势头平稳。2004—2014年，全国检察机关共查办生态文明建设领域渎职犯罪18 214人，年均查处约1 800人。而且在2015年之后，势头发展更为迅猛，平均每年超过3 000件，但是到2018年后开始呈下降趋势，2019年的案件数量还不到2017年的50%。但总体上仍然发展平稳，平均每年查处案件保持在1 000件以上（具体查处情况见图4-1），相对较为均衡。②生态文明建设领域渎职犯罪已成为职务犯罪的主要类型之一。生态文明建设领域渎职犯罪已经成为渎职犯罪的主要类型之一，以广东省近年来查办生态文明建设领域渎职犯罪为例，广东省检察机关在2013—2014年继续展开了查办与预防危害生态环境职务犯罪专项工作，全省2013年共查处职务犯罪3 073人，贪污贿赂犯罪嫌疑人2 347人，渎职侵权犯罪嫌疑人726人，其中，环境管理领域的职务犯罪

---

① 宗边 . 重点查办六类环境渎职案［N］. 中国环境报，2008-04-24（1）.

② 徐日丹 . 危害能源资源和生态环境渎职犯罪呈现五大特点［N］. 检察日报，2010-01-30（1）.

③ 曹建明 . 最高人民检察院工作报告［EB/OL］.（2012-08-20）［2021-02-16］.http://www.spp.gov.cn/gzbg/201208/t20120820_2498.shtml.

④ 高鑫 . 高检院：1至4月查办涉及生态环境渎职犯罪案349人［EB/OL］.（2014-06-12）［2021-02-16］. http://news.jcrb.com/jxsw/201406/ t20140612_1404336.html.

⑤ 高鑫 . 高检院：1至4月查办涉及生态环境渎职犯罪案349人［EB/OL］.（2014-06-12）［2021-02-16］. http://news.jcrb.com/jxsw/201406/ t20140612_1404336.html.

⑥ 2013年至今年4月全国检察机关查办涉生态环境渎职犯罪1 545人［EB/OL］.（2014-06-12）［2021-02-16］.http://legal.people.com.cn/n /2014/0612 /c42510-25139380.html.

⑦ 曹建明 . 最高人民检察院工作报告［EB/OL］.（2015-03-23）［2021-02-16］.http://www.spp.gov.cn/gzbg/201503/t20150324_93812.shtml.

⑧ 本部分统计数据根据最高人民法院的裁判文书网进行整理［EB/OL］.（2020-05-05）［2020-02-16］. https：//wenshu.court.gov.cn/website/wenshu/181217BMTKHNT2W0/index.html?pageId=f003b15ff6b840aaf08beb-baa28df60e&s21=%E6%BB%A5%E7%94%A8%E8%81%8C%E6%9D%83%E7%BD%AA.

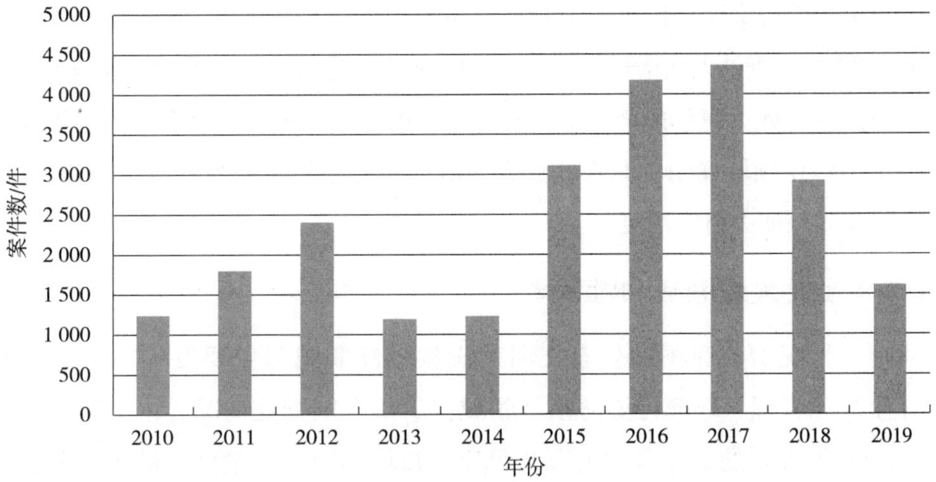

图 4-1　2010—2019 年全国查处生态文明建设领域渎职犯罪案件总数分布图[①]

626 人，占全省职务犯罪总数的 20.4%[②]；2014 年查处了林业、国土、水利、环保等部门职务犯罪 644 人。广东省在两年的专项活动中共查处生态环境职务犯罪案件 1 105 件，涉及 1 270 人，人数同比上升 291%，查处人数增长很快[③]。2015—2020 年的生态文明建设领域渎职犯罪的案件数量，更能突出此特点，裁判文书网显示，在这 5 年间的滥用职权罪与玩忽职守罪的案件总数量为 2 万多件，其中，生态环境保护领域的渎职犯罪案件为 16 294 件，占案件比接近 80%[④]。可见，生态文明建设领域渎职犯罪已是职务犯罪的主要类型之一。③生态文明建设领域渎职犯罪的查处数量与打击力度成正比。根据检察机关查处情况，生态文明建设领域渎职犯罪的查处数据与检察机关重视程度密切相关，如全国检察机关在 2004—2007 年总计查处此领域的渎职犯罪人数为 3 822 人，年查处人数为 955.5 人；而全国检察机关在 2008 年 4 月—2009 年 11 月开展专项打击生态环境领域的渎职犯罪的 19 个月的时间里，共查处此领域的渎职犯罪 6 513 人，年查处人数为 4 113.5 人，二者之间相差 4 倍多。自 2010 年全国检察机关停止专项打击生态环境领域的渎职犯罪，年查处人数急剧下降。广东省检察机关的查处情况也显示了类似的情况，在 2013 年和 2014 年

① 数据来源于历年的《最高人民检察院工作报告》。
② 郑红 .2014 年广东省人民检察院工作报告［EB/OL］.（2014-02-19）［2020-02-16］.http://www.gd.jcy.gov.cn/ygjw1/gzbg1/201402 /t20140219_1326156.html.
③ 广东省环境保护厅 . 广东两年查处危害生态环境职务犯罪 1 270 人［EB/OL］.（2015-02-28）［2020-02-16］.http://www.gdep.gov.cn /zwxx_1/hbxx/201502/t20150228_199426.html
④ 本部分统计数据根据最高人民法院的裁判文书网进行整理［EB/OL］.（2020-05-05）［2020-02-16］. https：//wenshu.court.gov.cn/website/wenshu/181217BMTKHNT2W0/index.html?pageId=f003b15ff6b840aaf08bebbaa28df60e&s21=%E6%BB%A5%E7%94%A8%E8%81%8C%E6%9D%83%E7%BD%AA.

开展专项打击生态文明建设领域渎职犯罪期间，查处人数众多，增长率畸高，人数同比上升 291%，查处人数增长很快①。再如 2017 年党的十九大前后，我国十分重视生态文明建设，此后每年的案件数量均超过 3 000 件。此种情况表明，近年来，我国生态文明建设领域渎职犯罪查处数据有所下降的趋势可能与打击重心转移有关，今后，国家应该加大打击力度。

（二）主要发案领域相对固定

从查处情况看，我国的生态文明建设领域渎职犯罪主要发生在国土资源管理、林业资源管理、环境污染防治等领域：①从全国查处情况看，全国检察机关 2003—2009 年查处的 1 万多件生态文明建设领域渎职犯罪案件，横向分布情况不均衡，生态文明建设领域渎职犯罪主要发生在土地资源、林业资源及矿产资源等领域。发生在森林资源管理领域的渎职犯罪约为 33.7%，发生在矿产资源管理领域的渎职犯罪占 27.1%，发生在土地资源管理领域的渎职犯罪占 23.9%，其余领域占 15.4%（图 4-2）②。②从局部省份查处情况看，如江西省检察机关在 2008—2012 年查处的职务犯罪涉案人数，查处行政人员合计 2 225 人，多数分布在林业、土地、城市建设等部门，分别为 420 人、183 人、174 人，合计占行政机关工作人员的 34.9%③。再如广东省在 2013—2014 年开展打击生态文明建设领域渎职犯罪的专项工作，根据查办看，共查获 1 270 人，其中，林业资源部门 142 人，国土资源部门 94 人，水利资源部门 80 人，环保部门 72 人，农业部门 63 人④。此种查处情况，实际上反映了这些领域的渎职犯罪情况形势严峻。可以预见，在没有大的变化的情形下，生态文明建设领域渎职犯罪的主要发生领域仍然是林业资源管理、国土资源管理、环境污染防治等领域。因此，相关部门如何做好此类渎职犯罪的预防，值得研究。

① 广东省环境保护厅 . 广东两年查处危害生态环境职务犯罪 1 270 人［EB/OL］.（2015-02-28）［2020-02-16］.http://www.gdep.gov.cn /zwxx_1/hbxx/201502/t20150228_199426.html.

② 刘旭红，牛正良 . 当前危害能源资源和生态环境渎职犯罪成因及惩治对策［J］. 人民检察，2009（10）：44.

③ 刘旭红，牛正良 . 当前危害能源资源和生态环境渎职犯罪成因及惩治对策［J］. 人民检察，2009（10）：45.

④ 广东省环境保护厅 . 广东两年查处危害生态环境职务犯罪 1 270 人［EB/OL］.（2015-02-28）［2021-02-16］.http://www.gdep.gov.cn /zwxx_1/hbxx/201502/t20150228_199426.html.

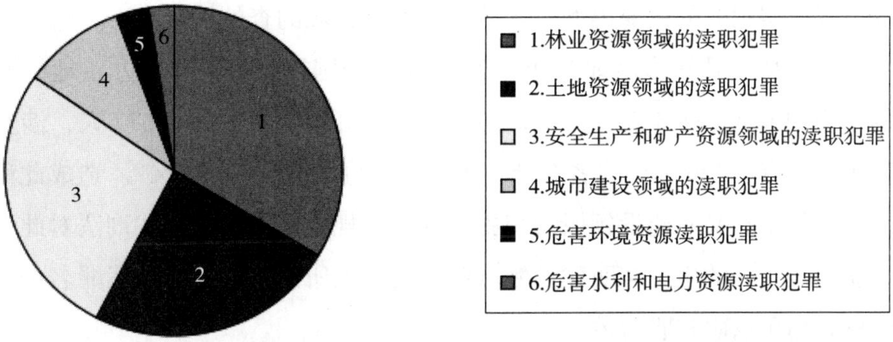

图 4-2　全国检察机关 2003—2009 年查处的生态文明建设领域渎职犯罪发生领域分布图

二、生态文明建设领域渎职犯罪所涉的罪名

根据最高人民检察院 2006 年《关于人民检察院直接受理立案侦查案件立案标准的规定（试行）》，检察机关管辖的渎职犯罪有 41 个，涉及环境管理领域的渎职犯罪包括滥用职权罪、玩忽职守罪等 8 个罪名，将近占到渎职犯罪罪名的 1/5。在此 8 个生态文明建设领域渎职犯罪中，查处情况显示主要涉案罪名是玩忽职守罪和滥用职权罪。①全国查处案件所涉罪名以滥用职权罪、玩忽职守罪居多。2003—2009 年的 1 万多件生态文明建设领域渎职犯罪案件中，玩忽职守犯罪约占 54.8%，滥用职权犯罪约占 27.6%，违法发放林木采伐许可证罪约占 4.4%，徇私舞弊不移交刑事案件罪约占 3.9%，非法批准征用、占用土地罪约占 3.1%，环境监管失职罪约占 0.9%，帮助犯罪分子逃避处罚罪约占 0.4%，非法低价出让国有土地使用权罪约占 0.4%，其他渎职犯罪约占 4.5%[①]（图 4-3）。②局部省份查处案件所涉罪名也是以滥用职权罪、玩忽职守罪居多。以黑龙江省为例，黑龙江省在 2010—2013 年，全省检察机关查办生态文明建设领域渎职犯罪 268 人，其中涉及玩忽职守罪的有 139 人，涉及滥用职权罪的有 55 人，二者合计 194 人，约占总数的 72.4%[②]。2015 年之后，这种趋势更加明显，裁判文书网显示，2015—2020 年的生态环境保护领域的渎职犯罪案件为 16 294 件，其中，以环境监管失职罪为代表的专门的生态文明建设领域渎职罪案件总数不足 200 件，其余涉及罪

① 刘旭红，牛正良 . 当前危害能源资源和生态环境渎职犯罪成因及惩治对策［J］. 人民检察，2009（10）: 44.
② 李剑，蔺学文 . 危害生态环境资源犯罪的成因及惩防之策［J］. 人民检察，2013（10）: 31.

名基本都是滥用职权罪、玩忽职守罪[①]。可见，滥用职权罪、玩忽职守罪是生态文明建设领域渎职犯罪的主要类型。③从具体发生领域的查处情况来看，也是以滥用职权罪、玩忽职守罪居多。如2005—2010年，全国检察机关共查办土地资源保护领域的渎职犯罪人3 245人，其中，涉及玩忽职守罪罪名的有1 677人，涉及滥用职权罪罪名的有1 229人，二者合计2 906人，约占总数的89.6%[②]。造成此种情形的原因主要是生态文明建设领域渎职犯罪的立法规定存在问题，在刑法对此立法未修正之前，被查处的生态文明建设领域渎职犯罪人所涉及的主要涉案罪名仍会是以滥用职权罪和玩忽职守罪为主。

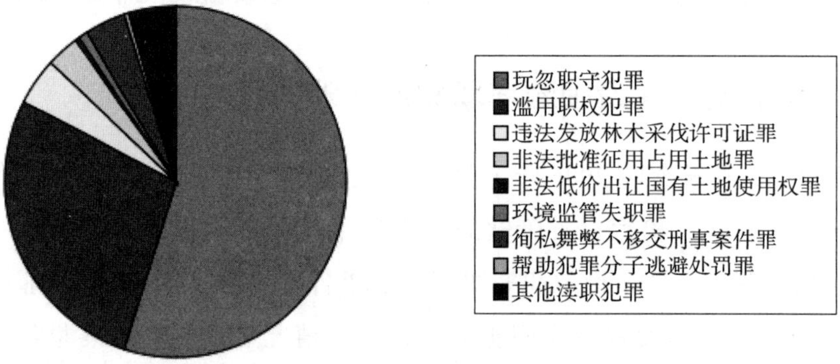

图4-3　全国检察机关2003—2009年查处此领域渎职犯罪所涉罪名分布图

三、生态文明建设领域渎职犯罪的外在表现

（一）生态文明建设领域渎职犯罪常表现为窝案串案

生态文明建设领域渎职犯罪案件的复杂性的首要表现是涉案人数多，即串案、窝案多。近年来，生态文明建设领域渎职犯罪还呈现出了集体化、持续化的趋势，窝案、串案频发，常常是查一“案”，挖一“窝”，带一“串”，由一个行贿人拉出一批受贿犯罪人，或者是在同一单位、系统或项目中有多人被一并查处。其主要表现在两方面：一是相互勾结共同作案；二是内部人员合伙作案、利益共享。如2006—2007年的杭州环保系统窝案，环保系统官员滥用职权，贪污环评协作费、“泔水油”工作经费、生态补偿专项资金等。2006年6月，时任杭州市上城区环

① 本部分统计数据根据最高人民法院的裁判文书网进行整理［EB/OL］.（2020-05-05）［2020-02-16］. https：//wenshu.court.gov.cn/website/wenshu/181217BMTKHNT2W0/index.html?pageId=f003b15ff6b840aaf08bebbaa28df60e&s21=%E6%BB%A5%E7%94%A8%E8%81%8C%E6%9D%83%E7%BD%AA.

② 牛正良.关于查办危害土地资源渎职犯罪的几个问题［J］.中国检察官，2011（6）：23.

保局长的任蔚彬因违纪被双规，不久便移交司法机关立案侦查，任蔚彬为了自保，检举揭发了杭州市环保局污染控制处处长孙波收受贿赂的行为，就这样一个牵一个，打开了“潘多拉盒子”，导致整个杭州市环保系统集体陷入腐败之中。从纵向的杭州市环保局到13个区县环保局，从横向的环保局机关单位到具有营利性质的杭州市环境保护科学研究院，都陷入了腐败窝案中，杭州市纪委历时一年方才调查完毕，总计涉案90余人①。再如2015年天津爆炸事件，天津市交委原主任武岱等25人分别被以涉嫌玩忽职守罪、滥用职权罪、受贿罪而被立案侦查②。在2016年环保官员伪造监测数据案中，本案属于较为典型的窝案，涉案人员达到5人，都是属于环境监测方面的官员，为了掩盖数据的真实性，相互勾结，篡改信息系统数据，严重干扰了数据的真实性③。因此，生态文明建设领域渎职犯罪的串案、窝案很常见，此种特征今后仍会出现。

（二）生态文明建设领域渎职犯罪常与其他罪相伴而生

生态文明建设领域渎职犯罪的复杂性还表现为常与他罪相伴而生。根据查处情况看，单纯的生态文明建设领域渎职犯罪较少，多数生态文明建设领域渎职犯罪都是伴随着官商勾结、权钱交易，即生态文明建设领域渎职犯罪与贪污贿赂犯罪、污染环境罪等经常相互交织。例如董某某、毛某某等污染环境罪、滥用职权罪、受贿罪及伪造国家公文印章罪一案：2014年年底—2016年4月，被告人董某某先后担任宜兴市环境保护局污染物排放总量控制科副科长（主持工作）、科长，接受江苏创嘉科联环境科技有限公司法人代表毛某某的请托，利用职务之便，多次以宜兴市环境保护局的名义出具相关情况说明、有关函，使毛某某经营的创嘉公司（以下简称创嘉公司）顺利承接了相关污染土壤处置业务，并为其协调有关企业接收、处置污染土壤。事后收取了毛某某给予的现金合计8万元人民币。创嘉公司在随后的土壤处置业务中，部分污染土壤被创嘉公司随意倾倒、填埋，其中，2 000吨污染土壤被填埋在宜兴市张渚镇江苏沪宁钢机股份有限公司东侧丰张路对面的水塘内，2 000吨污染土壤被填埋在宜兴市大鹏建材有限公司北侧河对面露天空地上，2 000吨污染土壤被倾倒在宜兴市张渚镇小猴山山坡处，1 000吨污染土壤

① 杭州彻查环保系统腐败 各区县涉案90余人［EB/OL］.（2007-11-15）［2021-02-16］.http://www.zj.xinhuanet.com/newscenter/2007-11 /15/content_11681221.htm.

② 曹建明.最高人民检察院工作报告［EB/OL］.（2016-03-13）［2021-02-16］.http://lianghui.people.com.cn/2016npc/n1/2016/0313/c 403052 -28194961.html.

③ 陕西省西安市中级人民法院（2016）陕01刑初233号刑事判决书。

被填埋在宜兴市大鹏建材有限公司西侧河对面水塘内。造成严重环境损害，需进行处置，污染土壤清除、处置费用合计 210 万元人民币。法院经审判后判处被告单位江苏创嘉科联环境科技有限公司犯污染环境罪，被告人董某某犯滥用职权罪、受贿罪，被告人毛某某犯污染环境罪，伪造国家机关公文、印章罪，被告人徐某某犯污染环境罪①。上述案例表明：一是生态文明建设领域渎职犯罪常是数罪并犯，即单纯的生态文明建设领域渎职犯罪较少，深究生态文明建设领域渎职犯罪的目的和动机，可以发现环境执法者实施渎职犯罪有其内在的目的性，若在特定目的推动下而实施生态文明建设领域渎职犯罪，则环境执法者的行为可能会触犯数个罪名。如本案涉及的渎职犯罪行为，其原因或者结果还涉及污染环境罪、滥用职权罪、受贿罪、伪造国家机关公文罪 4 个罪名。二是生态文明建设领域渎职犯罪常与贪利型犯罪关联在一起，对于环境执法者而言，其犯罪目的和动机多体现为利益，即基于特定利益而实施犯罪，本部分所列举的两个案例也体现了环境执法者是基于受贿行为而实施了渎职犯罪，由此而触犯了多个罪名。正如本案犯罪人董某是基于图利的动机而实施了滥用职权的行为。

四、生态文明建设领域渎职犯罪的危害后果

（一）生态文明建设领域渎职犯罪的后果具有复杂性

生态文明建设领域渎职罪的危害结果的复杂性表现在如下方面：①危害结果表现形式的多样性。鉴于环境的多样性和复杂性，环境污染破坏所导致的危害后果也体现在方方面面，既可以是水、土壤、大气等污染，也可以是水利资源、森林资源、矿产资源、渔业资源等的破坏，还可以是人身伤亡等。总之，环境污染破坏带来的多元化的危害后果，与传统的渎职罪所造成的危害后果有一定的差别，这也给如何确定此种后果带来了一定的困惑。②危害结果形成时间的复杂性。生态文明建设领域渎职行为所导致的环境污染和破坏，并进而使得人身、财产造成损失，此损失产生的时间难以判断。环境污染破坏的危害具有潜伏性，且潜伏时间长短不一，如 1986 年切尔诺贝利核泄漏事件，此种核泄漏至今还会对人体造成永久性伤害。鉴于环境污染破坏所潜伏的时间长短不一，其对人体的伤害难以确切计算，而且持续时间很久，此种持续性导致难以准确计算渎职行为所造成的危害后果。③实

① 江苏省宜兴市人民法院（2017）苏 0282 刑初 775 号刑事判决书。

行行为与危害结果的因果关系的复杂性。环境污染破坏等环境事件出现的原因极为复杂，从外观上判断，直接原因一般在于环境利用者，渎职行为与危害结果之间是否存在因果关系难以判断。鉴于环境事件成因的复杂性，在多种原因的前提下，如何分析各种原因与结果之间的关联，导致难以判断渎职行为与环境事件之间的关联性。为此，认真研究生态文明建设领域渎职罪的危害后果对于刑事司法具有很强的现实意义。

（二）生态文明建设领域渎职犯罪的后果具有严重危害性

从司法机关查处情况来看，生态文明建设领域渎职犯罪所造成的损失较为严重：①渎职犯罪所导致的经济损失远远超出了贪污贿赂犯罪所带来的经济损失。最高人民检察院曾做过统计，贪污犯罪的平均个案的经济损失是 15 万元，渎职侵权犯罪的平均个案经济损失是 258 万元，二者之间相差大致为 17 倍①。从具体地域来看，如北京市检察机关 1988—1990 年的结案材料，渎职案件为 95 件，贪污受贿案件为 2 135 件，尽管初查比例为 1∶22，但是贪污受贿案件个案平均经济损失为 1.6 万元，玩忽职守案件个案平均经济损失却高达 162 万元，二者之间的差距为 100 余倍②。再如广东省 2005—2010 年查处的渎职侵权犯罪案件，近 5 年共立案侦查 1 590 件，涉及 1 729 人，这些渎职犯罪导致 1 382 人死亡、140 人重伤，造成直接经济损失近 55 亿元，其平均个案经济损失是贪污犯罪的 17 倍③。生态文明建设领域渎职犯罪作为渎职犯罪的重要类型，带来的经济损失更是远超贪污贿赂犯罪所带来的经济损失。②渎职犯罪造成的危害后果十分突出。按照现行《刑法》所规定的犯罪构成要件，生态文明建设领域渎职犯罪的危害结果不包括间接损失，即便只计算直接损失，其所表现出来的危害结果也十分惊人。据不完全统计，几乎每一起生态文明建设领域渎职罪所造成的损失都在百万元以上，例如 2013 年，山东省青岛输油管道爆炸事件中有关监管人员严重渎职，其中，市经济技术开发区安监局副局长李宝三等多人被法院判处玩忽职守罪。此次事件导致 198 人死伤，直接经济损失达到 7.5 亿余元④。再如，甘肃省陇南市某区环保局监察大队尹某、王某等在 2015 年 11 月 23 日得知其管辖范围内的某公司发生尾矿泄漏后，不

① 最高检宋寒松：渎职个案平均损失是贪污的 17 倍［EB/OL］.（2007-05-23）［2021-02-16］.http://news.xinhuanet.com/lianzheng/ 2007-05/23/content_6139922.htm.

② 孙谦 . 国家工作人员职务犯罪研究［M］. 北京：法律出版社，1998：12.

③ 吴冰 . 渎职犯罪损失 17 倍于贪污［N］. 人民日报，2010-09-07（11）.

④ 青岛中石化管道泄漏爆炸事故案宣判 14 人被判刑［EB/OL］.（2015-11-30）［2021-02-16］.http://news.china.com/domestic/945/20151130/20 845666.html.

认真履行职责，不到现场督查，致使尾矿泄漏污染持续扩大，造成直接经济损失6 120.79万元[①]。

上述数据和案例表明，生态文明建设领域渎职犯罪所导致的危害后果严重，现有司法实践中所体现的损失只是其所造成的直接损失，不包括其他损失。生态文明建设领域渎职犯罪除造成人身权利和经济损失之外，其还会对生态环境造成损失。生态环境损失包括的范围广、期限长，而且损失大，例如前文提到的江西赣南的稀土矿的污染，造成生态环境损失380亿元，远超采矿所得利润，且治理期限达到了70年。然而，遗憾的是，我国的生态文明建设领域渎职犯罪立法将确定的危害后果不包括生态环境的损失，相关的《关于渎职侵权犯罪案件立案标准的规定》等规定仅仅将损失范围局限在“人身损害或者经济损失”。为此，司法实践中的危害后果大多数情况下没有直接包含生态环境的损失。因此，若考虑生态环境损失在内，此领域的渎职犯罪所导致的危害后果更是远超过其他渎职犯罪、贪污贿赂犯罪等职务犯罪。

① 甘肃省陇南市武都区人民法院（2017）甘1202刑初97号刑事判决书。

第五章　生态文明建设领域渎职犯罪的原因论

犯罪原因是指其产生的原因，犯罪产生的原因具有复杂性，根据不同标准可以对其做出不同分类，例如可以将犯罪原因分为心理原因、生理原因、社会原因、文化原因等，也可以将犯罪原因分为内部原因和外部原因。对于生态文明建设领域渎职犯罪的产生原因，此处将其归结为法律原因、行政原因、经济原因和社会原因四个方面。

第一节　生态文明建设领域渎职犯罪的法律原因

一、控制理论与生态文明建设领域渎职犯罪

（一）控制理论

控制理论（control theory）是以社会控制的强弱来解释犯罪产生原因的一种理论。犯罪控制理论认为，促使犯罪人进行犯罪行为的动机是个人人性的一部分，每个人都是潜在的犯罪人；如果放纵自己的欲望，每个人都会犯罪，所以犯罪学的重心不是为什么人们要犯罪，而是如何防止大多数人犯罪。

沃尔特·凯德·雷克利斯（Walter Cade Reckless）倡导控制理论。雷克利斯探讨的重点不在于群体层面，而是个体层面。其基本问题是何种个人特性（individual characteristics）使一个人隔绝于外在足以导致犯罪的不良因素。他认为忽略个人特性不足以解释个人和团体的犯罪现象。雷克利斯认为，虽然社会解组过程中，许多人从原有的社会规范束缚中脱离出来，但是其并未因此而犯罪或从事偏差行为。其基本内容包括四个方面。雷克利斯从自我（self）中派生出四个概念：①外部压力或者拉力（outer pressure of pull）。此种“力”是指迫使或者引诱个人实施犯罪行为的力量，其相关因素包括贫穷、剥夺、冲突、外部束缚等，犯罪人由于具备此种因素而在社会结构中缺乏获得成功的途径等条件。外部拉力或者压力的范围很广，包括精神涣散、宣传、引人注意的事物及越轨行为等外在因素。②外部遏制（external containment）。外部遏制是指能够制止个人进行犯罪行为的外部力量，包括社会道德、规范、责任、有效监督和纪律，提供了个人获得、接受、认同归属感的机会等外在遏制因素。③内部遏制（inter containment）。内部遏制是指个人自身具有的阻止个人进行犯罪行为的力量，此种“力”体现为内在的因素，如自我控制、良好的自我概念、良好的超我、较高的耐受力、较高的娱乐抵抗能力、高度的责任感或替代满足的能力以及降低紧张的合理化技巧等。④内部推力（inner push）。是指推动个人实施犯罪行为的身体或者心理力量，此种“力”体现为内在的主观因素，如动机、挫折、不安、失望、反抗欲望、敌意、自卑感等[①]。

雷克利斯认为外部压力、拉力和内部推力会促使人们产生越轨行为及犯罪行为，而外部遏制和内部遏制则会阻止、中和、抵抗个人产生越轨行为及犯罪行为。因此，此两种力量对比的情况决定了行为人是否会越轨和犯罪，如果前者力量强于后者，个人会实施越轨行为及犯罪行为，反之，如果前者弱于后者，个人不会实施越轨行为和犯罪行为。因此，由雷克利斯的遏制理论中，可以看出其最重要的外部遏制因素是期待个人遵守群体中占优势的行为准则的压力；最重要的内部遏制因素是强大的自我概念，即类似于像绝缘体且能够排斥违法犯罪的自我概念。

（二）生态文明建设领域渎职犯罪是法律控制弱化的行为

雷克利斯将推动个人越轨或者犯罪的力量归结为社会解组的个人特性或周边环境的力量所调和的结果，雷克利斯称这些力量为内在抑制力和外在抑制力。根据雷克利斯的观点，当社会处于迅速变迁或者高度解组的时候，会导致外在抑制的异常缺乏和丧失，从而产生犯罪行为和偏差行为。由此可见，在雷克利斯的理论中，外部遏制占有很重要的地位，正是由于外部遏制的缺乏，导致了缺少阻止犯罪行为发生的外在抑制力。作为外部遏制最重要的体现是规范[②]。从生态文明建设领域渎职犯罪的角度来看，作为外部遏制因素的法律弱化是导致此类渎职犯罪产生的重要原因。法律控制的弱化体现在多方面：一是静态法律控制的弱化，此种弱化主要是指立法与现实的脱节，即立法滞后于现实，使得立法难以有效规制生态文明建设领域渎职犯罪。二是动态法律控制的弱化，动态的法律主要是指法律的实施过程，此处主要是指对生态文明建设领域渎职行为的法律规制的弱化，即主管部门对环境执法者的渎职行为的行政追责和刑事处罚的弱化。

---

① 吴宗宪．犯罪学［M］．北京：法律出版社，2006：383-384.
② 吴宗宪．犯罪学［M］．北京：法律出版社，2006：381.

二、生态文明建设领域渎职罪的立法滞后

生态文明建设领域渎职犯罪的立法原因主要是指生态文明建设领域渎职犯罪的立法规定对于生态利益保护滞后。现行生态文明建设领域渎职犯罪的结果犯的立法模式，其构成犯罪与否的标准不是生态环境的损害程度，而是作为人类利益的人身、财产的损害程度，此种立法目的在于保护人类利益，而非生态环境。由于忽视生态环境的保护，由此导致了环境执法者执法之际多是考虑包括个人利益在内的人类利益而忽视生态利益，此种状况会使生态环境受损越来越严重，导致环境容量不断被突破，进而损害人身权益和财产利益。

（一）立法体例落后

体例编排实质上涉及生态文明建设领域渎职犯罪的归属问题，作为双重属性的环境渎职罪，侵犯了双重法益。如何归属涉及将其定性为渎职罪还是环境犯罪的问题。我国现行《刑法》将其定位在渎职罪中，此种定位的效果如何？从实践来看，此种生态文明建设领域渎职犯罪的定位对于生态环境的保护过于滞后，不仅对生态环境造成了损害，也严重损害了人类利益。刑法分则的体例与法益息息相关，刑法分则对犯罪分类的主要标准是刑法法益，刑法依据不同法益，如国家安全、社会安全、经济秩序、人身权利等，将400多个罪名划分为十大类罪。在关于某一类罪或者某一具体罪的划分中也是遵循此标准，如果保护法益是复数法益，则通常依据主保护法益来归类。现行生态文明建设领域渎职犯罪的立法体例是规定在渎职罪中，渎职罪是传统犯罪，保护的法益是人类利益，生态文明建设领域渎职犯罪作为渎职罪的一种，其所要保护的法益也与一般渎职罪相同，是人类利益而非生态利益。鉴于生态文明建设领域渎职犯罪不会直接对人类利益造成损害，其是通过先污染破坏生态环境，再引起人类的人身和财产发生相应的变化。由此，对生态利益过于漠视必定导致生态环境更易被污染破坏，从而导致更多的人类利益遭受损害。因此，立法者应该思考如何将生态文明建设领域渎职犯罪置于环境犯罪部分，如何通过修正此类渎职犯罪的立法达到保护生态文明建设的目的。

（二）主体范围过窄

1. 我国环境行政法规定生态文明建设领域渎职行为的主体多为国家工作人员

我国环境行政法规定的生态文明建设领域渎职行为的主体为：①明确其主体是国家工作人员。不少环境行政法明确规定生态文明建设领域渎职犯罪的主体是

国家工作人员。如2009年修正的《矿产资源法》第四十七条规定的渎职罪的主体是"负责矿产资源勘查、开采监督管理工作的国家工作人员"①；2013年修正的《海洋环境保护法》第九十一条规定的渎职罪的主体是"负有直接责任人员等国家工作人员"②；2016年修正的《防洪法》第六十四条规定的渎职罪的主体是国家工作人员③。②明确其主体为负有监管职责的公职人员。如近年来许多环境行政法规定的渎职行为的主体是环境监管人员，2009年《海岛保护法》第四十四条和五十五条规定的渎职罪的主体为"对海岛保护负监督管理职责的部门的主管人员或直接责任人员"④；2010年《水土保持法》第四十七条和五十八条规定的渎职罪的主体为"水行政主管部门或者其他依照本法规定行使监督管理权的部门的直接负责的主管人员和其他直接责任人员"⑤；2014年《环境保护法》第六十八条规定的渎职罪的主体为"负有环境保护监督管理职责的主管人员"；2017年修正《煤炭法》第八十条规定的渎职罪的主体为"煤炭管理部门和有关部门的工作人员"⑥。

① 2009年修正的《矿产资源法》第四十七条规定：负责矿产资源勘查、开采监督管理工作的国家工作人员和其他有关国家工作人员徇私舞弊、滥用职权或者玩忽职守，违反本法规定批准勘查、开采矿产资源和颁发勘查许可证、采矿许可证，或者对违法采矿行为不依法予以制止、处罚，构成犯罪的，依法追究刑事责任；不构成犯罪的，给予行政处分。违法颁发的勘查许可证、采矿许可证，上级人民政府地质矿产主管部门有权予以撤销。

② 2013年修正的《海洋环境保护法》第九十一条规定：对违反本法规定，造成海洋环境污染事故的单位，由依照本法规定行使海洋环境监督管理权的部门根据所造成的危害和损失处以罚款；负有直接责任的主管人员和其他直接责任人员属于国家工作人员的，依法给予行政处分。前款规定的罚款数额按照直接损失的百分之三十计算，但最高不得超过三十万元。对造成重大海洋环境污染事故，致使公私财产遭受重大损失或者人身伤亡严重后果的，依法追究刑事责任。

③ 2015年修正的《防洪法》第六十四条规定：国家工作人员，有下列行为之一，构成犯罪的，依法追究刑事责任；尚不构成犯罪的，给予行政处分：①违反本法第十七条、第十九条、第二十二条第二款、第二十二条第三款、第二十七条或者第三十四条规定，严重影响防洪的；②滥用职权、玩忽职守、徇私舞弊，致使防汛抗洪工作遭受重大损失的；③拒不执行防御洪水方案、防汛抢险指令或者蓄滞洪方案、措施、汛期调度运用计划等防汛调度方案的；④违反本法规定，导致或者加重毗邻地区或者其他单位洪灾损失的。

④ 2009年《海岛保护法》第四十四条规定：海洋主管部门或者其他对海岛保护负有监督管理职责的部门，发现违法行为或者接到对违法行为的举报后不依法予以查处，或者有其他未依照本法规定履行职责的行为的，由本级人民政府或者上一级人民政府有关主管部门责令改正，对直接负责的主管人员和其他直接责任人员依法给予处分。第55条规定：违反本法规定，构成犯罪的，依法追究刑事责任。造成海岛及其周边海域生态系统破坏的，依法承担民事责任。

⑤ 2010年《水土保持法》第四十七条规定：水行政主管部门或者其他依照本法规定行使监督管理权的部门，不依法作出行政许可决定或者办理批准文件的，发现违法行为或者接到对违法行为的举报不予查处的，或者有其他未依照本法规定履行职责的行为的，对直接负责的主管人员和其他直接责任人员依法给予处分。第五十八条规定：违反本法规定，造成水土流失危害的，依法承担民事责任；构成违反治安管理行为的，由公安机关依法给予治安管理处罚；构成犯罪的，依法追究刑事责任。

⑥ 2009年修正《煤炭法》第八十条规定：煤炭管理部门和有关部门的工作人员玩忽职守、徇私舞弊、滥用职权的，依法给予行政处分；构成犯罪的，由司法机关依法追究刑事责任。

2. 我国刑法规定生态文明建设领域渎职犯罪的主体是国家机关工作人员

刑法分则第九章渎职罪的主体为国家机关工作人员，生态文明建设领域渎职犯罪作为渎职罪的下位概念，其主体不能偏离于一般渎职罪的主体，只能是国家机关工作人员。鉴于渎职罪主体范围缩小，司法实践中，许多具有职责但是没有国家机关工作人员身份的公务人员的渎职行为无法受到应有的制裁，最高人民检察院曾经在2000年和2001年以6个司法解释来扩张渎职罪的主体①，最高人民法院也在2000年颁布了司法解释来扩大渎职罪的主体范围②。尽管“两高”的司法解释解了燃眉之急，但是仍存在不少问题：①司法机关是否有权力对渎职罪的主体进行此种扩大解释？此种解释与罪刑法定原则是否存在矛盾？②尽管司法机关对渎职罪的主体进行了扩大解释，但此种解释多为个案解释，其是否具有普适性？实践中出现的类似问题能否适用？③上述司法解释多为最高人民检察院的单一解释，对法院的审判工作是否具有当然效力？为解决此问题，第九届全国人民代表大会常务委员会在2002年12月28日通过了《全国人民代表大会常务委员会关于〈中华人民共和国刑法〉第九章渎职罪主体适用问题的解释》，此立法解释极大地扩张了渎职罪的范围，这也使得生态文明建设领域渎职犯罪的主体范围已经不再局限于国家机关工作人员③。

由上文分析可见，许多环境行政法规定的生态文明建设领域渎职行为的主体是国家工作人员，此主体的范围要广于刑法关于生态文明建设领域渎职犯罪主体的范围。尽管立法解释已经大大扩张了此类渎职犯罪的主体范围，但是国家机关工作人员毕竟不能等同国家工作人员。根据1997年《刑法》第九十三条的规定，国家工作人员包括国家机关工作人员④。鉴于刑法已经将国家工作人员和国家机关工作人员

---

① 2000年的《最高人民检察院对〈关于中国证监会主体认定的请示〉的答复函》，2000年的《对〈关于中国证监会主体认定的请示〉的答复》，2000年的《最高人民检察院关于镇财政所所长是否适用国家机关工作人员的批复》，2000年的《最高人民检察院关于属工人编制的乡（镇）工商所所长能否依照刑法第三百九十七条的规定追究刑事责任问题的批复》，2000年的《最高人民检察院关于合同制民警能否成为玩忽职守罪主体问题的批复》，2001年的《最高人民检察院关于工人等非监管机关在编监管人员私放在押人员行为和失职致使在押人员脱逃行为适用法律问题的解释》。

② 2000年《最高人民法院关于未被公安机关正式录用的人员、狱医能否构成失职致使在押人员脱逃罪主体问题的批复》。

③ 《全国人民代表大会常务委员会关于〈中华人民共和国刑法〉第九章渎职罪主体适用问题的解释》（2002年12月28日第九届全国人民代表大会常务委员会第三十一次会议通过）规定，“全国人大常委会根据司法实践中遇到的情况，讨论了刑法第九章渎职罪主体的适用问题，解释如下：在依照法律、法规规定行使国家行政管理职权的组织中从事公务的人员，或者在受国家机关委托代表国家机关行使职权的组织中从事公务的人员，或者虽未列入国家机关人员编制但在国家机关中从事公务的人员，在代表国家机关行使职权时，有渎职行为，构成犯罪的，依照刑法关于渎职罪的规定追究刑事责任。现予公告”。

④ 1997年《刑法》第九十三条规定：本法所称国家工作人员，是指国家机关中从事公务的人员。国有公司、企业、事业单位、人民团体中从事公务的人员和国家机关、国有公司、企业、事业单位委派到非国有公司、企业、事业单位、社会团体从事公务的人员，以及其他依照法律从事公务的人员，以国家工作人员论。

区别开来，国家机关工作人员只是国家工作人员的一部分，而现行刑法规定的渎职罪的主体为国家机关工作人员，其不能完全对应环境行政法所规定的主体范围，此种不一致的规定会放纵部分渎职犯罪分子。

（三）罪状表述不周延

1997 年《刑法》规定了专门的生态文明建设领域渎职犯罪，这是我国环境保护史上的重大进步，为打击此类渎职犯罪提供了法律依据，由于立法技术上的原因，这些立法规定并不周延：①主观方面不周延。对于环境污染防治领域的渎职犯罪，《刑法》只是将主观上为过失的渎职犯罪分离出来独立成罪，即环境监管失职罪，故一旦发生了滥用职权而违法监管环境的渎职犯罪行为，则只能适用滥用职权罪。在资源保护方面，《刑法》只是将部分主观上为故意的渎职犯罪分离出来独立成罪，即非法发放林木采伐许可证罪、非法批准征用、非法占用土地罪、非法低价出让国有土地使用权罪，一旦在此范围之外实施了渎职犯罪，只能适用滥用职权罪或者玩忽职守罪。②保护范围不周延。此种不周延主要体现在资源保护类的渎职罪中，《刑法》只规定了森林资源和土地资源保护领域的渎职犯罪，其他自然资源保护领域的渎职犯罪没有单独分离出来独立成罪，这些环境管理领域的渎职犯罪只能适用渎职罪的一般规定。③刑罚种类不周延。现行《刑法》关于此类渎职犯罪的刑罚只规定了自由刑，没有资格刑，更没有设置有关环境的恢复与改善的刑罚。此种刑罚规定只体现了如何惩罚犯罪，未能体现保护和改善生态环境的要求，且对人类利益保护滞后。此种立法现状会不仅不利于区分生态文明建设领域渎职犯罪行为，而且可能会放纵犯罪分子。

（四）刑罚不均衡

现行生态文明建设领域渎职犯罪的刑罚规定有失均衡，具体为：①现行《刑法》规定此类渎职犯罪的刑罚比 1979 年《刑法》规定的更轻。以环境监管失职罪为例，作为玩忽职守罪的表现形式之一，在 1979 年《刑法》中被包含在玩忽职守罪中。鉴于 1979 年《刑法》第一百八十七条规定的玩忽职守罪的最高法定刑为有期徒刑 5 年[①]，故对当时的环境监管失职罪的犯罪人最高可以处以有期徒刑 5 年。然而现行《刑法》所规定的环境监管失职罪最高刑期只可以判处有期徒刑

---

① 1979 年《刑法》第一百八十七条玩忽职守罪，“国家工作人员由于玩忽职守，致使公共财产、国家和人民利益遭受重大损失的，处五年以下有期徒刑或者拘役”。

3 年[①]。②生态文明建设领域渎职犯罪的刑罚比其他渎职罪的刑罚更轻。现行《刑法》对此类渎职犯罪的法定刑最高为 3 年（例外的是非法出让国有土地使用权罪最高法定刑可达 7 年），而其余渎职罪的最高法定刑大都是 7 年或者 10 年。此类渎职犯罪的危害性通常比其余渎职犯罪危害性更大，为何法定刑更低？立法者对此判断的依据是什么？③生态文明建设领域渎职犯罪内部的各罪之间的刑罚失衡。现行《刑法》对于环境污染防治方面的渎职罪只有环境监管失职罪，而对于资源保护领域的渎职罪有非法出让国有土地使用权罪等 3 个罪，从刑罚角度看，环境监管失职罪最高法定刑只有 3 年，但是非法出让国有土地使用权等罪最高法定刑可达 7 年。即便是资源保护领域渎职罪是出于过失，按照法律规定应该适用《刑法》第四百零八条的玩忽职守罪，而玩忽职守罪的最高法定刑也在 7 年[②]。同为环境管理过程中的渎职罪，为何刑罚相差如此大？在环境污染破坏没有根本好转之际，此种立法的不均衡会导致对此类渎职犯罪处罚更轻，从而难以起到应有的规制作用，由此可能放纵罪犯。

三、环境渎职者行政追责的弱化

对环境执法者的行政追责是一种同体问责，其内容广泛，具体有追责主体、追责客体、追责范围、追责程序、追责结果等环节。作为系统的自我纠错机制，其目的是要实现环境法治和环境善治。从我国当下来看，环境行政追责的弱化是造成生态文明建设领域渎职犯罪的重要原因之一。

（一）追责的依据不全面

环境行政法规定了环境执法者违法所应承担的行政责任，但是对于如何实现这些行政责任缺乏详细的法律规定，而《公务员法》《行政监察法》《行政机关公务员处分条例》是对公务人员行政问责的一般性规定，同样适用生态环境管理领域的公务人员。我国还存在部分专门性法律规范规定了对环境行政执法者的行政责任的追责及其有关程序，具体而言，在中央层面，中共中央办公厅、国务院办公厅联合

① 1997 年《刑法》第四百零八条环境监管失职罪，“负有环境保护监督管理职责的国家机关工作人员严重不负责任，导致发生重大环境污染事故，致使公私财产遭受重大损失或者造成人身伤亡的严重后果的，处三年下有期徒刑或者拘役”。

② 1997 年《刑法》第三百九十七条的滥用职权罪和玩忽职守罪，“国家机关工作人员滥用职权或者玩忽职守，致使公共财产、国家和人民利益遭受重大损失的，处三年以下有期徒刑或者拘役；情节特别严重的，处三年以七年以下有期徒刑。本法另有规定的，依照规定。国家机关工作人员徇私舞弊，犯前款罪的，处五年以下有期徒刑或者拘役；情节特别严重的，处五年以上十年以下有期徒刑。本法另有规定的，依照规定”。

在2015年8月发布了《党政领导干部生态环境损害责任追究办法（试行）》；监察部和环保总局在2006年制定了《环境保护违法违纪行为处分暂行规定》。

在地方层面，很多地方制定了环境行政追责的办法，近年来，主要有：为贯彻《党政领导干部生态环境损害责任追究办法（试行）》，内蒙古自治区、黑龙江省、广东省、安徽省、陕西省、江西省、四川省等省（自治区）在2016—2018年陆续配套制定了《党政领导干部生态环境损害责任追究实施细则（试行）》。此外，其他一些地方性规范性文件还有《贵州省林业生态红线保护党政领导干部问责暂行办法》（2015年）、《贵州省生态环境损害党政领导干部问责暂行办法》（2015年）、《湖南省重大环境问题（事件）责任追究办法（试行）》（2015年）、《广西壮族自治区党政领导干部环境保护过错问责暂行办法》（2014年）、《云南省环境保护行政问责办法》（2013年）、《江苏省党政领导干部违反土地管理规定行为责任追究暂行办法》（2010年）。尽管关于环境行政责任的法律依据不少，但是还存在如下问题：一是大多规格不高，除《党政领导干部生态环境损害责任追究办法（试行）》外，其他法律规范大都属于规章，效力等级不高，一旦与其他法律发生冲突，则难以适用。二是适用范围狭窄，《党政领导干部生态环境损害责任追究办法（试行）》及各省配套规定规制的主要是各级班子的党政领导，此种责任多是领导责任而非具体责任；其他规章适用的领域大都局限在环境污染防治领域，而环境执法除此领域外，还包括资源保护等领域的渎职行为，这些渎职行为可能无法适用上述法律规范。三是法律规定存在冲突，国家监察部和环保总局联合制定的《环境保护违法违纪行为处分暂行规定》，理论上可以在全国适用，但是其他省级政府也制定了适用本辖区内的环境污染行政责任追究办法，鉴于此两类规定不完全一致，由此可能产生法律适用冲突，导致难以选择适用。

（二）追责范围不明确

对环境执法者的违法行为追究责任，首先要明确执法部门和执法人员所应该分担的行政责任，即要明确划分环境职责。但是由于历史等原因，职能交叉、职责交叉、岗位交叉等导致职责划分模糊不清，造成追责的对象与范围难以确定：一是如何确定被追责的机关？一旦发生环境事件，应该由哪些几级行政机关来承担责任，即应该追究一级政府还是多级政府的责任？如果需要承担连带责任需要几级政府来承担？实践中常常由下级部门承担责任[①]。二是如何划分地方政府与下属环境管理部

① 袁珏．浅析上海环境保护行政问责制度的探索和启示［J］．科技信息，2013（13）：442.

门之间的责任？地方政府作为环境质量的第一责任人，对其辖区内的生态文明建设等承担第一责任，生态环境（厅、局）、自然资源（厅、局）等作为政府组成部门承担生态文明建设的具体责任，由此导致地方政府及其下属生态环境部门的责任难以划分。三是各环境管理部门之间的责任如何划分？按照我国的环境管理模式，环保部门与其他许多部门的职责存在交叉，由此会导致管辖问题和责任问题，例如，对于农业污染事件，如何划分环保部门和农业部门的责任？四是如何划分领导责任与直接责任？鉴于我国环境管理过程中存在岗位职责不明确等问题，一旦出现环境问题，经常无法确定具体责任人，例如，环境执法人员因服从命令导致环境事故发生，在此情形，如何划分行政责任[①]？

（三）追责过程存在缺陷

完善的程序是解决追责问题的基本保障，程序的公正与否事关追责的结果，在追究环境行政责任的过程中，必须依据法定程序进行追责。然而，我国追究环境执法者的行政责任的程序并不完善。尽管我国非常重视追究环境执法者的行政责任，并制定了《党政领导干部生态环境损害责任追究办法（试行）》《环境保护违法违纪行为处分暂行规定》等法律规范，这些依据保障了追责的有效进行，但此种追责程序还存在有待完善之处：一是启动难，在环境问题产生后，如果未曾暴露和披露，需要承担责任的环境执法者会掩盖真相，逃避和转嫁责任。二是公正裁量难，根据法律的规定，如何判断有关违法行为及程度的责任由追责部门行使，此种定性加定量的做法实际上赋予了追责部门过多的自由裁量权。在此裁量权的运行过程中，具体的追责人易受到外在因素影响导致追责行为具有随意性，难以保证公正行使权力。三是追责重结果、轻程序，虽然规定了追责主体、追责范围、追责内容、责任表现形式等，却没有详细规定如何追究其行政责任，是否应该回避。因此，此种追责程序具有随意性，难以保证公平公正追究环境执法者的行政责任。

四、环境渎职者刑事追责的弱化

从理论上而言，犯罪必须承担相应的刑事责任，实际上，犯罪人是否需要承担相应的刑事责任取决于司法机关的工作情况。生态文明建设领域渎职犯罪由于其特殊性，导致司法机关在司法过程中面临诸多困难，事实上削弱了司法机关打击此类

① 肖萍. 环境保护问责机制研究［J］. 南昌大学学报（人文社会科学版），2010（4）：61-62.

渎职犯罪的力度。

（一）侦查难度大

在检察机关的自侦部门于2016—2017年转隶之前，侦查生态文明建设领域渎职犯罪的任务是由检察机关来完成的，此处也是就原有侦查模式展开论述。当时，惩治和预防职务犯罪是检察机关的基本职能，检察机关结合办案积极开展预防生态文明建设领域渎职犯罪工作，可以促进建立、健全和完善环境监管制度[①]。然而对于检察机关而言，查处生态文明建设领域渎职犯罪极为不易，侦查过程中会遇到很多问题：①工作机制不畅。生态文明建设领域渎职犯罪的侦查需各部门紧密配合，各环境管理部门存在本部门利益，如本部门有违法犯罪情形则会影响部门考核排名，此种排名不仅影响公务人员的经济收益，甚至还影响了部门领导的升迁。此种现状使得有关环境管理部门配合检察机关侦查的积极性不高，导致检察机关从环境管理部门得到生态文明建设领域渎职犯罪的信息不充分。鉴于环境执法者未认真履行环境监管职责的行为可能更有利于地方利益，可能被地方政府默认，使得地方党政部门不支持对此种渎职行为的查处。如2014年9月披露的内蒙古腾格里沙漠排污事件，由于当地环保机关监管不力导致腾格里沙漠发生严重污染事件，尽管此事件被媒体披露且引起了全国人民关注，事件被披露3个多月后仍未见到环境执法机关、检察机关或者纪检监察部门对此介入调查，直到习近平总书记在2014年12月作了批示后，纪检监察部门方才介入并追究有关执法人员的渎职责任[②]。②侦查专业性不强。生态文明建设领域渎职犯罪需要查清两方面事实：一是环境管理领域公务人员渎职的事实；二是生态环境污染破坏的事实。对于检察机关而言，查清公务人员的渎职行为较为容易，但查清生态环境污染或破坏的事实则较为困难。环境污染或者破坏存在潜伏期，其危害行为与危害结果之间存在一定的时间差，有的危害结果潜伏时间长，可能要几年甚至更长的时间才能发生，若不能量化危害结果，生态文明建设领域渎职犯罪行为难以认定。此外，生态文明建设领域渎职犯罪所引起的危害结果并非一般意义上的刑法危害结果，而是包含科技因素的危害结果，此种危害结果的判断需要特定专业知识，作为检察机关的工作人员，通常不具备此专业知识，这导致生态文明建设领域渎职犯罪案件难以定罪，定了罪却又多是

① 宋寒松．检察职能与生态文明建设［J］．中国环境法治，2012（2）：38.
② 内蒙古腾格里沙漠污染事件处理结果公布［EB/OL］.（2014-12-23）［2021-02-16］.http://env.people.com.cn/n/ 2014/ 1223 /c1010 -26257113.html.

轻刑处理[①]。

（二）取证困难

生态文明建设领域渎职犯罪的取证困难表现在如下两方面：①从犯罪主体的角度看，本罪主体是国家机关工作人员，作为国家事务的管理者或者执行者，其文化和专业素质较高，社会关系庞杂，反侦查能力强于一般犯罪人，容易为自己的犯罪行为开脱。此外，鉴于涉及部门利益，相关环境管理部门配合调查机关、司法机关的意愿不强，且查处生态文明建设领域渎职犯罪可能会受到党政部门干预，故此类渎职犯罪较一般渎职犯罪更难以取证。况且，在生态文明建设领域渎职犯罪案件中，存在窝案多、涉及面广、主从犯难以判断等问题，这都会影响具体责任的认定。②从危害结果角度看，作为结果犯的生态文明建设领域渎职犯罪的必备构成要件之一是渎职行为严重污染破坏生态环境致人身、财产权利受损严重的，要认定此危害结果，必须将危害结果量化。但是鉴于此类渎职犯罪的潜伏性、科技性等特征，对于危害结果等的证据很难收集。例如 2004 年沱江特大水污染事件：2004 年 2—4 月，四川省川化股份有限公司违反规定将工业废水排入沱江，导致环境污染，严重影响了成都、资阳等地的工农业生产用水和人民生活。经侦查机关侦查，时任成都市青白江区环保局副局长宋世英分管环境监测、环境监理、污染管理工作，其违反相关的工作职责规定，在工作中严重不负责任，未能及时有效地预防、阻止非法排污行为的发生，导致沱江水污染事故的发生，致使公私财产遭受重大损失[②]。此案的调查取证非常困难，其取证涉及面广，横向涉及 5 个地级市，纵向涉及水环境污染，以及水资源、水生物甚至沿岸居民身体伤害等损失，难以取到足够的证据来准确认定此渎职行为所导致的具体损失。

（三）鉴定困难

鉴定困难主要体现在：①环境司法鉴定机构缺乏。生态文明建设领域渎职犯罪与重大环境污染破坏事故相连，为了确定犯罪人责任的程度以及赔偿或补偿被害人，必须确定犯罪行为带来的实际损失，为此，必须具备足够的有鉴定资质的环境司法鉴定机构，以量化生态文明建设领域渎职犯罪的危害结果。但是我国的环境司法鉴定机构缺乏，自中国环境科学学会于 2006 年 11 月成立第一家专门环境司

① 陈志荣 . 论环境犯罪侦查之完善——以紫金矿业污染案为视角［A］. 全国环境资源法学研讨会（年会）论文集（第三册）［C］. 2011：932.

② 案例选登［EB/OL］.（2011-10-28）［2019-02-16］.http://www.zj.pro/bmdt/more.jsp?cid=004024029 & page=2.

法鉴定机构——“环境损害鉴定评估中心”以来，除昆明市、重庆市外，各地很少跟进。甚至连环境污染破坏较为严峻的河北省也才于2013年12月成立河北首家专门环境司法鉴定机构——河北省环境监测中心[①]。截至2019年，我国的环境损害司法鉴定机构仅有100家[②]，但是现有司法鉴定机构大多不具备对环境污染破坏的损害进行鉴定的能力，若委托其他专业机构鉴定，由于缺乏鉴定资质又难以得到司法部门认可，导致缺乏机构来鉴定此类犯罪所造成的犯罪后果。②环境司法鉴定的人才匮乏。我国缺乏专门的环境司法鉴定人才，近年才开始对于此种人才的培养，2014年10月，中国环境科学学会才培训出第一批共计39名“环境法医”[③]；2014年12月，在中国环境科学学会和中国法医学会共同举办的第二期环境法医培训班上，与会专家学者估计我国亟须20万环境法医人才[④]。以江西省为例，截至2020年，该省只在2017年遴选过一批57名环境鉴定专家[⑤]，显然，鉴定人才缺乏的现状短时间内难以改观。③环境司法鉴定的法律保障欠缺。我国缺乏规制环境司法鉴定的法律法规，当前只有环境保护部于2011年颁布的《关于开展环境污染损害鉴定评估工作的若干意见》，此规范效力过低，难以有效规制司法过程中的环境污染鉴定。况且，该意见规制的只是环境污染的鉴定，无法规制自然资源管理过程中环境破坏的鉴定。鉴于我国生态文明建设领域渎职犯罪的危害后果难以量化，加上鉴定机构、人才的缺乏，将会导致难以快速确定本罪的犯罪后果，由于犯罪后果的不确定，必将放纵更多犯罪人。

（四）量刑过轻

实践中，我国对环境执法者量刑过轻，而且多免予刑事处罚。从全国总体情况看，统计显示，2005—2008年，因渎职犯罪被判处缓刑和免予刑事处罚的人数非常多，甚至占到判决生效人数的比例在80%以上；2008—2010年，渎职犯罪案件生效判决中，六成以上的被告人被免予刑事处罚[⑥]。以渎职罪的具体罪名为例，2014—2020年，全国涉环境监管失职罪的犯罪人有85人，其中，60多人免予刑事

---

① 李晓磊．问诊环境污染司法鉴定如何“落地”［N］．民主法制时报，2014-03-03（9）．

② 全国环境损害司法鉴定机构突破100家［EB/OL］．（2019-01-15）［2021-02-16］.http://legal.people.com.cn/n1/2019/0115/c42510-30541081.html.

③ 第一期“环境法医及损害鉴定评估”培训班结果查询［EB/OL］．（2014-10-09）［2021-02-16］.http://wwwxhinacses. Org/ c/cn/news /2014-10/09/news__9983.html.

④ 李向阳．全国亟须20万环境法医人才［J］．环境与生活，2015（1）：105.

⑤ 江西省建立环境损害司法鉴定机构登记评审专家库（附专家名单）［EB/OL］．（2017-12-25）［2021-02-16］.http://www.jxzfw.gov.cn/2017/1225/201712253811.html.

⑥ 马大壮．渎职犯罪案件“轻刑化”三问［J］．公民与法治，2014（7）：46.

处罚，占比70.6%[①]。从具体案例看，如李某玩忽职守案：李某作为云南省昆明市东川区环境监察大队大队长，因玩忽职守，未对辖区内的非法排污行为进行监管，导致部分矿企的废水、废渣、尾矿非法外排，造成东川发生了“牛奶河”污染事件。案发后，东川区法院经审判认为李某已经构成玩忽职守罪，但是判处李某免予刑事处罚[②]。李某的渎职犯罪所造成的损失不可谓不大，然而量刑却是免予刑事处罚，此种轻判无法起到打击和威慑犯罪人的作用。

第二节 生态文明建设领域渎职犯罪的行政原因

一、失范理论与生态文明建设领域渎职犯罪

（一）默顿（Robert K. Merton）的失范理论

默顿认为每个社会均由文化目标和手段所构成，文化目标是社会上个体均可追求的目标，而文化手段则是实现目标的方法或者途径。例如在美国社会，获取财富等其他成功是社会认可的目标，但是各社会阶层获取成功的手段不一致，当人们无法通过所设定的合法手段获得成功时，会产生挫折感、愤怒等紧张状情绪，此种情绪会对缺乏合法机会的人造成失范，使其有可能通过犯罪手段去实现目标。

默顿认为，个人的许多欲望不一定是自然形成的，而是文化所导致的[③]。默顿认为，任何社会的文化都具有两个特征：①确立目标。尽管存在不同的社会，但是任何社会都会确立一些其所提倡的、符合其价值理念的目标，以作为社会成员的普遍追求。例如，美国社会将获取财富作为其最重要的文化目标，因此，财富的多寡是判断成功与否的重要指标。②规定手段。在确定目标后，任何社会的文化都会以规范、制度等形式来确定实现此目标的制度性手段。例如，美国社会是通过艰苦劳动、诚实、接受教育、克制欲望等手段来达到取得财富的目标，而暴力、欺骗等手段则被禁止。如果不按照此种手段实现目标，则可能产生越轨行为。默顿指出，由于社会各阶层成员的差异，处于上层阶级的成员更易通过合法手段达到目标，处

---

① 中国裁判文书网［EB/OL］.（2018-12-07）［2021-02-16］.http://wenshu.court.gov.cn/website/wenshu/181217BMTKHNT2W0/index.html?pageId=13835f6bf6aa86623c08664fcda3febd&s21=%E7%8E%AF%E5%A2%83%E7%9B%91%E7%AE%A1%E5%A4%B1%E8%81%8C%E7%BD%AA.

② 徐日丹，贾阳.全面履行法律监督职能 严惩破坏生态环境犯罪［N］.检察日报，2014-06-13（1）.

③ 吴宗宪.犯罪学［M］.北京：法律出版社，2006：342.

于下层成员难以通过合法手段获得成功，因此，社会不能满足所有成员的通过合法手段达到成功的目标，社会结构本身限定了社会成员成功的机会。如果社会成员接受上述文化既定的传统目标和制度性手段，不会产生越轨行为，反之则会产生越轨行为。但是，如果个人对传统目标和既定的手段不感兴趣，就会在二者之间发生冲突，默顿称此冲突为失范。

在此种冲突状态下，社会成员的适应形式分为：①顺从型。即接受既定目标和手段，通过自己努力获取成功，在平稳社会环境中，为多数人所遵守。②革新型。虽然接受既定目标，但是拒绝社会提供的手段，而是采取其他手段来达到目的，此种手段由于与既定的制度性手段不相符，必然导致违法犯罪。③仪式型。即拒绝既定的文化目标，但是认可社会提供的制度性手段。不希望获取大量财富等成功目的，因为其已经放弃目标，但是却接受既定的手段，辛勤劳动、接受教育、克制欲望。④退缩型。即以一种消极的方式既拒绝文化目标，也拒绝社会认可的手段。其本质上是双重失败者，不仅不能以社会认可手段获得成功，而且不能以非制度性手段来达到文化目标，目的和手段的双重无效造成了其内心冲突。⑤反叛型。是指个人采用新的价值观来取代现行社会的价值观，即不仅拒绝文化目标，也拒绝社会认可和提供的手段，而且以新目标、手段来替代。默顿的失范理论将顺从之外的适应模式都视为越轨，但这些越轨行为并非都会引起犯罪，如仪式型的适应方式不会引起犯罪，但是革新型、退缩型和反叛型的适应方式则可能引起犯罪。默顿强调文化目标与合法手段脱节的失范状态，认为此种状态才是导致犯罪的根本原因。

（二）此种渎职犯罪是行政管理制度失范的结果

默顿认为所谓的失范主要是指手段的失范，在默顿看来，文化目标很重要，但是文化目标作为价值观的体现不会直接影响个人的越轨行为和犯罪行为，只有实现目标的手段失范，才会导致越轨行为和犯罪行为的发生[①]。默顿的失范理论不仅可以解释社会中发生的很多犯罪现象，也可以说明生态文明建设领域渎职犯罪。从国家角度看，国家设定了环境法治的目标，围绕此目标制定了相应的规范和制度，作为国家的环境执法者，其应该认可目标并通过所设定的制度性手段来达成环境法治的目标。环境管理制度是环境执法赖以进行的基础，此种管理优劣与环境执法的效果息息相关。从我国环境管理制度来看，由于其存在诸多缺陷，导致环境管理制度的规范作用不断弱化，由此引发了生态文明建设领域渎职行为的发生。我国环境管理

① 许春金．犯罪学［M］．台北：三民书局，2010：362-363.

制度的失范包括范围很广，如环境管理职能的弱化、环境管理机构的设置不规范、环境激励制度不健全、环境行政执法弱化以及对环境管理的监督机制弱化等，这些因素是环境执法者渎职行为产生的诱因，受其影响，有的环境执法者不依法履行职责，而滥用职权或者玩忽职守。

二、环境管理制度有待健全

（一）我国环境管理职能整合有待深化

长期以来，我国环境管理职能不是集中在某个部门，而是很多部门都具有环境管理职能，且各部门之间的管理职能存在同质化现象，这导致了如下问题：（1）诸多部门之间职能存在交叉，具体有：①规划职能交叉。从横向看，不同部门存在职能相同的机构，如环境规划职能的机构，生态环境部、全国人大环境与资源保护委员会、国务院其他与环境保护相关的部门机构等都具有此职能；从纵向看，上下级环境规划机构的职能不清，如环境保护部所属的环境规划院（所）与各省级环境规划院（所）之间的职能存在交叉[①]。②监测职能交叉，如生态环境部、水利部的水资源水文司以及国家海洋局都具有水质监测的职能，鉴于监测主体等不一致，可能导致监测结果不一致。③保护职能交叉，如生态环境部与国家林业和草原局都有监督检查各类型自然保护区工作的职能，生态环境部与住房和城乡建设部等部门都有审批国家风景名胜区的职能。④行政处理职能交叉，如对于渔业污染纠纷或船舶污染纠纷，环保部门、渔政监督管理部门、交通部门的航政机关都有处理此纠纷的职能[②]。上述环境管理职能交叉，易引起管理部门管辖权纷争，甚至导致管理人员相互推诿，从而引发渎职行为。（2）环境管理机构分散多头。在机构改革之前，具有环境管理职责的机构有 10 多个部门，如县级以上各级人民政府的环保、国土、林业、农业、水利等行政主管部门依法对本领域所管辖的环境进行监管，海洋行政主管部门、港务监督、军队环保部门及各级公安机关、交通部门、铁道部门、民航管理部门是污染防治的分管部门，依法对各自领域的污染防治进行监管[③]。此种“九龙治水”式的管理体制极易引发推诿，导致渎职失职行为的发生。

---

① 王倩，万军，张南南，等 . 全国环境规划院（所）建设现状、问题及思考分析［J］. 环境科学与管理，2013（10）：19-20.

② 杨朝霞 . 论我国环境行政管理体制的弊端与改革［J］. 昆明理工大学学报（社会科学版），2007（5）：3.

③ 沈洪艳 . 环境管理学［M］. 北京：清华大学出版社，2010：70.

根据2018年第十三届全国人民代表大会第一次会议通过的《国务院机构改革方案》，环境保护部门和自然资源部门分别进行了整合，将其余部门类似职能统一整合到上述两个部门。经过整合后，加强了职能之间的协调，强化了环境管理的力度，相对应的，也加重了对应的责任，如生态环境部，其责任将由环境污染监管治理职责彻底转变为负责生态环境质量。对于生态环境部（厅、局）来说，我国大致已经实现了省级以下垂管，而且推动执法力量下沉，为此，地方各级生态环境部门职责、重心都发生了变化。可能会产生如下问题：①省级生态环境厅（局）如何应对新情况、新问题？改革前，省级生态环境部门一般处于生态环境保护的二线，很少直接负责环境污染防治等问题。改革后，由于原有结构调整，省级生态环境厅（局）成了承担地方环境监管的直接责任者。此种转变，必然带来执法理念变化、执法滞后、行政复议甚至过多的行政诉讼等问题不断出现。②各级生态环境部门权力如何均衡？垂直改革主要目的之一是执法力量下沉，且将环境监察和环境执法直接由省级生态环境厅（局）主管，实际上造成了“两头实、中间虚”的格局，设区市（地）生态环境局很大程度上被虚化，造成三级管理部门不均衡[①]。③如何划分政府与生态环境部门之间的责任？由于环境部门的垂直管理要求环境管理权力与职责都归由生态环境部门，但是由于改革不彻底，生态环境局仍然是地方政府的组成部门，且地方党政部门需对本地环境质量承担相应责任。如何划分地方政府与生态环境部门之间的责任，这是今后亟须解决的问题。

（二）区域环境协同治理有待强化

我国是以行政区划为基础建立了环境管理制度，即按行政区划来进行环境监管，各地区只对本辖区的环境质量负责。而环境本质上是作为整体而存在的，难以通过行政区划来划分各自区域内的环境，如空气、水、野生动物等环境要素是流动的，难以通过行政区域来分类管理；再如江河湖泊等自身是个相对完整的生态系统，行政区划下的环境管理实际上割裂其完整性。因此，环境的整体性要求对其进行整体监管，而作为管理主体的政府通常被行政区划所束缚，加上各区域的利益博弈，难以轻易打破地区利益格局、超越行政区划来监管环境[②]。此种管理体制会导致一旦出现环境污染等问题，以行政区划进行监管效果不理想，为此，则必须寻求协同治理方式来压缩渎职空间，促进联合执法，协同解决环境问题。

---

① 熊超．环保垂改对生态环境部门职责履行的变革与挑战［J］．学术论坛，2019（1）：136-148.

② 杜万平．环境行政管理：集中抑或分散［J］．中国人口·资源与环境，2002（1）：24.

但是，由于种种原因，我国当前环境协同治理的效果并不理想，问题主要有：①地方利益的局限性。由于现有行政区划，环境质量问题多是各行政区区政府负责，一旦出现跨区域环境问题，不同区域政府的治理环境积极性未必相同，假设A、B两设区市相邻，A在河的上游，B在河的下游，若A市企业排污超标，污水不断流向B市，虽然都是面对污染，但是两地未必具有相同的治理污染积极性，或许A市政府更加倾向于维护企业以发展经济，企业发展经济追求的也是正当利益，况且每年的经济指标都是考核的重头戏。因此，受制于地方利益，跨区域间的协同治理可能会受很大影响。②缺乏刚性的协调机制。协同治理首要的是协同，所谓协同离不开协调，这就需要各种各样的协调机构，例如，为解决水污染问题，我国设置了协调机构来协调区域性环境问题，如长江水利委员会、黄河水利委员会等。在这些协调机制中，由于缺乏行之有效的制度来保障各个分管部门相互合作，我国现有协调机构的协调作用有限。以水环境保护的协调为例，我国在七大流域建立了流域水资源保护机构，即长江、黄河、海河、淮河、珠江以及松辽六大水利委员会，加上太湖流域管理局，这些流域机构破除了行政区划的限制，有利于发挥协调作用保护水环境[①]。但是由于这些协调机构不具有行政管理职能，无权干预地方水资源的开发、利用与保护，事实上难以进行有效协调。机构改革后，相关权力已经转移，更会影响到协调的效果。此外，联席会议等协同方式大多不具备惩罚机制，很难有效约束各地方政府及其内设机构。③缺乏相关法律保障。尽管不同区域间也制定了一些协调法律规范，但是总体来说，在区域性环境公共事务的治理方面，各政府间缺乏合作依据。以生态补偿为例，江西赣南东江源头作为广东、香港等地的饮用水水源地，已经封禁了多年，但是长期以来该地来自广东、香港等地的生态补偿金极少，绝大部分生态补偿金都是依靠江西省级财政。直到近年来，来自中央及广东省的生态补偿才开始，但是由于缺乏法律依据，两省之间的生态补偿机制十分脆弱，2020年的补偿依靠协议而非法律来推进[②]。再如长江流域的生态补偿问题，由于缺乏统一的生态补偿法，导致涉及污染问题与生态补偿时，很难达成具有广泛约束力的约定或者协议。可见，法律缺位导致府际之间合作机制中权利、义务等难以明确，进而使得在面临跨区域的环境问题时，无法建立行之有效的协同治理

① 吴丹，王亚华.中国七大流域水资源综合管理绩效动态评价［J］.长江流域资源与环境，2014（1）：32-38.

② 重磅！赣粤两省正式签署第二轮东江流域生态补偿协议［EB/OL］.（2020-01-08）［2021-02-16］.http://www.ganzhou.gov.cn/c100168/2020-01/08/content_01e16086892a499999edf8e3a33404dc.shtml.

机制[①]。

（三）环境激励制度有待健全

根据组织行为学理论，激励对解释人和组织的行为至关重要，因为人是有目的的生物，公共服务绩效表明激励能有效提高政府及其工作人员的工作积极性[②]。在我国的环保事业中，如何激励环境管理部门至关重要，作为行政权占主导地位的现状，行政意志决定了公共事务的成败，也决定了环境保护事业的成败[③]。总体而言，环境保护事业对于环境管理部门而言，缺乏相应的激励。

1. 对政府部门的激励机制缺乏

我国对地方政府履行环境环保职责的激励不足：①地方财源不稳定。我国自20世纪90年代实行分税制以来，原属地方政府骨干税源的消费税和增值税大都划给了中央，而地方征收的税种大多较分散且征收极为困难，导致了地方政府的收入来源不稳定[④]。我国地方政府，尤其是基层政府，其责任涉及方方面面，若没有足够的财源，势必寸步难行。为了寻找足够的财源，地方政府具有发展本地经济的内在驱动力。因此，对于理性的地方政府而言，如何寻找稳定的收入来源远比环境保护更为重要，这也是我国改革开放40多年来经济发展的基本逻辑，即我国的经济发展一直以来是受政府引导、扶持和推动的[⑤]。②保护环境不会带来直接收益。经济发展主要是通过企业的生产来进行，而企业的生产通常会排放废气、废水、固体废物，此“三废”排放累积到一定程度会使生态环境发生质变，从而产生环境污染破坏事件。为此，地方政府本应及时治理环境污染破坏，以防止环境事件的发生。但是，治理环境不会带来直接收益，反而会花费巨额的财政收入，而且如果按照要求严格环境治理，势必使得企业的生产成本增加，增加企业的压力，甚至导致企业上缴利润或者税收减少。对于地方政府而言，如果财政收入有余，可能会及时治理环境，但是我国大部分地方政府的财政收入不足以支持地方政府完成其所承担的各项职责。因此，地方政府缺乏保护环境的内在驱动力，这也决定了其对环境管理持消极态度。

---

① 徐浩．长江经济带跨界污染合作治理策略研究［J］．现代管理科学，2019（8）：47-49.

② 冉冉．“压力型体制”下的政治激励与地方环境治理［J］．经济社会体制比较，2013（3）：15.

③ 巩固．政府激励视角下的《环境保护法》修改［J］．法学，2015（1）：55.

④ 刘玲玲，冯懿男．分税制下的财政体制改革与地方财力变化［J］．税务研究，2010（4）：12-17.

⑤ 张凌云，齐晔．地方环境监管困境解释——政治激励与财政约束假说［J］．中国行政管理，2010（3）：94-95.

2. 对环境执法人员的激励机制缺乏

对于政府工作人员而言，激励无非体现在两方面，即物质激励和非物质激励，总体而言，我国对环境执法人员的激励不足：①物质激励不足。物质激励主要体现为工资、物质奖赏等，非物质激励表现为职位提升、表扬等精神方面的奖励。我国公务员的工资普遍较低，且涨幅很小，相对于上涨的物价，此种工资待遇实际上在不断缩水。鉴于现有工资制度已经形成且工资已经阳光化，作为环境执法人员的物质收入除正常工资之外，基本上没有其他额外收入，况且环境执法者是否依法履行职责以及执法质量等不影响其所得到的物质收入，因此，当前的物质收入对环境执法人员无法形成激励。③精神激励不足。精神激励主要体现为晋升，而这涉及我国的干部考核制度，在公务员的考核上，从中央到地方大都坚持了从德、能、勤、绩、廉五个方面综合考核和评价，这是公务员晋升、降职、免职、奖励和处分的主要依据，此五项标准在实践中会被细化成多项具体指标。在我国的公务员考核指标中，环境保护指标通常属于选择性指标，以某市 2007 年考核指标为例，其对于官员考核的核心指标有六项：经济发展、维护社会稳定、环境保护和人口与计划生育、社会治安、坚持党的各项方针政策，环境保护只是其一项志愿性指标[①]。由上例可见环境指标不是核心指标，不具有“一票否决”的效力，其相对而言地位低下，鉴于环境保护考核指标的弱势地位，决定了地方政府对其持消极态度。鉴于是否积极履行环境保护职责与官员晋升没有太多关联，这也决定了我国对于环境执法者的精神激励不足。

三、环境行政执行力有待加强

（一）环境管理权责仍不一致

行政管理的基本要求之一是权力和责任相一致，即拥有环境管理权力者必须承当相应的管理责任，但是我国的环境管理者存在权责不一致的情形，主要体现为：

1. 宏观上的权责不一致

从政府角度看，现有立法对地方政府环境管理权力的规定很多，但是与环境管理权力对应的环境责任规定不多，导致地方政府环境管理权责不一致。宪法、环境基本法以及各单行环境行政法赋予了地方政府环境管理的职责，但是此种法定职责

① 冉冉．“压力型体制”下的政治激励与地方环境治理［J］．经济社会体制比较，2013（3）：15.

重于赋权、轻于追责，尤其是2014年《环境保护法》有近1/3的条款是赋予环保部门监管权力，但是涉及政府责任的条款很少[①]。有关环境法律虽然规定了政府所应当承担的环境责任，但此种责任不够具体，导致难以实际追究政府的环境责任。当地方政府环境管理职能与经济职能发生冲突时，环境管理部门往往缺乏保护环境的意愿，甚至干扰环境执法活动，牺牲环境利益。

2. 微观上的权责不一致

即环境执法者的权力和责任存在不一致。由于地方环境管理部门属于地方政府内设机构，受地方政府领导且物质保障依赖地方政府，此种架构使得环境执法行为无法脱离地方利益，故《环境保护法》所赋予执法者的各种监管权力无法完全实现。尽管环境监管的权力受制于地方利益，但是一旦发生环境问题，环境执法者必须承担相应的法律责任[②]，这种权责不一致不利于环境管理工作的开展。

3. 机构改革后产生新的权责不一致

自2018年以来省级以下生态环境部门垂直管理改革后，省级以下地方政府对本级生态环境局影响削弱，尤其是县级环境监测、环境执法直接归口省级生态环境部门，更加削弱了地方政府对生态环境部门的掌控力度。然而，根据相关法律规定，地方政府对辖区内的环境质量负责，习近平总书记在2018年全国生态环境保护大会上也强调“地方各级党委和政府主要领导是本行政区域生态环境保护第一责任人”[③]。按照我国的实际情况，地方党政主要领导承担着环境保护的第一责任，但是省级以下的生态环境部门却已经垂直管理，尤其是县级生态环境部门的环境监察、环境执法都由省级生态环境部门主管。由此，会造成权责不一致，县级政府对本地环境质量负有职责却没有环境管理权力，此种矛盾如何解决有待今后实践。

（二）环境执法人员仍然欠缺

一直以来，我国环境执法都是相对薄弱，尤其是执法力量，多年来没有太多改观，具体如下：

1. 整体保障不足

我国环境管理机构总体而言面临人员不足和经费不足的问题，以环境保护部的数据为例，全国环境保护系统中专门从事环境监察的执法人员合计有6.8万人，

① 曹俊. 环保部门权力有多少？——读修订后的《环境保护法》[J]. 环境经济，2014（7）：4.

② 赵绘宇，赵晶晶. 环境事件中行政主体权责一致性研究[J]. 内蒙古社会科学，2009（6）：20.

③ 习近平出席全国生态环境保护大会并发表重要讲话[EB/OL].（2018-05-19）[2021-02-16].http://www.gov.cn/xinwen/2018-05/19/content_5292116.htm.

具有环境保护专业知识的仅占总人数的1/5[①]，平均每个省（自治区、直辖市）仅为400人左右，面对本辖区内日益增多的排污企业，如何做到有效监管？从地方来看，地方环境管理机构的人员和经费短缺情况也非常严重，如广西壮族自治区贺州市环境保护局平桂分局，其可现场执法的工作人员只有6人，而辖区内有803家工矿企业，还有700多家发放了"排污许可证"的大规模养猪场，以每天3家的速度进行检查，检查一次需要一年，且由于经费欠缺，甚至无钱添置相关监测的仪器设备，导致无法对矿山等企业进行监管[②]。

2. 乡村环境保护不足

目前，我国对乡村环境保护不足，乡村环境问题也较为突出，主要表现为面源污染和生态破坏。根据法律规定，县级以上政府和环境管理机构管辖本地的环境，但主要关注的是城市环境。此外，特定点源污染和有关生态保护区也纳入监管。相对而言，立法对于农村环境管理的规定很薄弱，即乡镇和农村的环境管理未引起国家重视，政府对于乡村环境缺乏相应的人力和物力支持。

3. 生态环境部门机构改革后执法力量仍然不足

随着2018年开始实行省级以下生态环境部门垂直管理的改革，迄今为止全国大多数省份已经实现了垂直管理。改革的主要目的之一是推动执法力量下沉，但是由于基层执法力量一直较为薄弱，原有环境执法者多是生态环境局内的行政人员，改革之后，其可能回归原有行政工作，由此可能造成被剥离到执法部门的人员不多，这实际上表明执法力量欠缺的老问题始终没有解决。因此，不通过增加生态环境部门总体的力量，只靠内部挖潜，执法力量欠缺的老问题仍难以彻底解决。

四、环境监督机制有待规范

导致我国生态文明建设领域渎职行为产生的重要原因之一是对环境行政管理行为的监督机制不完善，具体如下：①自身监督不足。根据我国的政治架构，纪检监察部门全面负责公职人员违纪违法行为的调查，各级纪律检查委员会（监察委）派驻纪检组到本级政府及各生态环境管理部门，行使相应的调查权，以监督本级政府或者本部门的环境执法行为。然而，由于此种监督机构属于部门内设机构，且纪检监察部门的负责人是本单位领导成员，因此，本单位的纪检监察部门难以脱离单位

---

① 张黎．构建智慧执法天网急需加油快跑［N］．中国环境报，2015-04-20（8）．

② 人手不够设备缺乏基层环保能力欠佳［EB/OL］．（2013-12-12）［2021-02-16］.http://news.xinhuanet.com/mrdx/ 2013-12 /12/ c _132961970.htm.

利益，单位利益大多数情况下与环境管理职能是一致的，但也存在不足，若二者的利益不一致，则此种监督难以发挥作用，甚至可能会包庇生态文明建设领域渎职行为。②外部监督不足。对于环境管理机构的外部监督有人大监督、司法监督、新闻媒体监督等，这些监督机构都归属于地方，工资福利等都与地方利益息息相关，此种监督也无法离开地方利益，事实上难以发挥预期的监督作用[①]。③公众参与不足。《环境保护法》《环境影响评价法》等法律赋予了公众参与的权利，公众参与有助于促进环境管理机构依法行政，认真履行监管职责，但是我国公众参与环境保护明显不足：首先，法律没有细化公众参与制度，法律制度的设计主要是围绕着环境行政权力的配置与运行展开，缺乏公众参与的细则，以致公众参与大都停留在政策层面。其次，政府缺乏引导公众参与环境管理机构的意愿，正因为缺乏引导意愿，环境管理部门很少主动寻求与公众沟通，双方因而缺少互动，由此导致公众对于有关环境管理活动了解不多。此外，由于我国公众对于环境保护关注不够，只有在涉及自身利益时才可能关注环境问题，这也导致了公众对于环境管理机构的有效监督不足。

第三节　生态文明建设领域渎职犯罪的经济原因

一、合理选择理论与生态文明建设领域渎职犯罪

（一）合理选择理论

1. 理性人假设

理性人又称为经济人，是指能够在自己意志支配下选择行为的人，犯罪就是理性人在此种自由意志支配下的结果。理性人最早来源于亚当·斯密关于“经济人”的假设，他认为经济人是自利的，能够运用自己的理性追求个人利益最大化，亚当·斯密在“经济人”假设的基础上构建起了庞大的体系，并且扩展到几乎所有人类活动领域。与此同时，意大利法学家贝卡里亚基于功利主义立场提出理性犯罪人的观点，认为犯罪人是受欢乐和痛苦等情感支配的，犯罪正是对此进行权衡的结

① 杜万平．环境行政权的监督机制研究——对环境法律实施状况的一种解释［A］．环境资源法论丛［C］．2006：53.

果[①]。在此基础上，德国学者费尔巴哈在此基础上提出了"心理强制说"，认为人具有趋利避害的心理，追求犯罪是为了获得快乐和感性冲动[②]。上述理论构成了理性犯罪人的直接理论渊源。加里·S. 贝克尔（Gary S. Becker）认为作为理性犯罪人，能够计算得失、权衡利弊，"当某人从事违法行为的预期利益超过时间及另外的资源用于从事其他活动所带来的利益时，此人便会从事违法活动，由此，一些人成为'罪犯'不在于他们的基本动机与别人有什么不同，而在于他们的利益同成本之间存在的差异"[③]。生态文明建设领域渎职犯罪的犯罪者具备了理性人的特征：①具有理性认知能力。生态文明建设领域渎职犯罪人作为国家环境管理领域的执法者，是国家事务的管理者，具备一定的学识、能力，这是理性计算的基础。此外，其进入公务员队伍需经过各种形式的选拔，且每年度都要通过各种考核，这也决定其理性的持续性，能够对其所选择的行为承担责任。②能够权衡得失。作为理性犯罪人，能够追求自身效益最大化，这也是理性人的基本特征之一。环境管理领域的执法者，承担着保护环境的职责，作为履行国家公务的理性人，能够权衡得失是其执法展开的基础。在其执法过程中，通过理性计算，能够利用职务上的便利攫取个人利益，使得个人利益最大化。

2. 合理选择行为

关于渎职犯罪的原因，存在不同观点。有的学者提出了"寻租"理论，美国学者詹姆斯·M. 布坎南（James Mcgill BucKanan）认为，腐败是权力与货币的交换，这种"以权谋私"的现象，在经济学术语上叫作设租和寻租活动，要铲除腐败的根源，关键是清除寻租的环境[④]。"寻租"理论很好地解释了职务犯罪中利益交换的过程，但并非所有职务犯罪都会导致职务的廉洁性受损，在生态文明建设领域渎职犯罪中，尽管存在贪污受贿等利益交换现象，但是并非所有生态文明建设领域渎职犯罪都存在利益交换的行为。在追求 GDP 最大化的地方，出于晋升或者发展当地经济等目的而怠于履行环境保护职责的官员也不在少数，此种行为无法用"寻租"理论来解释。

加里·S. 贝克尔提出了合理选择理论，即犯罪是理性人实施的一种合理选择的行为，犯罪人必定是自身利益最大化的追求者，其犯罪与否是建立在经过周密计算

---

① ［意］贝卡里亚 . 论犯罪与刑罚［M］. 黄风，译 . 北京：中国方正出版社，2004：18.
② 徐久生 . 费尔巴哈的刑法思想——费氏眼中的刑法与社会［J］. 北方法学，2013（5）：93.
③ ［美］加里·贝克尔 . 人类行为的经济分析［M］. 王业宇，陈琪，译 . 北京：三联书店，2008：63.
④ ［美］詹姆斯·布坎南 . 自由、市场和国家［M］. 吴良健，等，译 . 北京：北京经济学院出版社，1988：244.

的基础上，“由于预期收益超过预期成本，某人才实施犯罪。犯罪人的收益是来自犯罪行为的各种不同的有形或无形的满足”。贝克尔还认为，犯罪人在进行犯罪行为时会评价预期收益（expected utility，EU）和预期损失（expected losses），在对二者进行综合比较的基础上选择最大收益的行为，其计算公式如下：

$$EU=P(S)\times G-P(F)\times L$$

其中，P（S）表示犯罪成功的可能性（possibility of success），G 表示收益（gains），P（F）是指失败的可能性（possibility of failure），L 是指可能遭受的惩罚（losses）[①]。如果预期所得为正，即大于预期损失，那么犯罪的可能性更大，反之则犯罪可能性更小，渎职犯罪人正是基于此种理性判断而实施的行为。

总之，生态文明建设领域渎职犯罪是犯罪人经过理性计算之后做出的决定，实施渎职犯罪与否，取决于计算的结果，即在综合权衡正当收益、违法收益以及犯罪成本等基础上，来决定是否实施生态文明建设领域渎职犯罪。

（二）生态文明建设领域渎职犯罪成本与收益的计算

犯罪的两大因素是犯罪成本与收益。犯罪成本是指犯罪人为实施犯罪所投入的成本，在计算犯罪成本与收益过程中，生态文明建设领域渎职犯罪人会充分考虑其正当收益（包括经济利益和政治利益等）、渎职收益以及查处概率等因素之间的关系，在经过充分计算的基础上来决定是否实施渎职犯罪。以 W 表示正当收益，R 表示渎职收益，渎职者取得的所有收益为 $W+R$，假设查处的概率为 P（$0<P<1$）。

当 $W\leqslant(1-P)\times(W+R)$（公式一）时，渎职行为才会发生。

当 $W>(1-P)\times(W+R)$（公式二），渎职行为通常不会发生。

换句话说，若要阻止渎职行为发生，作为正当收益的 W 必须要满足的条件是大于 $(1-P)\times(W+R)$[②]。

但是在实践中，查处并非意味着刑事处罚，如果对于渎职者而言，在被查处后，仅仅是转岗、降级，或者仅仅被行政处罚，或者刑事处罚后仍可保留公职，或者仍有其他替代的就业机会，在此情况下，则公式二必须修正。若以 W_0 表示目前的正当收益，W_1 表示被查处后在新工作岗位所获取的正当收益。

当 $W_0>(1-P)\times(R+W_0)+W_1P$（公式三），渎职行为通常不会发生。

当 $W_0\leqslant(1-P)\times(R+W_0)+W_1P$（公式四）时，则渎职行为发生概率很高。

① ［美］加里·贝克尔．人类行为的经济分析［M］．王业宇，陈琪，译．北京：三联书店，2008：30.

② 杨晓维．渎职的经济分析［J］．经济研究，1994（1）：58.

因此，为了预防渎职犯罪的发生，则公务人员的正当收益必须高于渎职犯罪所得加上新岗位所取得的正当收益，即制止渎职犯罪的条件在于 $W_0>(1-P)\times(R+W_0)+W_1P$[①]。

如果生态文明建设领域渎职犯罪被查处后，对渎职者还需处以罚款（金）、政治上或者社会上的不利益、监禁甚至处以极刑等，设定此种处罚成本为C，则渎职收益必须减去惩罚所带来的损失，则公式三必须修正为：$W_0>(1-P)\times(R+W_0)+W_1P-CP$（公式五），公式五经过变形可以变更为：$W_0-W_1+C>R\times(1/P-1)$。

其中，W_0-W_1+C= 生态文明建设领域渎职犯罪成本，$R\times(1/P-1)$ = 生态文明建设领域渎职犯罪收益，对于表示环境渎职收益的 $R\times(1/P-1)$，贝克尔等学者称其为渎职诱因（temptation），它是按一定概率计算的渎职行为所带来的收益，只有成本大于收益，才能防止境渎职犯罪行为发生[②]。

二、生态文明建设领域渎职犯罪的成本偏低

环境执法者作为理性人，其之所以选择实施生态文明建设领域渎职犯罪，是在综合权衡犯罪的成本与收益的基础上，认为犯罪成本偏低，才选择实施渎职行为的。犯罪成本包括直接成本、机会成本和惩罚成本，从整体上看，我国生态文明建设领域渎职犯罪的成本偏低，具体如下：

（一）直接成本偏低

直接成本是指渎职犯罪人为实施渎职犯罪行为而投入的可用货币单位计算的人力、物力及财力等资源[③]。生态文明建设领域渎职犯罪者的直接成本很低甚至可能接近于零，此类犯罪者多与特定权力相关，有的甚至为一方党政首脑，在我国当前监督乏力的情况下，权力受制约程度低，而犯罪人作为权力的执行者，是在自己的权力范围之内实施的职务犯罪，执法者只要不作为便可实施生态文明建设领域渎职犯罪行为，如环境监管失职罪，负有环境监管职责的国家工作人员不需要任何投入，只要怠于履行职责导致严重环境污染事件发生即构成了本罪，此种以不作为方式实施犯罪的情形大多不需要物质投入。至于滥用职权等类型的生态文明建设领域渎职犯罪尽管是一种积极的渎职行为，但由于仍是发生在职权范围内，通常也不需要过

① 杨晓维．渎职的经济分析［J］．经济研究，1994（1）：59.
② 杨晓维．渎职的经济分析［J］．经济研究，1994（1）：59.
③ 周东平．犯罪学新论［M］．厦门：厦门大学出版社，2006：213.

多投入。

（二）机会成本偏低

机会成本是指犯罪人所必须放弃的犯罪进行之际合法行事所取得的收益[①]。从理论上而言，环境执法人员实施生态文明建设领域渎职犯罪的机会成本应该偏高，作为地位、素质、学历等相对较高的国家工作人员，若不依法履行环境管理职责会直接影响升迁，甚至有牢狱之灾。但是实践中并非如此，生态文明建设领域渎职犯罪的机会成本实际上不高：①从环境保护与地方利益的关联性角度来看。环境保护与经济发展呈现出负相关，时常与地方利益不一致，为此，环境管理部门常受制于地方利益，环境保护只有在不影响地方利益的前提下才能有效展开。正因如此，环境执法人员依法履行职责的行为反而可能背离地方利益，反之，若其不认真履行职责，放任企业违法排污，可能地方利益最大化。②从环境执法作人员的角度来看。在物质收益既定的情形下，环境执法人员的机会成本主要体现为晋升。从部门长官的升迁来看，决定其升迁的是当地党委和政府，而当地党政部门考核决定官员升迁的主要标准是经济指标，而非环境指标，这也可以说明为什么地方政府对环保事业不愿意过多投入[②]。此种对部门长官的考核标准自然会影响部门内部的工作人员，导致环境执法人员依法认真履行职责的意愿不高，况且，环境执法人员晋升通道狭窄、工资收入低下。鉴于此，环境执法者依法履行职责的收益不高，甚至与不依法履行职责的环境执法者的收益相当，这也决定了生态文明建设领域渎职犯罪的机会成本偏低。

（三）惩罚成本偏低

惩罚成本是指犯罪被查处后所受到的刑罚惩罚和社会惩罚[③]，我国生态文明建设领域渎职犯罪的惩罚成本偏低，具体如下：①立法的轻刑化。在我国的渎职犯罪中，除徇私舞弊和私放在押人员的最高法定刑为 10 年以上有期徒刑外，其他渎职罪一般最高刑 7 年或者 10 年。与一般性的渎职罪相比，生态文明建设领域渎职犯罪造成损失不会更小，但是相较于其他渎职罪的法定刑，生态文明建设领域渎职犯罪的法定刑明显偏轻，如违法发放林木采伐许可证罪和环境监管失职罪法定最高刑为 3 年，而其他渎职罪的最高法定刑一般在 7 年以上，二者之间差距甚大。

① 周东平．犯罪学新论［M］．厦门：厦门大学出版社，2006：213.
② 冉冉．“压力型体制”下的政治激励与地方环境治理［J］．经济社会体制比较，2013（3）：16.
③ 周东平．犯罪学新论［M］．厦门：厦门大学出版社，2006：213.

②司法的轻刑化。我国生态文明建设领域渎职犯罪不仅量刑低，而且多免予刑事处罚。2005—2008 年，因渎职犯罪被判处缓刑或者免予刑事处罚的人数占判决生效人数的比例在 80% 以上；2008—2010 年，渎职犯罪案件生效判决中，六成以上人员被免予刑事处罚[①]。2014—2020 年，根据最高人民法院的裁判文书网查询数据可以看出免予刑事处罚比率达到了七成，检察机关以环境监管失职罪起诉到法院的案件有 56 件，涉及 87 人，除 1 件案件宣告无罪外，其余 85 个犯罪人，有 60 人免予刑事处罚，25 人判处有期徒刑或者拘役（其中 11 人处缓刑），免予刑事处罚占比 70.6%[②]。③其他处罚轻微。即便环境执法人员被判处有罪，其实际上所承受的惩罚成本也不高。如张国双、董艳霞环境监管失职案，山东省乐陵市环保局环境监察大队大队长张国双、副大队长董艳霞，其渎职行为造成大量基本农田被严重污染，2010 年被法院认定已经触犯了环境监管失职罪，但是免予刑事处罚。法院免予刑事处罚的判决生效之后，张国双和董艳霞二人本应承担相应的行政处分直至开除公职，但是，山东省乐陵市没有对此二人给予任何行政处分，此二人继续在原单位上班，且还继续担任了原来的职务[③]。由此案例可见，尽管法院已经判决张国双、董艳霞二人已经构成犯罪，但是此种有罪判决对此二人基本没有产生不利影响，可以说，此二人没有为其犯罪行为付出任何代价。由此可见，我国的生态文明建设领域渎职犯罪惩罚成本偏低，难以有效打击和震慑犯罪分子。

三、生态文明建设领域渎职犯罪的收益偏高

生态文明建设领域渎职犯罪的高收益是与低成本相对应的，与相对低廉的犯罪成本相比，生态文明建设领域渎职犯罪收益很高，生态文明建设领域渎职犯罪的犯罪收益主要可以分为物质收益和政治收益，具体如下：

（一）物质收益偏高

经济学上的收益通常是指物质收益，亚当·斯密把收益看作财富的增加，其在《国富论》中将收益定义为“那部分不侵蚀资本的可予消费的数额”[④]。美国著名经济

① 马大壮 . 渎职犯罪案件“轻刑化”三问［J］. 公民与法治，2014（7）：46-47.

② 中国裁判文书网［EB/OL］.（2018-12-07）［2021-02-16］.http://wenshu.court.gov.cn/website/wenshu/181217BMTKHNT2W0/index.html?pageId=13835f6bf6aa86623c08664fcda3febd&s21=%E7%8E%AF%E5%A2%83%E7%9B%91%E7%AE%A1%E5%A4%B1%E8%81%8C%E7%BD%AA.

③ 新华视点：山东省乐陵市执法人员“获罪留任”事件追踪［EB/OL］.（2010-12-07）［2021-02-16］. http://news.xinhuanet.com /legal /2010-12/07/c_12855374.htm.

④ 王清刚，张敦力 . 会计收益和经济收益的比较分析［J］. 财会月刊，2003（14）：10.

学家尔文·费雪在其《资本与收益的性质》中提出了三种不同形态的收益：精神收益、实际收益、货币收益，其重心仍在物质收益[①]。从犯罪学角度而言，犯罪收益大多数情况下专指物质收益，即犯罪所得与犯罪投入之间的差额。生态文明建设领域渎职犯罪的犯罪收益首先体现为物质收益，即负有环境管理职责的国家工作人员在执法之际的渎职行为所带来的物质利益。此种收益是渎职行为的对价，即因实施渎职犯罪行为而带来的各种物质利益，包括金钱、财物、债券、股票等有价证券，而提供这些物质利益的多是从生态文明建设领域渎职行为中所获取利益的行为人，通常是环境犯罪的实施者。生态文明建设领域渎职犯罪的高收益主要体现在物质收益高。与犯罪成本偏低相比，生态文明建设领域渎职犯罪的收益很高，相关国家工作人员依法履行职责，其所得收益只有工资及有关福利，没有其他收益。但是在犯罪成本低的情形下，其不仅可以得到工资及有关福利，而且可以得到犯罪对价，且此对价在多数情形下不低，从已经查处的生态文明建设领域渎职犯罪可以看出，大多数伴有受贿行为，此种受贿款即是其渎职行为的对价。

（二）政治收益偏高

政治收益主要体现为环境管理部门工作人员的晋升和提拔，是国家对其工作认可的表现，理论上看环境执法者的晋升与其依法履行职责的行为和效果呈正相关，履行职责之际程序守法、效果良好，则晋升更快，反之则晋升更慢。然而，环境管理领域的晋升与依法履行环境管理职责的关联度不高：①依法履职的政治收益很低。对于有环境管理职责的公务员，尤其是管理部门的领导而言，其升迁与否的主要标准不是环境保护指标，而是一般性的公务员考核体系。在公务员考核体系中，环境指标只是一项选择性指标，其在干部考核指标体系中处于弱势地位，无法对政府工作人员形成有效激励。此外，鉴于环境保护与经济发展的负相关性，环境保护工作做得好与升迁未必能够呈现正相关的关系。有学者做过调查，一个市政府在环保领域的开支与该市市委书记和市长的升迁呈负相关，环保投资占当地 GDP 的比例每升高 0.36%，当地市委书记等人升迁机会便会下降 8.5%[②]。②渎职行为的政治收益很高。以地方行政长官为例，其对本地环境具有直接责任，然而对于地方行政长官而言，保护环境只是其承担的诸多行政职责之一，其还负有维护当地安全、发展当地经济等多种职责，其中，发展经济多年来始终是国家和地方的根本任务。但

① 裘宗舜，张思群．全面收益理论——一种全新的收益观［J］．会计之友，2004（1）：8.
② 冉冉．“压力型体制”下的政治激励与地方环境治理［J］．经济社会体制比较，2013（3）：15.

是经济发展与环境保护本身呈负相关，大力保护环境势必妨碍经济发展，理性的行政长官在此博弈中会权衡计算，究竟是保护环境还是发展经济更容易带来更大利益。有学者经过调查得出了如下结论，以经济为主要职能的政府核心部门（例如发改委、财政部门、城市建设部门、商务部门等）升迁机会更多，而环保部门官员流动和升迁的机会都相当局限①。因此，理性的地方行政长官必定优先考虑发展经济，鉴于经济发展与环境保护的负相关，这也必然导致其怠于履行环境保护的职责，渎职行为由此得以发生。

第四节　生态文明建设领域渎职犯罪的伦理原因

一、价值失范与生态文明建设领域渎职犯罪

（一）涂尔干（Emile Durkheim）的失范理论

涂尔干认为的“失范”（anomie）是一种规范缺失的状态，即社会或者团体的一种无规范或者规范丧失的状态②。随着社会分工的发展，原有生产方式和生活方式逐渐发生变化，不仅地域联系变得脆弱，个人及个人与集体之间的心理、情感的关联也变得松散，由此，传统规范的约束作用大为降低，而本应随着社会分工而发展起来的新有机团结（organic solidarity）未完全建立。在涂尔干看来，社会分工的正常发展会导致社会规范的变化，失范产生的原因正是由于旧的社会规范逐渐失效，而新的规范还未形成，由此导致了规范缺失的状态。涂尔干认为新的社会规范未能形成的原因在于社会分工未能按照既定模式运行，而是出现了反常，它反常的表现形式多种多样，例如失范的分工、强制的分工、缺乏协作的分工。涂尔干认为，判断某一现象是否反常的标准是其能否如实反映该社会事实，如果可以如实反映社会事实，该现象就是正常的，反之就是不正常的。绝大多数犯罪学家依据其喜好将犯罪现象作为病态的社会现象，但是涂尔干认为犯罪是一种正常的社会现象，即犯罪现象只不过是现实的反映，“犯罪之所以为正常现象，首先是因为社会绝对不可能没有犯罪”③。涂尔干认为某行为之所以被认定为犯罪是由于其触犯了某种集体意识，

① 冉冉．“压力型体制”下的政治激励与地方环境治理［J］．经济社会体制比较，2013（3）：16.

② ［法］涂尔干．社会分工论［M］．渠东，译．北京：三联书店，2000：14.

③ ［法］涂尔干．社会学方法的准则［M］．狄玉明，译．北京：商务印书馆，2009：85.

而集体意识的典型体现是法律，一旦触犯法律，就意味着犯罪的发生。任何社会都不可能控制所有个人，个人与集体之间的分歧始终存在，关键就看集体意识在多大程度上允许个人意识的发展。因此，无论是何种社会、何种社会发展阶段，犯罪本质是相同的，犯罪也必然会出现，在此意义上，犯罪行为是一种正常的社会现象。然而，涂尔干也指出，犯罪作为一种正常的社会现象，是有一定限度的，如果犯罪率在短时间内迅速上升，那么犯罪这种社会现象就具有病态的性质[①]。由此，涂尔干将犯罪现象作为一种社会事实进行研究，在他看来，犯罪行为是一种正常的社会现象，犯罪行为是触犯刑法所保护的集体情感的行为，不犯罪的途径在于集体情感转化为赞同此种行为，且消除所有反对行为，但是这事实上是不可能完成的事情[②]。

基于此种认识，涂尔干认为犯罪的根源在于犯罪行为所从属的文化结构，由此，其提出了失范论，亦称为社会反常论或者价值崩溃论。他认为人的欲望是无穷的，人们所获得的只是刺激需求，而不是满足需求，得到越多越想得到。因此，规范和道德等对社会成员保持一定压力，促其遵守集体意识所形成的法律，在正常社会形态中，此种压制处于一种良性状态，一旦处于社会变革或者转型之际，此种压制逐渐失范，导致社会监督削弱，陷入孤境的个体社会成员逐渐不再压制自己的欲望并采取一些方式满足自己的需求，从而造成越轨行为和犯罪行为激增。简言之，涂尔干所认为的社会失范是指，在社会急剧变迁之际，由于价值失范导致缺乏适当的社会规范，犯罪是因个人欲望膨胀而采取不适当方式满足自己欲望的行为，只有重建秩序、实现社会团结才能预防犯罪[③]。

（二）生态文明建设领域渎职犯罪是背离传统伦理的行为

涂尔干认为所谓失范主要是指文化的失范，是价值崩溃的体现，即原有价值已经不能获得认同，原有规范和道德的压制作用也已经失效，由此而引起犯罪行为发生[④]。失范理论可以解释生态文明建设领域渎职犯罪，根据涂尔干的失范理论，在原有价值体系难以得到应有的认可和遵从，新的价值体系尚未建立起来之际，鉴于与传统价值相对应的规范体系难以有效发挥作用，由此导致个人对传统的背叛，即行为偏离原有的规范体系。生态文明建设领域渎职犯罪者的渎职行为可以解释为执法者对传统价值体系的不认可，进而导致其对传统伦理缺乏认可或者虽然认可但是不

① 许春金．犯罪学［M］．台北：三民书局，2010：309-310.
② 许春金．犯罪学［M］．台北：三民书局，2010：310.
③ 刘晓．涂尔干的“失范与重建新秩序”学说及其当代启示［J］．辽宁行政学院学报，2014（4）：43.
④ 许春金．犯罪学［M］．台北：三民书局，2010：309-311.

遵守传统伦理规范，使得传统伦理规范无法发挥其规范和指引作用。因此，正是由于价值的崩溃，导致传统伦理的规范作用减弱甚至完全不起作用，难以对环境执法者形成制约，导致了环境执法者的渎职犯罪行为的发生。对于环境执法者而言，规范其执法行为的伦理规范不仅包括一般意义上的社会道德和个人道德，还包括环境行政伦理。

二、环境行政伦理失范

行政伦理是指关于调整国家公务人员与社会、行政机构之间，国家公务员系统内部成员之间，以及行政机构之间相互关系的行政行为规范的总和①。其作为伦理道德的一种，倡导向善和良治，以促进公正、高效、廉洁等行政管理目标的实现。行政伦理不直接影响行政管理目标，而是通过影响行政行为，对行政管理活动发挥着中介功能、规范与约束功能、教育与塑造功能、保证与激励功能、国家认同和民心凝聚等功能，从而促使行政目标的实现②。行政伦理体现了责、权、利的统一，是协调个人、组织与社会关系的行政行为准则和规范系统，其范围主要包括个体品格、行政职业道德、行政组织伦理、公共政策伦理等③。从行政伦理的视角来看待生态文明建设领域渎职犯罪，是一种行政伦理失范行为，具体如下：

（一）行政组织伦理与生态文明理念的冲突

所谓组织，是指两个以上的人、目标和特定的人际关系这三个部分构成的特殊的人群体系④。组织包括的范围很广，行政组织只是其表现形式之一。环境管理的行政组织是指与环境管理相关的具体计划、组织、协调和控制等行政功能的组织，主要是指各类企事业单位、群众团体、政党等具有行政管理职能的组织系统⑤。环境管理部门作为组织是由众多相对固定的单个人所组成的组织，具有特定的行政组织伦理⑥，行政组织伦理是由行政组织内部一系列关于权利和义务的原则规范构成的，可以表现为政策、法规、条例、制度等外在的规范，也可以表现为不成文的规范，行政组织伦理必须程序公正、体现行政价值、体现组织形象⑦。行政组织伦理与生态

① 夏书章．行政管理学［M］．北京、广州：高等教育出版社，中山大学出版社，2009：296.

② 夏书章．行政管理学［M］．北京、广州：高等教育出版社，中山大学出版社，2009：302-303.

③ 罗德刚．行政伦理的含义、主体和类别探讨［J］．浙江社会科学，2002（1）：43.

④ 尹钢，梁丽芝．行政组织学［M］．北京：北京大学出版社，2005：3.

⑤ 陈季修．行政管理学导引与案例［M］．北京：中国人民大学出版社，2010：59.

⑥ 刘祖云．行政伦理关系研究［M］．北京：人民出版社，2007：269.

⑦ 张国庆．公共行政学［M］．北京：北京大学出版社，2007：474-476.

文明理念的冲突表现为：①伦理目的存在不一致。行政组织的伦理目的在于实现公共利益，此种公共利益属于人类利益的一种，是一种集体利益的体现。生态文明理念的目的是兼顾生态利益和人类利益，生态文明要求实现人与自然的共生共荣，同时保障人类利益和生态利益，为此，生态文明理念下的伦理目的与行政组织伦理下的伦理目的存在一致之处，也具有很大的区别。②伦理准则不一致。行政组织伦理在于实现作为人类利益的公共利益，为此，其行为准则指向人类利益，此种伦理指导下的行政行为体现的也是人类利益，而非生态利益。生态文明理念的行为准则要求同时实现人类利益和生态利益，使两种利益和谐统一、共生共荣。由此可见，两者伦理存在很大差异，这也决定了其对应的行为准则对生态利益的实现所持态度不同。③伦理行为存在不一致。当前的行政组织伦理指向的是传统行政职能，尤其是地方政府及其内设部门，其指向的多为地方利益，尤其是经济利益。此种组织伦理观决定了地方行政组织的行为以地方利益为主，生态利益会被有意无意地忽略。而生态文明理念指导下的行为则必须体现生态利益，即行政组织的行政行为必须实现生态利益。可见，行政组织伦理与生态文明理念对行政行为的影响存在差别，此种差异性会导致行政组织的行为存在冲突。

（二）行政组织伦理之间的冲突

在环境管理部门与其他行政部门的交往过程中，不同部门的组织伦理未必都是一致的，而是时常发生冲突，此种冲突会导致环境管理部门的伦理失范行为的发生，具体如下：

1. 同级部门的组织伦理冲突

无论是政府的内部机构，还是不同的环境管理部门，鉴于分工的不同，承担着不同的职能，其关注的问题及关注角度存在差别，由此也造成了对同一事物的关注点存在差别。此外，政府的各个部门相互之间存在竞争关系，“团体间共同的价值观日趋减少，团体之间的竞争却在不断加剧”[①]，这些竞争关系事实上影响到各部门的伦理规则。例如地方招商局和环保局，对于招商局而言，指导其运作的基本伦理是尽可能多的招商引资，以发展本地经济；对于环保局而言，其组织伦理要求尽量将环境污染破坏控制在规定范围内，以保护生态环境。由于两个行政组织的评价标准存在不同，两个组织之间的伦理规范存在不同，前者首要目的在于引进投资或者

① ［美］弗朗西斯·福山．大分裂：人类本性与社会秩序的重建［M］．刘榜离，等，译．北京：中国社会科学出版社，2002：55.

项目，后者首要目的在于保护环境。鉴于两者的伦理规范存在不一致，可能会造成伦理困境。例如招商局的招商引资，若引进项目是符合生态文明建设的要求，则招商局和环保局之间的伦理规范一致；若引进项目是高污染项目，对于招商局而言，此种项目虽然符合其组织伦理，却不符合环境管理部门的组织伦理。实践中一旦发生此种情形，会使环境管理部门陷入两难境地，结果会导致环境管理部门的消极作为。

2. 隶属部门的组织伦理冲突

行政组织体系是从上至下所形成的包括各个层级的组织机构组成的集合体，各级行政组织在行使公共权力的同时，必然按照行政隶属关系与相应的上下级发生联系。作为庞杂的系统，各行政组织之间的伦理关系十分复杂，不仅横向部门之间存在伦理冲突，且纵向部门之间也存在伦理冲突。在县级以上的各级地方政府中，其所要实现的利益包括政治方面、经济方面、文化方面、社会方面，地方政府的组织伦理必定以宏观上的地方利益为准，环境利益只是地方利益的一环；而作为直接监管环境的环境管理部门，其伦理关注的主要利益是环境利益。此种利益关注点的不同，实际上反映了不同层级的行政组织所关注的利益的不同，即局部与整体利益等的差别，此种差异性会导致上下级组织之间的伦理冲突。例如广西壮族自治区贺州市环境保护局，其设立 15 年来一直租用外单位房屋进行办公，职工分散在 5 个地方办公，其环境监测站还是租用民房开展工作，甚至连监测设备都无处安放，其环境监测的可信度存疑[①]。通过此案例可以看出，作为地方政府的贺州市本应保障下属的环境保护局的人、财、物等配置，以便其能够有效行使环保职能，然而，由于上下级组织伦理的冲突，导致作为上级部门的市政府未能履行其保障职能，使得作为下属部门的环保局欠缺履行环境监管职责的基本物质条件，导致环境监测等工作难以有效开展，渎职行为难以避免。

（三）环境执法人员职业伦理的失范

职业伦理是指特定职业者基于职业需要和职业逻辑而应当遵循的行为准则。职业伦理是在相应的职业环境和职业实践中形成和发展起来的，其一旦产生，会对从职人员的思想和行为产生经常性影响，从而发挥调整与职业相关的各种社会关系的

① 人手不够设备缺乏基层环保能力欠佳［EB/OL］.（2013-12-12）［2021-02-16］.http://news.xinhuanet.com/mrdx/ 2013-12/12/c_132961970.htm.

影响[①]。环境执法人员的职业伦理是一种特殊的行政职业道德，是调整环境管理领域的公务员之间、公务员与环境管理部门、国家、社会之间的思想和行为规范的总和[②]。环境职业伦理并非总是起作用，在很多情况下，环境执法人员的职业伦理与其他伦理存在冲突，此种冲突会导致职业伦理的失范。

1. 公共人角色与生态人角色之间的冲突

我国环境执法人员首先是公共人，公共人是在人类中心主义影响下形成的人类形象，维护的公共利益主要体现为大多数人的利益，不包括生态利益。然而，环境执法者还是生态文明的践行者，其行为必定要建设生态文明建设，维护生态利益，故环境执法人员不仅应该扮演着公共人的角色，同时也应该扮演着生态人的角色。生态人是一种理论假设，是与经济人相对应的概念，生态人是在生态文明理念影响下的人类形象，其目的在于寻求人与人和谐相处、人与自然和谐相处[③]。公共人与生态人之间由于形成的理念不同，因而存在差异，前者服务的仅是人类利益，后者服务的对象包括人类利益和生态利益。公共人与人类中心主义相对应，不会过多关注环境保护；生态人与生态伦理对应，生态环境是其直接的保护对象。公共人与生态人尽管在某种情形下可以达成一致，但是其大多数情形下处于紧张状态。我国当前的环境执法人员多体现了公共人的属性，其执法行为的逻辑起点在于人类利益。鉴于多数环境执法人员不具备生态人属性，其执法之际难以以生态文明理念来指导环境执法行为，导致其执法行为与环境保护关联度不高，且漠视生态利益。

2. 不同公共人角色之间的冲突

行政伦理规范的关键问题是公私关系，在环境行政管理关系中，作为管理者的环境执法人员，会同时面临诸多行政道德义务，因此，环境执法人员在面对执法选择之际，实际上也是面对道德义务的选择，此种角色冲突导致环境行政人员常常无所适从。例如，作为环境执法人员要服从地方大局，地方大局多表现为经济发展，而经济发展与环境保护常呈现出负相关，因此，在国家或者地方要确保经济增长的情形下，环境执法人员必定面临着发展经济与保护环境之间的伦理冲突，此种冲突使得环境执法人员的伦理角色发生错位，进而可能消极对待环境保护职责[④]。

---

① 王荣发．现代职业伦理学［M］．上海：华东理工大学出版社，1998：1.

② 罗德刚．行政伦理的含义、主体和类别探讨［J］．浙江社会科学，2002（1）：43.

③ 蔡守秋，吴贤静．论生态人的要点和意义［J］．现代法学，2009（4）：79.

④ 王天笑．公职人员利益冲突的伦理诱因及其矫治［J］．道德与文明，2014（3）：122.

三、社会公共道德失范

个体道德的规范作用离不开特定社会，个体道德是在群体有组织、有目的、有计划的道德调控中进行的，离开了社会道德的调控，个体的道德自律难以进行，甚至可能走向反道德[①]。自改革开放以来，许多地方和领域出现了社会道德弱化现象，即社会道德对人们行为的调控能力越来越弱，此种社会道德的失范影响到了环境执法人员的执法行为。

（一）社会公共道德规范作用的弱化

社会道德的规范作用主要是通过道德评价来实现的。“道德评价是根据一定社会或阶级的道德规范准则体系，通过传统习惯、社会舆论和个人的内心信念等形式对社会中的群体或个体的道德活动作出善与恶、正与邪、道德与不道德的价值判断，以达到扬善抑恶、褒善贬恶的目的”[②]。社会道德的规范作用弱化，会导致：①对生态文明建设领域渎职犯罪的道德约束弱化。社会道德弱化会对环境执法人员的外在导向功能和外在约束力产生影响，造成环境执法人员容易忽视自己的道德义务和责任，丧失道德良心，从而促进其实施渎职犯罪行为。②对生态文明建设领域渎职犯罪的道德谴责弱化。社会道德的规范作用一旦弱化，人们会习惯性地将权力滥用等渎职行为当成社会常态，导致对权力滥用等渎职行为的容忍度上升，由此会造成社会道德对权力滥用等渎职行为的谴责力度下降，这就为环境执法人员的渎职犯罪创造了宽松环境，无形中助长了渎职行为存在的空间。③对环境执法行为的道德评价主观化。社会道德弱化使得其对个人道德的规制弱化，由此导致了个人会用心理、情感等因素取代道德评价要素，依据个人的好恶做出判断，对自己好、为自己帮过忙的就是“好”人，否则就是“坏”人。为此，个人的心理情感成了衡量环境执法行为好坏的标准，这就使得环境执法行为与个人私利紧密关联，由此，渎职犯罪存在土壤会更为肥沃，客观上会促进生态文明建设领域渎职行为的发生。

（二）传统文化的消极影响

我国经历了几千年的封建社会，其残余的腐朽思想观念仍会对人产生不利因影响：①传统人情观念的影响。我国传统社会是由家人、亲戚、同学、同事等关系相互联系而形成的关系型社会，人情是维系关系型社会的重要纽带。人情关系的存在

① 张明伟.试析社会道德调控弱化的原因及对策［J］.理论观察，2004（5）：71.

② 罗国杰.伦理学［M］.北京：人民出版社，1989：403.

有其合理性，但是若超过必要限度，会使人情关系庸俗化。在人情关系庸俗化的社会中，民主法治没有权威，通过人情关系解决纠纷成为常态。在此种人情关系庸俗化的当下，环境执法者在执法之际会受到来自人情方面的干扰，会导致环境执法者与行政相对人之间的关系利益化。此外，人情关系庸俗化会导致民众对生态文明建设领域渎职行为的容忍度上升，能够在一定程度上容忍为亲友牟取私利的环境渎职现象，此种观念扩大了生态文明建设领域渎职犯罪生存的空间。②传统文化的影响。我国传统文化糟粕不少，如人治思想、官本位思想、臣民观念，使得官僚主义盛行，“权大于法”“一言堂”等现象屡见不鲜。在这种情况下，环境执法者的进步升迁取决于上级领导的赏识，而不是制度。上级对下级的要求是“忠”而不是“廉”。对于下级而言，环境执法行为的公正与否不是最重要的，对上级的忠诚才是得到提拔的关键因素；对于上级而言，环境执法行为公正与否也不是最重要的，重要的是下级必须服从上级，要忠诚于上级。此种现状导致环境执法队伍逐渐形成了官官相护、任人唯亲、拉帮结派的关系网，进而阻碍了正常的环境执法行为，使环境管理权力与个人利益相挂钩。

第六章　生态文明建设领域渎职犯罪的预防对策

本章主要探讨如何预防生态文明建设领域的渎职犯罪，即立足于防范的角度，采取综合性对策，尽量防止此类渎职犯罪发生。

第一节　完善相关渎职犯罪立法

预防生态文明建设领域渎职犯罪，保障生态文明建设，首要的是修正现行的生态文明建设领域渎职罪的相关立法，从刑法上寻求妥善规制生态文明建设领域渎职犯罪的法律依据。在此，要兼顾国外立法经验与我国立法实际来完善此类渎职犯罪的立法。

一、借鉴国外先进的立法经验

世界上不少国家的刑法专门规定了生态文明建设领域渎职犯罪，如俄罗斯、西班牙、巴西、墨西哥、芬兰、塞尔维亚等国，这些国家立法体现了如下特点，不仅有利于保护人类利益，更有利于保护生态利益，可以为完善我国生态文明建设领域渎职犯罪立法提供借鉴。

（一）立法体例的借鉴

国外生态文明建设领域渎职犯罪的立法都是规定在环境刑法部分，其具体方式如下：

1. 在环境刑法中以专章（节）规定生态文明建设领域渎职犯罪

此种立法以巴西、西班牙等国的刑法典为代表。例《巴西环境犯罪法》，其第五章“危害环境的犯罪”的第五节“妨碍环境管理罪”中专门规定了公务人员的渎职行为，如其第六十七条规定，“公务人员违背环境规则为只有从政府获得授权才能实施的活动、工作或服务提供执照、授权或许可的，处以 1～3 年的拘留和罚金。如果犯罪属于非恶意的，处以 3 个月至 1 年的拘留，保留罚金”[①]。

---

① 郭怡 . 巴西环境犯罪法［M］. 北京：中国环境科学出版社，2009：20.

2. 立法规定公务人员属于环境犯罪中的特殊主体

此种立法以俄罗斯、越南、墨西哥、芬兰等国的刑法典为代表。如《越南刑法典》第一百九十条规定，“1. 任何人违法猎捕、杀害、运输、买卖政府禁止的野生动物或者违法买卖、运输上述野生珍稀动物制品的，处五百万盾以上五千万盾以下的罚金，或者处六个月以上三年以下有期徒刑。2. 有下列情形之一的，处二年以上七年以下有期徒刑：（1）有组织的；（2）利用职权的；（3）使用禁止的工具或者设备的；（4）在禁猎区或者禁猎期为之的；（5）造成很严重或者特别后果的。3. 对犯罪人还可处以二百万盾以上二千万盾以下罚金、在一至五年内禁止担任一定的职务、从事一定的行业或者工作”[①]。

3. 在环境刑法中以特定条款规定生态文明建设领域渎职犯罪

此种立法以塞尔维亚、波兰、克罗地亚、马其顿、蒙古国、斯洛文尼亚等国的刑法典为代表。如《波兰刑法典》第一百八十三条规定，“1. 任何人违反法律规定，对废物或者可能危及人类生命、健康或者导致数量较大的动植物毁灭的物质进行存放、抛弃、重新使用、无害处理、运输，或者以可能危及人类生命、健康或者导致数量较大的动植物毁灭的方式进行存放、抛弃、重新使用、无害处理、运输的，处剥夺 3 个月至 5 年的自由。2. 任何人违反法律规定进口危害环境的物质的，处与前款相同的刑罚。3. 任何人无视其职责准许他人实施第 1 款、第 2 款或者第 4 款规定的行为的，处与第 1 款相同的刑罚。4、5、6（略）”[②]。

（二）立法内容的借鉴

1. 危险犯的规定

危险犯是与侵害犯相对应的概念，侵害犯是以发生法益侵害为成立条件，危险犯是以发生法益侵害的危险为成立条件[③]。以危险发生的可能性为标准，可以将危险犯分为具体危险犯和抽象危险犯，具体危险犯要求发生现实的危险，抽象危险犯只要求发生一般意义上的危险。危险犯着眼于危险的发生，将预防前线推前，使得预防的目的不仅是防止再犯，更是预防环境风险，此种保护前置化的措施使得刑法对环境的保护力度加大。国外生态文明建设领域渎职犯罪对此立法较多，如《塞尔维亚共和国刑法典》第二百六十一条规定的拒不采取环境保护措施罪，“公职人员

---

① 米良．越南刑法典［M］．北京：中国人民公安大学出版社，2005：85.
② 陈志军，译．波兰刑法典［M］．北京：中国人民公安大学出版社，2009：71.
③ 何鹏，李洁．危险犯与危险概念［M］．长春：吉林大学出版社，2006：10.

或者其他相关责任人员，拒不采取规定的环境保护措施的，或者拒不执行根据有关主管机关做出的环境保护方面的决定的，处罚金或者三年以下监禁”[①]。《西班牙刑法典》第三百二十条规定，“第一项：当局或者公务员明知建造行为违法，仍为工程建造提供有利信息或者违反现行规划条例发放许可证的，按照本法典第四百零四条[②]的规定处理，并处6个月以上2年以下徒刑或者处12个月至24个月罚金。第二项：当局或者公务员明知建造行为违法，但为其个人目的或者单位利益而造成或者许可以违法建造的，适用第一项的处罚”[③]。此种行为犯的立法属于危险犯的规定，其犯罪成立不需要有危害结果，只要行为成立即可，便可认定对法益产生危险，因而构成犯罪。此外，《塞尔维亚共和国刑法典》第二百六十二条，《西班牙刑法典》第三百二十二条、第三百二十九条，《巴西环境犯罪法》第六十六条，《越南刑法典》第一百九十条等也规定了危险犯。危险犯的规定对于犯罪的预防和打击的力度过于提前，一般而言，不会轻易采用，但是为了应对某些特殊类型的犯罪，可以适用。生态文明建设领域渎职犯罪本质上是结果犯，原则上不会采用危险犯的立法，但是鉴于我国某些领域的污染极其严重，例如我国的水污染非常严重，对此监管领域的渎职犯罪可以考虑采用危险犯的规定。

2. 加重处罚的规定

国外生态文明建设领域渎职犯罪的立法大都规定，若特定危害结果出现则加重处罚，关于加重处罚的方式主要有两种：一是刑罚加重，即直接规定更重的刑罚，即结果加重犯，《俄罗斯刑法典》的生态犯罪专章规定公务人员未利用职务之便犯环境犯罪的，课以普通处罚，若利用职务之便的则加重处罚，如第二百五十八条（非法狩猎罪）第二款规定，“上述行为，利用职务之便实施的，或者由事先通谋的犯罪团伙或有组织的犯罪团伙实施的，判处数额为最低劳动报酬500倍至700倍的或被判刑人5个月至7个月的工资或其他收入的罚金，或处2年以下剥夺自由，可以并处3年以下剥夺担任一定职务或从事某种工作的权利”[④]。二是罪名加重，此为转化犯的规定，即处以更重之罪，如《塞尔维亚共和国刑法典》第二百六十一条规定，“公职人员或者其他相关责任人员，拒不采取规定的环境保护措施的，或者拒不执行根据有关主管机关做出的环境保护方面的决定的，处罚金或者三年以下监

① 王立志，译．塞尔维亚共和国刑法典［M］．北京：中国人民公安大学出版社，2011：119.

② 《西班牙刑法典》第四百零四条规定：当局或者公务员明知不法，仍对某事物独断裁决的，剥夺其担任公职7至10年。

③ 潘灯，译．西班牙刑法典［M］．北京：中国政法大学出版社，2004：122-125.

④ 黄道秀，译．俄罗斯联邦刑法典［M］．北京：北京大学出版社，2008：134-142.

禁。上述渎职行为导致环境污染的，依照本法第二百六十条①规定的污染环境罪处罚”。《波兰刑法典》第一百八十三条、第一百八十四条、第一百八十六条都有类似规定。加重处罚对于打击生态文明建设领域渎职犯罪极为有利，尤其是对于某些造成严重后果的生态文明建设领域渎职犯罪，以其他更重的罪名来处罚的，可以突破渎职罪规定较轻的刑罚，使犯罪者得到应有的惩罚。因此，加重处罚规定可以为我国生态文明建设领域渎职犯罪立法所借鉴。

3. 严格责任的采用

上述国外的生态文明建设领域渎职犯罪立法的一大特色是规定了严格责任。严格责任是指法律许可对某些缺乏犯罪心态的行为追究刑事责任的一种制度，严格责任实际上是将举证责任交给被告方，根据程度不同，可分为绝对严格责任和相对严格责任，在普通法系，其适用范围限定在环境犯罪、诽谤罪、藐视法庭罪等领域②。尽管严格责任大多出现在普通法系，然而有些国家生态文明建设领域渎职犯罪的立法已经规定了严格责任，如《巴西环境犯罪法》第七十条第三款规定，“获知环境违法行为的当局必须通过适当的行政程序迅速地进行查证，否则按照同等责任进行处罚”③，此规定表明对环境违法行为负有检查职责的公务人员，只要查证延迟即构成相应的环境犯罪，体现了严格责任。此种严格责任的规定放宽了证明标准，减轻了举证责任，有利于打击生态文明建设领域渎职犯罪，必要时可以为我国所借鉴。

4. 主观因素的弱化

鉴于环境犯罪主观意图难以查明，如果依照普通犯罪的主观方面来要求生态文明建设领域渎职犯罪，可能会赋予侦查部门过高的要求，从而使生态文明建设领域渎职犯罪难以被查处。为此，国外生态文明建设领域渎职犯罪的立法已经呈现了弱化犯罪主观因素的趋势，《巴西环境犯罪法》第七十条第三款规定，“获知环境违法行为的当局必须通过适当的行政程序迅速地进行查证，否则按照同等责任进行

① 《塞尔维亚共和国刑法典》第二百六十条规定：（一）违反环境保护、养护与改善方面之法律法规，并因此而对空气、水体或土壤造成大面积或者严重污染的，处六个月以上五年以下监禁并处罚金。（二）过失犯本条第一款之罪的，处二年以下监禁。（三）犯本条第一款之罪的，并因此导致动植物的大范围毁灭或损伤的，或者导致被污染环境的清洁与恢复需要耗费大量的时间及财力的，处一年以上八年以下监禁并处罚金。（四）犯本条第二款之罪，并因此而导致动植物的大范围毁灭或损伤的，或者导致被污染环境的清洁与恢复需要耗费大量的时间及财力的，处六个月以上五年以下监禁并处罚金。（五）在对犯本条第一款至第四款之罪的犯罪人宣告缓刑时，法庭应当命令其在一定期限内，采取旨在保护、养护或者改善人类环境的特殊法定措施。

② 赵秉志．英美刑法学［M］．北京：中国人民大学出版社，2004：50-51.

③ 郭怡，译．巴西环境犯罪法［M］．北京：中国环境科学出版社，2009：20-21.

处罚”[①],《西班牙刑法典》第三百二十九条规定,“当局或者公务员明知存在以上违法行为,仍给其提供有利信息或者违反现行条例发放许可证,或者在检查中漠视存在的问题,按照本法典第四百零四条规定处理,并处6个月以上3年以下徒刑或者8个月至24个月罚金。当局或者公务员明知建造行为违法,但为其个人目的或者单位利益而造成或者许可以违法建造的,同样适用前款处罚”[②]。《波兰刑法典》第一百八十四条规定,“1.任何人对可能危及人类生命、健康或者导致数量较大的动植物毁灭的核材料或者其他致电离辐射源予以无适当安全保证的运输、收集、存储、抛弃、忽视的,处剥夺3个月以上5年以下的自由。2.任何人无视义务而准许他人实施第1款规定的行为的,处与第1款相同的刑罚。3.(略)”[③]。此种“迅速”“漠视”“无视义务”等更倾向于客观方面逐渐取代了原有的犯罪的主观要素,这表明了立法对犯罪主观方面的要求降低,此种弱化主观因素的立法实际上降低了举证标准、减轻司法负担,可以为我国的生态文明建设领域渎职犯罪立法所借鉴。

5.刑事处罚的生态化

生态文明建设领域渎职犯罪作为环境犯罪,其立法应该要体现出保护环境的目的,而此种目的可以通过生态文明建设领域渎职犯罪的刑罚体现出来。如《巴西环境犯罪法》第九条规定的“在对私人或者公共财产造成损害并且能够恢复原状的情况下,社区服务包括恢复原状”[④]。《塞尔维亚共和国刑法典》第二百六十一条、第二百六十二条规定“法庭应当命令其在一定期限内,采取旨在保护、养护或者改善人类环境的特殊法定措施”[⑤]。《墨西哥联邦刑法典》第四百二十一条规定,“在第二十五编前述各章规定的制裁外,还应当适用一种或者多种下列刑罚或者保安处分:Ⅰ.采取必需的行动让受到影响的生态系统要素的情况恢复到犯罪以前的状态。Ⅱ.对引起所涉环境犯罪的建筑物、工程、活动,在认为适当的情况下,予以中止、修改、拆除。Ⅲ.恢复自然要素、野生动植物物种或其样本、被破坏的栖息地,但这必须以这一恢复对生态平衡不存在威胁或者对野生动植物物种的繁殖、迁徙不产生妨碍为条件。Ⅳ.根据墨西哥作为成员国的国际条约、国际公约的规定,将危险物质、危险废物或者濒危或濒临灭绝的野生动植物返还给其他来源地国。Ⅴ.剥夺资格,如果主犯或者共犯以公务员身份实施犯罪的,其期间等同于对其所

① 郭怡,译.巴西环境犯罪法[M].北京:中国环境科学出版社,2009:20-21.
② 潘灯,译.西班牙刑法典[M].北京:中国政法大学出版社,2004:122-125.
③ 陈志军,译.波兰刑法典[M].北京:中国人民公安大学出版社,2009:71-73.
④ 郭怡,译.巴西环境犯罪法[M].北京:中国环境科学出版社,2009:3.
⑤ 王立志,译.塞尔维亚共和国刑法典[M].北京:中国人民公安大学出版社,2011:119.

应当适用的剥夺自由刑的期间，在其监禁判决已经服刑完毕或者本来应当以服刑方式执行完毕之时开始执行（其余略）”[①]。根据此条规定，刑法详细规定了对于生态系统要素、自然要素、野生动植物等恢复与平衡的刑罚措施[②]。此种对生态文明建设领域渎职犯罪者予以改善和恢复生态环境的刑罚可以起到直接改善生态环境的作用，鉴于我国的生态环境污染破坏严重，有必要借鉴此立法规定。

二、完善渎职罪立法坚持的原则

（一）以生态环境为直接保护对象

作为与生态文明建设相对应的环境法律应该保护生态利益，即应该直接将生态环境作为保护对象。我国现行的生态文明建设领域渎职犯罪立法是在人类中心主义环境伦理的支配下形成的，其所保护的法益只是人类利益，以环境监管失职罪为例，根据2006年《最高人民检察院关于渎职侵权犯罪案件立案标准的规定》，构成环境监管失职罪的标准是“人身伤亡或者经济损失”，未将生态环境直接作为保护对象。作为体现生态文明建设的立法，生态文明建设领域渎职犯罪必须改变现状，坚持将生态环境直接作为保护对象。以生态环境为直接保护对象，包括两层含义：①生态文明建设领域渎职犯罪的直接保护对象应该包括生态环境。在我国建设生态文明之际，法律不能缺位。王灿发教授指出，“建设生态文明要求以生态权利重新建构环境法律体系，不仅要关注人类的环境享用权、环境知情权、环境救济权，而且要重视生态系统的自然权利”[③]。为此，我国要在生态文明理念的指导下来重新构建环境法律体系，生态文明理念指导下的此类渎职犯罪要将生态环境作为直接保护对象，将生态环境作为直接保护对象意味着此类渎职犯罪成立标准前移，不仅是以人类利益损害程度作为犯罪成立的标准，环境污染破坏程度也会成为本罪成立的标准。②不是所有生态环境都要纳入本罪的直接保护范围。将生态环境作为直接保护对象并不意味着将所有相关的自然物都纳入直接保护范围，而是有选择性地将生态环境纳入直接保护范围，正如马修斯·克鲁格（Matthias Kruger）所指出的，“为了保护生态环境，必须正确理解对环境的侵害。实际上，对什么样的生态系实行保护的判断仍然以人类的利益为基准。为了评判何种环境要素的重要性，‘哪一个与

① 陈志军，译．墨西哥刑联邦法典［M］．北京：中国人民公安大学出版社，2010：208.
② 陈志军，译．墨西哥刑联邦法典［M］．北京：中国人民公安大学出版社，2010：208.
③ 王灿发．论生态文明建设法律保障体系的构建［J］．中国法学，2014（3）：43.

人的生活更重要’成为不得不考虑的事”[①]。从国外此类渎职犯罪立法看，其并非将所有自然物都纳入直接保护的范围，而是有选择性地将生态环境纳入保护范围，至于选择保障何种程度的生态环境则取决于立法者的选择和判断。从我国来看，立法者应该在兼顾人类利益和生态利益的基础上，确定相关立法所直接保护生态环境的范围。

（二）坚持环境犯罪的立法定位

生态文明建设领域渎职犯罪的立法与修正必须坚持环境犯罪的定位。从国外此类渎职犯罪的立法看，都是在环境犯罪中规定公务人员的环境犯罪，但在具体立法形式上存在差别：有的是规定在专门的附属刑法中，如《巴西环境犯罪法》中第六十六条、第六十七条、第七十条等条款都规定了环境管理领域的公务人员的渎职犯罪行为；有的生态文明建设领域渎职犯罪是规定在刑法典中，如《俄罗斯刑法典》第二十六章的生态犯罪，第二百四十六条至二百六十二条规定了生态犯罪，公务人员是生态犯罪的特殊主体。与之相反，我国的此类渎职犯罪是被规定在渎职罪部分。为了有效规制生态文明建设中的渎职犯罪行为，有必要坚持环境犯罪定位，即生态文明建设领域渎职犯罪必须将生态法益置于主要保护法益的地位。按照现行刑法规定，我国现行生态文明建设领域渎职罪保护的主法益是国家法益，此种基于人类利益的立法导致对生态环境的保护过于滞后，一旦发生了生态文明建设领域渎职犯罪行为，生态环境必然受损且可能难以恢复。鉴于现有生态文明建设领域渎职犯罪的立法不足以保护生态环境，无法应对生态文明建设的任务，立法应该将生态文明建设领域渎职犯罪的犯罪构成前移，即直接将对生态利益的损毁程度作为判定犯罪成立与否的标准，这实际上是将生态法益作为主要的保护法益之一。只有坚持环境犯罪的基本立场，生态文明建设领域渎职犯罪才能更好地规制生态文明建设中的渎职行为。

（三）坚持环境行政从属性

鉴于环境刑法与环境行政法之间的行政从属性具有必然性，生态文明建设领域渎职犯罪的立法必须与环境行政法的有关规定相对应。环境刑法的行政从属性是客观存在的现象，此种行政从属性表明了环境行政法在环境管理手段中的第一序位

---

① ［日］嘉門優．法益論の現代的意義（二・完）——環境刑法を題材にして［J］．大阪市立大学法学雑誌，1992，51（1）：99.

性，即作为环境执法的依据，环境行政法凭借其发达的体系，先行解决存在的环境纷争，发挥着事先规制的机能；而环境刑法属于第二序位的法律，具有消极特征，作为环境行政法的担保法，对环境行政法的实施起着担保作用①。此种行政从属性决定了生态文明建设领域渎职犯罪应该随着环境行政法的变化而变化。现行刑法自1997年规定生态文明建设领域渎职犯罪以来，我国的环境行政法发生了巨大的变化，尤其是党的十八大以来，环境行政法的变化更是前所未有，其立法理念开始逐渐体现出生态文明的理念，例如2017年《水污染防治法》第一条指出本法主要目的之一是“防治水污染，保护水生态”②；再如2020年修正的《固体废物污染环境防治法》第一条本法罪主要目的是“为了保护和改善生态环境，防治固体废物污染环境”。此外，为了适应生态文明建设，自2014年《环境保护法》修正以来，大量的环境单行法规陆续做了修正，如2018年修正的《水污染防治法》、2018年修正的《大气污染防治法》、2019年修正的《土地管理法》、2019年修正的《森林法》等，这些法规对于生态环境管理者的权力与职责，进行了大范围调整。这些环境行政法的变化聚焦于生态文明建设，注重实现人与自然的和谐相处，其对人类提出了更多的道德要求，由此拓宽了环境行政部门的管理范围，也导致渎职犯罪的空间增大。为了对接环境行政法，环境刑法自身也在不断调适，如全国人大常委会在2011年颁布的《刑法修正案（八）》规定了危险犯和情节犯；“两高”在2016年通过了《关于办理环境污染刑事案件适用法律若干问题的解释》，此司法解释第一条③对“严重污染环境”进行了扩张解释，以扩大刑法规制环境违法的范围。尽管如此，

---

① ［日］交告尚史．環境刑法の行政従属性（環境の刑法的保護——日本とドイツ〈特集〉）［J］．刑法雑誌，1992，32（2）：218.

② 2017年《中华人民共和国水污染防治法》第一条规定：为了保护和改善环境，防治水污染，保护水生态，保障饮用水安全，维护公众健康，推进生态文明建设，促进经济社会可持续发展，制定本法。

③ 《最高人民法院、最高人民检察院关于办理环境污染刑事案件适用法律若干问题的解释》第一条规定：实施刑法第三百三十八条规定的行为，具有下列情形之一的，应当认定为“严重污染环境”：（一）在饮用水水源一级保护区、自然保护区核心区排放、倾倒、处置有放射性的废物、含传染病病原体的废物、有毒物质的；（二）非法排放、倾倒、处置危险废物三吨以上的；（三）非法排放含重金属、持久性有机污染物等严重危害环境、损害人体健康的污染物超过国家污染物排放标准或者省、自治区、直辖市人民政府根据法律授权制定的污染物排放标准三倍以上的；（四）私设暗管或者利用渗井、渗坑、裂隙、溶洞等排放、倾倒、处置有放射性的废物、含传染病病原体的废物、有毒物质的；（五）两年内曾因违反国家规定，排放、倾倒、处置有放射性的废物、含传染病病原体的废物、有毒物质受过两次以上行政处罚，又实施前列行为的；（六）致使乡镇以上集中式饮用水水源取水中断十二小时以上的；（七）致使基本农田、防护林地、特种用途林地五亩以上，其他农用地十亩以上，其他土地二十亩以上基本功能丧失或者遭受永久性破坏的；（八）致使森林或者其他林木死亡五十立方米以上，或者幼树死亡二千五百株以上的；（九）致使公私财产损失三十万元以上的；（十）致使疏散、转移群众五千人以上的；（十一）致使三十人以上中毒的；（十二）致使三人以上轻伤、轻度残疾或者器官组织损伤导致一般功能障碍的；（十三）致使一人以上重伤、中度残疾或者器官组织损伤导致严重功能障碍的；（十四）其他严重污染环境的情形。

环境刑法的主动调适不彻底，此类渎职犯罪部分自 1997 年以来未做任何修正，此种保护滞后的法律不能有效规制生态文明建设中的生态文明建设领域渎职行为，为此，生态文明建设领域渎职犯罪的立法必须要跟上环境行政法的变化，以规范生态文明建设中的环境执法行为。

三、完善渎职罪立法的具体建议

（一）立法需要修正的内容

鉴于国内外生态文明建设领域渎职犯罪立法的现状，需要借鉴国外先进立法经验和技术，从如下方面进行完善：①立法体例的修正。国外的现有立法是将环境管理领域的公务人员作为环境犯罪的特殊主体来规定的，为此，其立法体例都是将生态文明建设领域渎职犯罪规定在环境刑法部分。生态文明建设领域渎职犯罪的理想定位是位于环境犯罪部分。此种由于主要保护法益的变更而导致的渎职罪体例的变换早有先例，如 1979 年《刑法》规定的虐待被监管人罪位于《刑法》第八章的渎职罪部分，鉴于其不利于保障人权，故 1997 年《刑法》将其定位在第四章的侵犯公民人身、民主权利部分。为此，应该变更生态文明建设领域渎职犯罪的立法体例，使生态文明建设领域渎职犯罪与刑法分则第六章“妨害社会管理秩序罪”中的“第六节破坏环境资源保护罪”合并组成新的“环境犯罪”。②犯罪主观因素的降低。国外的生态文明建设领域渎职犯罪的立法，大都有降低主观因素的规定，相对于传统的“故意”“过失”而言，许多相对中立的表达主观意愿的立法用语，如“无视义务”“延迟”等更为中性的词语出现了[①]，此种立法规定降低了司法机关认定犯罪主观方面的证明标准，有利于打击此类渎职犯罪，可以为我国立法所借鉴。③主体范围的扩大。鉴于我国生态文明建设领域渎职犯罪的主体要求很严格，立法规定为“国家机关工作人员”，此种规定采取的是“身份和职务兼备说”，这导致无身份有职责的渎职者实施的渎职行为无法被纳入渎职罪范畴，更无法预防相应环境风险。相对而言，国外的生态文明建设领域渎职犯罪立法采取公务说，将本罪主体规定为一般性的“公务（职）人员”，此种宽泛规定使得具有环境管理职责的公务人员，都可以纳入本罪主体的范围，可以为我国立法所借鉴。④危险犯的规定。生态文明建设领域渎职犯罪是结果犯，但不排除部分渎职犯罪可以采取危险犯的立法

① 帅清华 . 国外环境渎职犯罪的立法现状及借鉴［J］. 太原理工大学学报（社会科学版），2014（2）：33.

模式，例如《巴西环境犯罪法》第七十条第三款“获知环境违法行为的当局必须通过适当的行政程序迅速地进行查证，否则按照同等责任进行处罚”①，此条款只要求未及时查处就应该承担相应的刑事责任，而不要求危害结果出现。此规定将刑罚的预防线前置，是防范环境风险的有力模式。鉴于我国当前生态文明建设领域渎职行为的高发态势，有必要借鉴此立法经验。⑤恢复与改善生态环境刑罚措施的设置。国外关于生态文明建设领域渎职犯罪的立法一大亮点是刑罚的生态化，如《塞尔维亚刑法典》规定的对环境管理领域的公务人员犯罪可以判处其“保护、养护或者改善人类环境的特殊法定措施”的刑罚措施。与之相对，其刑罚措施只有自由刑，此种刑罚设置有利于发挥惩罚功能，但是不足以应对环境的修复和改善，今后可以考虑设置有关修复、改善生态环境的刑罚措施。

（二）法律条文修正的具体建议

我国现有生态文明建设领域渎职犯罪涉及违法发放林木采伐许可证罪等 8 个罪，这 8 个罪实际上涉及三个领域：环境污染防治领域的渎职，资源保护领域的渎职，生态系统修复领域、环境违法行为查处领域的渎职。在此四类渎职犯罪中，以环境污染防治领域的渎职行为对我国生态环境的危害最大，基本上重大环境污染事故都伴随着环境执法者的渎职行为，鉴于环境污染的重灾区主要为水污染和大气污染，严重侵害了公民的生命、健康等法益，对此应该重点防范，应将发生在此两个领域的渎职行为分离出来单独成罪。在资源保护领域的渎职犯罪中，土地资源（包括林地、草原用地）不仅涉及国家利益，更涉及耕地、林地及草地等土地资源的保护，实践中此领域的渎职犯罪也最为严重，也应成为重点防范对象，分离出来单独成罪。综合各方情况，建议增设如下条款：

1. 在《刑法》第三百三十八条后增加一条，作为第三百三十八条之一：“对水环境负有监管职责的国家工作人员未依法许可、批准、检查和查处的，处二年以下有期徒刑、拘役或者罚金；致使水污染情节严重的，处二年以上五年以下有期徒刑并处罚金；致使水环境污染情节特别严重的，处五年以上十年以下有期徒刑，并处罚金。”

2. 在《刑法》第三百三十八条后增加一条，作为第三百三十八条之二：“对大气负有监管职责的国家工作人员未依法许可、检查和查处，致使大气污染情节严重的，处三年有期徒刑、拘役或者罚金；致使大气污染情节特别严重的，处三年以上

① 郭怡，巴西环境犯罪法［M］. 北京：中国环境科学出版社，2009：20.

七年以下有期徒刑，并处罚金。”

3. 在《刑法》第三百三十八条后增加一条，作为第三百三十八条之三：“负有环境监管等职责的国家工作人员未依法履行职责，导致严重污染环境的，处三年以下有期徒刑、拘役或者罚金；造成特别严重后果的，处三年以上七年以下有期徒刑，并处罚金。”

4. 在《刑法》第三百四十六条后增加一条，作为第三百四十六条之一：“负有土地资源管理职责的国家工作人员未依法批准、许可、查处，致使土地资源破坏情节严重的，处三年以下有期徒刑、拘役或者罚金；致使土地资源破坏情节特别严重的，处三年以上七年以下有期徒刑，并处罚金。”

5. 在《刑法》第三百四十六条后增加一条，作为第三百四十六条之二：“负有自然资源管理职责的国家工作人员违反法律规定，非法批准或者许可，致使自然资源破坏情节严重的，处三年以下有期徒刑、拘役或者罚金；致使自然资源破坏情节特别严重的，处三年以上五年以下有期徒刑，并处罚金。”

6. 在《刑法》第三百四十六条后增加一条，作为第三百四十六条之三：“国家工作人员以作为或者不作为方式使本节的犯罪分子逃避处罚的，处五年以下有期徒刑或者拘役；情节严重的，处五年以上十年以下有期徒刑。”

7. 在《刑法》第三百四十六条后增加一条，作为第三百四十六条之四：“犯本节第三百三十八条至第三百四十五条规定之罪的，可以责令其采取旨在保护、养护或者改善生态环境的特殊措施。”

第二节 完善环境行政管理机制

一、健全环境管理制度

（一）合理划分环境管理职能

合理划分环境管理职能，需要从如下方面着手：①合理区分环境管理领域。不同环境管理领域的行政管理职能存在差别，合理区分环境管理领域是合理划分环境管理职能的前提。环境管理的领域主要有污染防治、自然资源管理和生态保护三方面，此三大领域的管理职能有所不同：污染防治领域的管理职能主要体现为对于进行预防、监控、治理等方面，资源管理领域的管理职能主要体现为资源利用、分配、保护等方面，生态保护的管理职能主要体现为保护。在划分环境管理领域时，必须使得三者之间能够合理区分，不存在交叉重叠的状况。②合理划分环境管理职能。政府设置诸多部门，不同部门的职能应该有所差别。在政府环境管理职能中，应该践行此原则。我国具有环境管理职能的部门很多，这些管理部门所拥有的环境管理职能侧重上应该有所不同，如政府部门的发改委作为宏观意义上的管理部门，其对于环境管理应该侧重宏观上的规划，不应具有淘汰严重污染环境的工艺设备等具体的环境管理职能[①]。③合理赋予环境管理职能。环境管理职能原则上只能由政府部门行使，当前我国不仅有些事业单位具有环境管理职能，而且部分国有企业也具有环境管理职能。公司履行环境管理职能，有既当运动员又当裁判员之嫌，其执法难免有失公正。因此，必须坚持环境管理职能赋予的合理原则，坚持原则上由行政机关行使此职能，必要时可以委托有关事业单位履行此职能。

（二）合理设置环境管理机构

1. 整合环境管理机构

随着大部制改革的推进，生态环境部（厅、局）、自然资源部（厅、局）的全面整合，合理分配环境管理职能的任务已基本完成。对于其他行政管理部门所涉的环境管理的职能，如水利部门、农业部门、交通运输管理部门等具有部分污染防治职能，自然资源保护、生态保护等管理领域，农业部门、林业部门、国土资源部门、水利部门等都具有管理此领域的职能，基本上都已经分别整合到新组建的生态环境部（厅、局）、自然资源部（厅、局）、各级林业和草原原局。随着具有生态文明建设监管职能的“两部一局”三个机构逐渐运行良好、环境质量不断提升后，未来可以考虑将三个部门合并，真正建立统一的生态环境管理部门。

2. 完善环境管理协调机制

环境治理中的资源分散是制约环境行政的硬性因素，只有跨部门合作才可以使有限的资源发挥最大的社会效益，为此，必须从如下方面完善我国环境管理的协调机制：①强化协调部门的权威性。可以参照美国的环境质量委员会等，在我国设立超脱部门利益的高规格的协调机构，由总理或副总理直接领导，并通过立法明确其法律地位，赋予其部门协调的职能职责，如统筹协调环境保护规划、政策和重大环境问题，协调各部门之间利益，指导各部门之间的行政协作，监督和协调行政协议

① 杨朝霞.论我国环境行政管理体制的弊端与改革［J］.昆明理工大学学报（社会科学版），2007（5）：3.

的签订和执行，统一部署需要由各部门统一行动的环境管理和执法活等[①]。②建立省际协调机构。环境问题的跨地域性要求建立级别较高的协调机构，如相邻省份可以协商建立环境协调机制，甚至可以将其纳入区域合作框架中。从具体协调机构的构建上看，不仅要完善"省际联席会议—环境专责小组—环境问题专题小组"等多层次合作体系，还要协调机构下设立具有不同职能的若干专职机构，以解决具体的环境纠纷[②]。条件允许的情况下，可建立相关协调机构，如河长办公室、湖泊管理局等专门的协调机构，通过法律赋予其协调跨区域环境问题的权力。③完善省内跨区域协调机构。省内跨区域环境问题事实上也牵涉多个行政区域，如河流、山林、湖泊等。对此，我国大部分省份已经建立了河长制，由当地主要党政领导出任河长，未来可以考虑在某些特殊山岭设置山长，在跨区域的湖泊设置湖长，统一协调本省内的跨区域环境问题。④完善相关法律保障。如制定《生态补偿法》《长江法》《黄河法》等法律，相关机构的法律地位、职责和职权，赋予其法定的管理或者协调权力，以强化协同治理的实效。

（三）完善环境激励制度

1. 增加环境考核权重

早在 10 多年前，我国干部考核体系中就有了环境保护指标，但是运行多年仍未达到预期目标。党的十八大以来，生态文明建设已上升到与经济建设并列的任务之一，此任务已经体现在相关的法律和政策之中，如 2014 年《环境保护法》规定了我国实行环境保护目标责任制和考核评价制度，将环境保护目标的完成情况纳入考核内容，作为评价有关部门领导的依据；再如 2015 年 8 月 17 日，中共中央办公厅、国务院办公厅联合发布了《党政领导干部生态环境损害责任追究办法（试行）》，明确了县级以上地方党政领导对于本地区生态环境和资源保护承担责任。但是，这些法律和政策规定尚未细化成为具体考核指标，当前，随着"十四五"规划纲要的出台，应该科学编制生态文明建设的考核指标，以增加环境考核权重，进一步细化完善考核、奖励、提拔等系列办法，让考核这只"无形的手"发挥出保障生态文明建设的作用[③]。

---

① 刘洋，万玉秋．关于我国跨部门环境管理协调机制的构建研究［J］．环境科学与技术，2010（10）：203.

② 马强，秦佩恒，白钰，等．我国跨行政区环境管理协调机制建设的策略研究［J］．中国人口．资源与环境，2008（5）：135.

③ 评论员．加大环保在干部考核中的权重——三论学习贯彻环境保护新理念［N］．中国环境报，2013-07-16（1）.

2. 优化政绩考核机制

有效激励是使政府有效运行的关键因素之一，优化政绩考核是强化环境保护的内在激励。政绩考核机制就是对地方政府官员最有效的激励机制，各级党委和组织部门应该从如下方面考核：一是在考核时应该关注所有干部的环境保护情况，对于认真贯彻落实环境保护措施、推进经济与环保协调发展的干部，就应该得到奖励和提拔；反之，对于导致经济发展与环境保护不协调，使得环境遭受重大污染破坏的干部给予相应处罚，不予提拔。二是对于环境管理机构的干部，应该以环境保护的成绩作为提拔的主要依据，只要是认真完成了环境保护任务的干部，就应予以奖励和提拔，对于不能完成环境保护任务者，不予提拔重用[①]。

二、加强环境行政执行

（一）提升环境管理部门地位

环境管理部门作为我国环境执法的直接责任者，承担着环境执法工作，环境管理部门的地位高低与环境执法效果密切关联，要确保执法效果，缩小渎职空间，应该强化环境管理部门的地位：①提升环境管理职能的地位。随着党的十八大将生态文明建设与政治建设、经济建设、社会建设、文化建设并列，生态文明建设便取得了与政治建设、经济建设、社会建设和文化建设同等的地位，为此，生态文明建设所对应的环境管理职能理应上升为与四大行政职能并列的地位。为此，政府必须优化环境管理职能，将发展经济与保护环境并重，实现人与自然的和谐相处，使中华民族永续发展。②完善省级以下垂直管理的环境管理体制。经过约两年的改革，我国省级以下生态环境部门垂直管理的格局基本形成。要针对三级生态环境部门进行整合，省级生态环境厅（局）既要关注第一线的生态环境问题，又要加强执法指导，确保环境行政执法公平、公正、公开及高效。针对设区市的生态环境部门，该分流的人员及时分流，该赋权的及时赋权，不能虚化。若条件具备，可以完全脱离地方政府，连人财物都可以由省级统管，以强化执法的独立性。③鉴于自然资源部门、国家林草部门等均未实施垂直管理，这也导致原有的老问题一直无法得到有效解决，今后，有必要逐步完善此领域的管理方式，建立垂直管理机制。

---

① 张凌云，齐晔．地方环境监管困境解释——政治激励与财政约束假说［J］．中国行政管理，2010（3）：96.

（二）完善权责一致执法机制

权责一致是对环境执法者的基本要求，其表现为掌握或行使环境管理权力而产生消极性后果的人承担否定性或对其不利的行政或法律后果、遭受制裁或惩处[①]。权责一致的管理原则具体体现为：①树立权责有限的理念。权力与责任相对应而存在，对于拥有权力者赋予其责任是制约权力的基本方法。环境管理者的权责一致意味着不存在绝对的环境管理权力，环境管理权力必须与环境责任相对应，有多大的环境管理权力就需要承担多大的环境责任，环境管理权力和环境责任都是在法律权限内，是有边界的。为了保障权责一致，必须对环境管理权力与环境责任进行限制，确立责任政治。②依法规范环境管理权力。鉴于环境管理机构都是有明确功能和权责界限的，赋予环境管理权力的同时也明确相应的环境责任，可以使环境管理权力有章可循、权责一致，一旦发生环境问题，确保有人对此承担责任[②]。③理顺地方党政部门与生态环境部门之间的职责划分。地方党政主要领导作为生态环境保护第一责任人，其必须对辖区内环境质量承担第一责任，但此种责任更多应体现为宏观责任、领导责任，而生态环境部门、自然资源部门及其执法人员应该承担具体责任。

（三）加强环境执法保障

加强环境执法工作，要为环境执法行为提供足够的保障：①加强人员保障。保障足够的具有环境知识的管理人员，我国环境管理领域的工作人员尽管人数很多，但是具备专业知识的管理人员还很有限，为此，各级政府应该配备具有环境保护专业知识的管理人员，或者进行环境知识、业务等培训，通过内部挖潜提升管理人员的知识水平。②加强资金保障。支撑地方发展的经济来源主要是地方财政，地方为了本地发展都有追求财政收入的冲动，为了抑制地方政府无节制的逐利活动、保障地方的财政收入，要求中央改变原有的税制，调整中央和地方的财政收入和支出关系，使中央和省级政府之间形成较为合理的纵向财力收入和分配机制。此外，要给予地方更多的财税自主权，保障地方财政收入，由此才可以抑制地方以环境换经济的冲动。此外，加大各级生态环境部门、自然资源部门的经费保障，确保其能够有效执法。③加大软硬件投入。一是政府部门需加大投入。政府应该确保对环境管理部门投入更多的资金，以解决环境基础设施和环境管理机构仪器、装备、办公经费、

① 王放放．论权责一致原则［J］．广东行政学院学报，2000（4）：16.

② 麻宝斌，郭蕊．权责一致与权责背离：在理论与现实之间［J］．政治学研究，2010（1）：77.

劳务、津贴、福利等问题。二是拓宽投入渠道。政府部门还应该采取多种形式，切实加大环境投入，如通过政府投资、财政贴息、优惠贷款等途径，引导民间投资、建立生态环境基金、发行建设债券、财政转移支付等优惠政策，募集资金用于生态工程、环境综合治理等重大项目，以确保环境执法有足够的物质支撑[①]。

三、完善环境监督机制

（一）强化对环境管理权的监督

强化监督机制主要体现如下：①强化人大监督，人大监督是法定监督的重要类型，环境管理权正是来源于人大的授予，环境管理权必须接受人大监督。接受人大监督的形式有：向人大报告工作，接受人大质询，接受人大对重点项目进行的监督。②强化纪检监督，纪检部门的监督不仅是执政党行使监督权的体现，也是环境管理机构内部纠错的有效机制，环境管理机构内部的纪检监督使得监督关口前移，在事先防范和事中监控上下功夫，由侧重事后“亡羊补牢”向事前预警防控转变，帮助党员干部少犯或不犯错误。强化纪检监督可以事先确定一批重点环境管理机构和关键岗位，按照个人素质风险、岗位职责风险和重大决策风险、制度环境风险等类别，以及高度、中度、低度等风险级别，查找腐败风险点，根据风险等级确定不同的防范管理措施[②]。③加强司法监督，司法监督属于后置监督，强化司法监督，意味着加大办案力度，对失职渎职行为进行有效制裁，以敦促其依法行政，关于此点后文会继续展开。

（二）完善社会公众监督机制

公众参与不仅有利于维护公民的合法权益，更有利于促进环境保护事务决策的科学化和民主化，促进环境职责正常履行，为此，应从如下方面扩大公众参与：①加强法律法规的建设。我国有许多法律法规规定了公众参与制度，如2014年《环境保护法》《关于加快推进生态文明建设的意见》《环境保护公众参与办法》《环境影响评价公众参与暂行办法》《环境信息公开办法（试行）》《关于推进环境保护公众参与的指导意见》《关于培育引导环保社会组织有序发展的指导意见》等均规定了公众参与，这些规定为公众参与制度的形成奠定了坚实基础，但是，公

① 张凌云，齐晔．地方环境监管困境解释——政治激励与财政约束假说［J］．中国行政管理，2010（3）：97.
② 李光泉．加强纪检监察工作 服务“两型社会”建设［N］．湘潭日报，2009-04-06（3）．

众参与不仅仅是一项环境保护原则，更是公民的一项基本权利，因此，应该有更高位阶的规定保障公民行使公众参与权利，这有待于法律对此做出相应的规定。②全面落实行政执法三项制度。根据 2018 年国务院制定的《关于全面推行行政执法公示制度执法全过程记录制度重大执法决定法制审核制度的指导意见》，在生态环境部（厅、局）、自然资源部（厅、局）、各级林业和草原局等生态文明建设相关职能部门全面落实此行政执法三项制度，强化事前公开、规范事中公示、加强事后公开，完善文字记录、规范音像记录、严格记录归档，明确审核机构、明确审核范围、明确审核内容，继续推进完善行政执法信息化平台建设、推进信息共享。③加大环境信息的公开。扩大公众参与要求保障公众的环境知情权，在此基础上公众才能够正确掌握信息，从而有针对性地参与环境保护活动。为此，政府部门、企业等必须及时公开有关项目的信息，以便使得公民与环境管理部门、企业等形成良性互动。④提升公众的认知水平。我国公众对于环境认知过于直观，缺乏理性，这也导致了许多环境群体性事件的发生，为了使得公众能够有建设性地参与环境保护，有必要提高其环境认知水平，为此，应加强环境教育，通过环境教育使公民真正了解环境知识及其对人类的意义，激发责任感，促其参与环境保护，促使我国环保事业良性发展[①]。⑤完善组织保障。组织保障是公众参与环境管理的重要前提，为加强组织保障，政府部门应该为公民参与环境保护提供组织保障，可以为公民参与政策活动提供良好的政策保障，拓宽公民有效参与渠道和活动空间，使公民参与并真正发挥出应有的作用[②]。

第三节 加强打击渎职行为力度

从经济学角度来考虑生态文明建设领域渎职犯罪的应对之策，显然是提高其犯罪成本，具体而言，可以从如下方面提高此类犯罪的犯罪成本：

一、强化行政追责力度

（一）完善追责依据

完善追责依据主要是强化制定和完善追责的法律依据：①制定环境行政责任追

① 郭志勇．关于我国环境保护公众参与问题的思考［J］．中国高新技术企业，2015（24）：71.

② 李艳芳．公众参与环境保护的法律制度建设［J］．浙江社会科学，2004（2）：90.

责的法律规范。现有环境行政责任追究的法律规范存在很多缺陷，《党政领导干部生态环境损害责任追究办法（试行）》适用范围狭窄，只是对县级以上领导干部才能适用，为此，其对于规范环境行政责任的追责效果有限。《环境保护违法违纪行为处分暂行规定》范围有限且内容滞后，可以考虑制定国家层面的行政追责法律。当前，我国正在着手制定此种法律，《中华人民共和国公职人员政务处分法（草案）（二次审议稿）》正在公开征求意见，可以预见该法通过后，明确了相关追责情形、种类、内容，有利于规范生态环境管理领域的执法行为，并真正实现党纪与国法的衔接。②完善生态环境管理领域的追责规范。尽管《公职人员政务处分法（草案）》处于二次审议阶段，但是该法律未专门针对生态环境部门的公职人员的行为，从内容上看，该法律只是关于针对违法的公职人员进行处分的实体与程序规定，至于将什么行为规定为违法，还需要其他法律做出更加具体、详尽的规定。为了使追责行为能够依法顺利进行，在该法律通过后，国务院、生态环境部、自然资源部甚至其他部门还需要针对适用性制定相关《实施条例》或者《实施细则》，以明确生态环境管理领域的各具体管理行为是否合规的情形。通过相关《实施条例》或者《实施细则》，准确界定追责范围、追责内容、追责程序、追责救济以及与其他追责机制的衔接等规定，以更好地适用《公职人员政务处分法》等法律规定，使追责活动得以顺利展开。

（二）明确追责范围

现代国家要求权责一致，权责对应，各级政府、环境行政管理部门、环境执法人员应该对应相应的职责，在职责范围内对其违法违纪行为承担相应的责任。完善追责范围，主要包括：①确定追责对象。作为环境职责的承担者，不管是单位或者个人、首长或者具体执法者、主管责任人员或者直接责任人员，都应该承担其本应承担的责任。环境行政责任承担的对象主要有：一是各级政府，各级政府对本辖区内的环境行政管理承担领导责任，一旦出现不依法正确履行职责的情况，必须追究其相应的法律责任；二是各级环境行政管理部门，包括生态环境部（厅、局）、自然资源部（厅、局）、各级林业和草原局，这些部门若不依法正确履行环境管理职责，须追究其法律责任；三是地方党政主要领导，对辖区内的环境管理负有直接或者间接责任，应该承担未依法正确履行环境管理职责的法律责任；四是主管人员或者直接责任人员，其对于具体环境事务承担责任，在未依法正确履行环境管理职责之际，应该承担相应的法律责任。②确定追责内容。追责内容是指对何事项进行追责，即对发生在何种行政行为中的何种事项进行追责。一般来说，需要追责事项是指因环境渎职而招致损害的行政行为，具体来说包括如下方面：一是不履行环境管理职责的行为，主要是指玩忽职守类型的渎职行为，行为方式包括拒绝、放弃、推诿以及不完全履行环境职责等；二是不正当履行环境管理职责的行为，主要是指滥用职权类型的渎职行为，包括职权内的乱作为和职权外的乱作为；三是其他追责行为，如利用其他公职人员的行为来实现违反法律法规的行为；四是贪污贿赂等行为，贪污贿赂行为与职务行为直接关联，生态环境管理领域的公职人员一旦违反了廉洁性，实施了贪污贿赂行为，通常伴随着渎职行为，导致生态环境受损等其他危害后果发生。

（三）完善追责要求

完善追责要求是指对追责过程本身的要求：①追责科学。科学追责是对环境行政责任追责的基本要求，具体如下：一是追责启动要科学，即作为追责主体，应该有责必追，而不应该选择性追责；二是追责标准要科学，在追责过程中，会产生执法标准不一致的问题，对此，要做到相同对待，在行使裁量权过程中，要认真对待，统一标准；三是追责过程要科学，在追责过程中，应该遵循科学原则，能查明的事实尽量查明，能追责的人要尽量追责。②追责公正。追责公正是现代行政执法的基本要求，追责公正要求以事实为依据，根据证据查实生态环境管理领域公职人员的具体行政行为是否违反相关法律法规。这些事实包括此公职人员职权、职责的范围，违反管理职责的行为与自由裁量权是否区分，甚至是否考虑具体行为的差错概率，是否该具体行政行为系领导审批或者会议研究决定后做出，该具体行政行为是否系习惯做法，该具体行政行为是否是使本部门受益的行为等。在事实确定的基础上，严格依法处理，该从重则从重、该从轻则从轻，若涉及包括领导在内的其他人，都需要追究相应的法律责任。最后，从处理结果看，既要符合法律规定，又要考虑实际情况，符合对公职人员处分的习惯做法。③完善衔接。进行行政追责是指对被追责人应当承担的行政责任进行追责，不包括以罚代刑。为此，在进行行政追责过程中，必须明确区分行政责任和刑事责任，不需要承担法律责任的，及时结案；符合行政追责的须追究其行政责任；如果构成犯罪而需要承担刑事责任的，则必须将行政责任和刑事责任分开，将案件材料和有关证据及时移送司法机关立案侦查。

（四）完善追责程序

“只有依靠程序公正，权力才可能变得让人能够容忍”[①]，完善追责程序，包括：①规范追究条件。一是规范启动主体，确定有权部门对此进行规制，如可以明确由各级政府及政府行政首长、环境行政管理部门首长或者纪检部门来启动追究环境行政责任。二是规定启动条件，比如可以规定重大环境事件、严重后果等条件，只有满足条件，方能启动程序。三是明确启动时间，可以在第一时间启动问责，也可以在有关环境事件处理完毕后启动调查，在调查基础上进行问责。②确保追责公开。追责公开是政府信息公开的基本要求，也是建设责任政府和阳光政府的要求，作为公民，有权利要求了解环境事件的有关信息，包括负有责任的环境执法者的处理信息。从公开的内容看，追责公开包括追责启动的公开、对所涉及的环境事件的调查情况和结果公开、对被追责人的调查经过与结果公开、相关责任人及其责任承担的方式公开；从公开的范围看，追责公开的范围应该依法向社会公开，任何公民、组织或者有关单位可依法查阅和复制[②]。③完善救济程序。追责是使他人承担某种不当利益，必定要赋予其有关申辩的权利，而追责主体在追责过程中也必须听取被追责人的申诉和辩解。有关追责办法要明确规定，赋予被追责人申辩的权利，听取其异议，只有在综合所有调查材料的基础上才能确定被追责人的行政责任。此外，在追责决定做出后，可以提起复议或者复核。

二、加大调查处理力度

（一）拓宽线索来源渠道

线索是能够引导调查人员发现、认识犯罪案件事实的一切信息，是纪检监察机关调查公职人员违法犯罪的前提和出发点。为此，拓展线索来源成为必然：①主动获取犯罪线索。加大对环境渎职犯罪的打击力度，需要强化职业敏感性，改变工作方式，主动拓宽生态文明建设领域渎职犯罪的线索来源：一是借助媒体信息发现线索，除利用电视、报刊等传统媒体外，还要及时关注网络、微信、微博等自媒体披露的相关信息；二是通过接待上访群众发现线索，尤其是因生态文明建设领域渎职犯罪而导致人身或者财产权受损者的集体访；三是主动调查走访发现线索，尤其是针对与环境污染或者破坏的事件展开调查走访；四是通过与有关职能部门沟通发现

① ［英］威廉韦德．行政法［M］．徐炳，等，译．北京：中国大百科全书出版社，1997：94.
② 杜钢建．政府职能转变攻坚［M］．北京：中国水利水电出版社，2005：274.

线索，除加强与环保、林业、国土、规划、建设、房产等环境管理领域的相关管理部门沟通外，还应注意从公安机关查处的环境犯罪案件中发现线索，走访各信访部门、廉政投诉中心等部门；五是通过特情耳目发现线索，尤其是在高危区域、敏感部位物色特情人员，建立秘密信息情报网络。②鼓励公民主动提供线索。针对重大环境事件，鼓励公众主动提供相关信息，尤其是重大环境事件背后潜藏的线索。要拓宽举报渠道，还要通过完善奖励举报人制度，鼓励群众主动举报环境执法失职行为。当前的举报奖励包括物质奖励与精神奖励，但是物质标准很低，精神奖励不够实惠，此种奖励标准与举报本身所承担的风险相比，没有太多吸引力。要提高奖励标准，简化发放程序，并严格执行保密制度，以鼓励群众及时向有关部门提供执法者渎职犯罪的线索。

（二）严格线索处理机制

初核主要是对举报线索的调查核实活动，生态文明建设领域渎职犯罪的线索包括案件事实或者被调查人的有关信息，对渎职犯罪的查处必须以渎职线索为基础。初核事关案件后续的调查、起诉、审判，为了加大对生态文明建设领域渎职犯罪的打击力度，必须加大初查力度：

1. 完善线索评估机制

线索评估是对线索进行筛选和研判的活动，为进行初查提供决策依据，对举报线索进行评估，可以有针对性地展开初查，以降低初核的随意性，提高初核的质量和效率：一是加强线索分流前的筛选，规范线索受理和流转程序。二是强化线索下发前的评估，即对于即将下发的线索，进行综合评估，以确定将线索下发到具体科室或者负责人员手中，以便进行初查。三是强化线索初核前的评估，即在初核启动前，根据举报线索的内容，结合被举报人的岗位特点、行业规律、行为特征等内容，对线索的重要疑点、线索的疑难问题等进行全面分析评估，以确定初核方向和重点。四是重视线索初核中的动态评估，初核中的动态评估是指在初核中反复、及时和深入地对初核情况进行滚动式分析评估，以此来研判和验证初核信息与违法犯罪行为之间的密切度和因果关系，从而及时调整初查重点和方向，缩短初核的周期，提高初查的效率。

2. 定期清理举报线索

为防止线索积压，督促调查部门及时初核生态文明建设领域渎职犯罪，必须定期清理举报线索。初核后认为质量不高、成案率不高的线索，如果现有条件确实无法补充和调取的，可以经领导批示做存查处理。此外，加强联系沟通，定期对分流到调查部门的举报线索进行清理，对评估中确定有较高可查性的线索进行督办和催办。对于查办过程中发现确实没有价值或初查后不成案的线索及时做出不予受理或不立案决定，并将情况及时告知实名举报人。对于已经受理但较长时间仍未做结案处理的线索，督促侦查部门进行初查，以确定下一步工作方向。

（三）完善调查机制

生态文明建设领域渎职犯罪案件的调查往往不是单纯的一案，而是涵盖同一案件的数个犯罪事实，从此案到彼案，从一案到串案、窝案等多案，为此，调查必须全方位进行，以加大调查力度：

1. 深化调查范围

①在同一环节的各层面深化。对于同一环境管理领域调查的深化，有其合理性，同一环节不仅牵涉多种公共权力运行中的渎职，也可能涉及贪腐行为等违法犯罪行为，因此，调查人员必须具备开阔的视野，善于全方位、多角度在同一环节深化调查工作。如对于自然资源许可渎职行为案件的调查，不仅要查清此渎职行为造成公共财产的巨大损失的事实，还要查清有关国家工作人员是否存在获取相关对价的情形。②从一环节到多环节的调查深化。环境管理领域中的公共权力运行环环相连，彼此交叉制约。有些渎职犯罪案件不是单一环节即可完成，而是需要在多个环节才能形成，对此，可以采取顺查、逆查等方式方法深化调查。例如对于土地管理过程中的渎职犯罪，可以从违法违规导致权属变更确权的环节逆查到非法取得此权属的土地转让或者出让环节，还可以向前推进到征地或者供地环节，甚至农用地转用及其审批环节[①]。

2. 拓展调查内容

生态文明建设领域渎职犯罪所导致的环境危害具有科技性、跨区域性、潜伏性等特征，对此，传统调查手段难以奏效，必须拓展调查手段：首先，必须注重调查的科技性，构建包括情报网络、动植物的 DNA 检测、法医鉴定、区域警务合作在内的完备调查体系[②]。其次，建立信息共享机制。利用现代技术构筑新型环境信息沟通平台，有利于打击生态文明建设领域渎职犯罪行为。如我国当前已经初步建立了职务犯罪信息网络机制，如全国行贿犯罪档案查询系统已于 2012 年 2 月 16 日正式

① 卢乐云．土地管理领域中的职务犯罪侦查技能研究［J］．中南大学学报（社会科学版），2008（6）：772.
② 董邦俊．危害环境资源犯罪案件侦查研究［J］．中国人民公安大学学报（社会科学版），2011（3）：68.

在全国联网开通，且我国当前已经建立起了完整的案件管理信息系统，实现网上办案流程管理和信息共享，能够提高工作效率和打击犯罪效能[①]。

3. 强化证据效力

①注重调取各种证据：一是多渠道调取实物证据。客观证据除其本身对案件事实的证明价值外，还具有引领调查方向，发展证据线索，推动调查进展的特别作用。生态文明建设领域渎职犯罪存在大量客观证据，对此，初查、调查工作要高度重视和善于收集客观证据。可以通过多种途径，采取秘密方法获取多渠道调查核实有关实物证据；此外，还可以其他调查手段调取客观证据，如通过搜查扣押、查询调取、现场勘验等法定调查措施调取其他客观证据。二是认真审核言词证据。言词证据包括证人证言、被调查人供述等。因利益、个人记忆等主客观原因，生态文明建设领域渎职犯罪案件的言词证据获取难、易失真，对此要认真审核，考虑言词证据形成的时间、地点、作证人的身份、与案件的关联度等，并将其与客观证据结合起来进行判断，确保其做到具有证据力和证据能力。②加强证据的形式效力。在办理生态文明建设领域渎职犯罪案件中，要注意对物证、书证、视听资料等实物证据的转化，可以用提取、移交的方式进行，制作提取、移交笔录并附上环境执法部门在最初介入并取证时的相关手续。对于已经取得的证据，可以采取摄像、拍照、现场登记保存、制作询问笔录等方式，及时对有关证据进行固定、保全，增强证据的合法性和有效性[②]。

（四）完善协作机制

针对查办生态文明建设领域渎职案件的“三难一大”（发现难、取证难、处理难、阻力大）现状，必须完善有关协调机制：①加强与相关生态环境管理部门的协调。生态文明建设领域渎职犯罪涉及“原案”问题，“原案”通常是由相关生态环境部门、公安部门等进行查处的，此种“原案”的有关事实是生态文明建设领域渎职犯罪的必要组成部分，正因如此，相关生态环境部门、公安部门要及时固定、及时收集、保全关于环境污染或者破坏的证据，纪检监察机关要及时获取有关渎职行为的证据。可见，生态文明建设领域渎职犯罪涉及纪检监察、公安及生态环境等多个部门，三者之间的关系如不能理顺，对此类渎职犯罪的查处便难以顺利进行，为

① 肖荣．行贿档案全国联网：提高廉洁竞争力［N］．检察日报，2012-03-12（5）．
② 陈志荣．论环境犯罪侦查之完善——以紫金矿业污染案为视角［A］．全国环境资源法学研讨会（年会）论文集（第三册）［C］．2011：932.

此，必须理顺协调机制，以快速打击犯罪。②加强与司法机关的协调。作为渎职犯罪，其最终处理结果都是通过司法机关适用刑事程序定罪量刑的。为此，在经过纪检监察机关调查之后，其认为已经构成犯罪的，需要移送检察机关审查起诉。为此，先行的调查必须达到事实清楚、证据确实充分的构罪标准。作为承接案件的检察机关与调查机关之间，客观上会进行一定程度的沟通，检察机关针对原有调查结果进行审查，判断定罪的事实是否清楚、证据是否充分、适用法律是否恰当、有无遗漏罪行等，在此审查判断过程中，需要双方反复沟通，以便了解案情及查处情况，确定是否需要补充证据。在经过沟通的基础上，做出不起诉决定或者提起公诉决定。法院审判之际，需要了解案情或者需要通知相关人员出庭的，也需要纪检监察机关与法院配合，共同妥善审结案件，以便更快速高效地打击生态文明建设领域渎职犯罪行为。

三、加强司法打击力度

加强环境司法打击力度，当下主要措施就是建构和完善专门的环境司法机构，通过环境司法机构协同，严厉打击和惩处生态文明建设领域渎职犯罪行为。

（一）完善环境警察制度

环境警察制度是警察部门参与环境管理的体现，是环境警察部门运用警察权制裁环境违法行为、侦查环境犯罪等相关的法律制度的总称[①]。为有效打击日益严峻的环境犯罪，保护生态环境，许多国家设置了环境警察部门，如德国、英国、美国、法国、俄罗斯、秘鲁等国建立了环境警察制度。这些国家的环境警察制度具有如下特征：一是机构级别高。俄罗斯的环境警察是指预防生态违法警察管理局，其是由莫斯科市政府与俄罗斯内务部协定，以市政府拨款、内务部抽调警员的方式组成；德国的环境警察隶属联邦内务部的环境司；法国设立了“打击环境违法行为中心局”隶属法国内政部；秘鲁则更进一步，于2001年成立了生态警察部队[②]。由于这些专门环境警察机构级别高，能够摆脱干扰，保证顺利进行执法工作。二是高度专业化。如法国的环境警察由生物学家、医生、宪法专家等50余人组成；俄罗斯的生态警察不仅要求高学历，还要求具有环境知识相关的背景；德国的特点是环境警

① 邢捷．论我国环境警察制度的构建［J］．中国人民公安大学学报（社会科学版），2012（2）：34.
② 邢捷．论我国环境警察制度的构建［J］．中国人民公安大学学报（社会科学版），2012（2）：37.

察的分工精细，且装备了一流的警械设备[①]。

在我国的警察体系中，也存在初步的环境警察建制：从国家层面看，我国的森林公安队伍可以称为环境警察；从地方层面看，有些地方为了打击环境犯罪，成立了专门的环境警察队伍，如昆明市公安局以云南阳宗海砷污染事件为契机，在2008年11月成立了环境保护公安分局，受昆明市公安局和环保局的双重领导，具有独立的执法权，主要任务是负责市内环境保护及有关刑事执法工作，打击环境违法犯罪[②]；河北省公安厅于2013年9月18成立了国内首支专门为生态环境保驾护航的警察队伍——河北省环境安全保卫总队，各地市成立了环境安全保卫支队，其对于环境保护成效显著，如承德市环境警察支队自2013年9月30日的两个月内查处环境违法犯罪案件9起，抓获了15名环境犯罪嫌疑人，涉案金额高达250万元[③]。截至2020年，已有超过9省（自治区、直辖市）组建了省级层面环境警察队伍[④]，在县市层面设置了很多环境警察队伍。

尽管如此，我国的环境警察机关还处于初级阶段，不成体系且难言专业化，为了推进环境犯罪的侦查主体专业化，有必要借鉴发达国家的“环境警察”经验：一是从其存在的依据看，需要确立相关法律依据，当前缺乏相关规定来规范环境警察队伍，这直接导致环境警察不能全面铺开。二是从机构上看，各省、自治区、直辖市可以在其公安厅（局）下设立独立的环境警察局，在各设区市设立环境警察分局，为避免地方干预、方便环境执法，各设区市警察分局脱离地方，直接由省、自治区、直辖市公安厅（局）进行垂直管理。三是从人员配备及知识构成上看，环境警察不仅必须具备一般警察技能，而且还具备环境科学、生态学、化学、法律等知识，这要求环境警察必须具备复合型知识，成为一支用现代科学知识武装且具有相当法律知识，能够胜任环境执法的警察队伍。通过强化环境警察队伍，加大打击环境犯罪行为，压缩环境行政执法的“寻租”空间。

---

① 陈志荣．论环境犯罪侦查之完善——以紫金矿业污染案为视角［A］．全国环境资源法学研讨会（年会）论文集（第三册）［C］．2011：933.

② 杨育才．“环保警察”可独立执法打击环保犯罪［EB/OL］.http://news.sina.com.cn/c/2008-11-27/071114792586s.shtml，2008-11-27，2016-02-15.

③ 河北设环境警察立竿见影 软的不行来硬的［EB/OL］.（2014-01-04）［2021-02-16］.http://finance.sina.com.cn/roll/20140104/00121784 0286.shtml.

④ 坚决向污染宣战 北京等9省市已组建环保警察队伍［EB/OL］.（2017-12-12）［2021-02-16］.http://www.xinhuanet.com/2017-12/12/c_1122095049.htm.

（二）完善环境司法机构

1. 优化环境检察制度

打击环境违法犯罪行为，检察机关必须在场，检察机关通过对生态文明建设领域渎职犯罪的侦查，以及对环境犯罪提起公诉来达到保护生态环境的目的。为了更好地履行检察机关的生态文明建设职能，有些地方检察机关成立了专门的环境资源检察处，如昆明市检察院在2008年就设立了环境资源检察处，通过检察执法工作密切关注土地、矿产资源、水、林木等生态环境保护①。之后，福建宁德、四川成都等地的检察机关也设立了环境资源检察处（科）。尽管环境资源检察处（科）对环境公益诉讼、打击环境犯罪起了一定效果，但是鉴于环境犯罪的跨区域性、科技性、潜伏性，仅有环境检察处（科）仍是不够的，这些机构属于检察机关的内设机构，而我国的检察机关仍是以行政区划来设置的，其与地方的关系一直难以理顺。为此，有必要建立环境资源检察院，以应对有关环境司法行为，具体而言，可从如下方面来建构环境检察院：①整合有关环境检察职能。环境资源检察处（科）只是检察机关专门保护生态环境的机构设置的初步阶段，今后应该逐步铺开，在有条件、有需要的地方设立专门的环境检察院，以有效整合立案、批捕、公诉、侦查、民行等检察职能，发挥聚合优势，健全工作机制，以有效发挥打击、保护、监督、教育、预防等作用，形成服务和促进生态文明建设的合力②。例如，我国有些地方已将生态环境检察职能整合并设立了相关机构，如江西省鄱阳县为配合建设鄱阳湖生态经济区，早在2013年就设立了江西省首个生态环境检察室③；山东省淄博市博山区也在2015年设立了山东省首个生态环境检察室④。②建立专门的环境检察机构。尽管我国许多检察院都设立了许多专门的环境检察处（科），甚至有些地方还出现了专门的生态环境检察室，这表明我国检察机关正在加大对生态环境的保护力度。但是这些检察机构都是附属于某一检察院，属于其内设机构，其人事、财政等都是来源于地方，故其保护生态环境的职能必定受制于地方。今后，省级检察院可以在设区市或者一些特殊地域（如特定河流、湖泊等）等设立专门的生态环境检察

---

① 刘德安．昆明：增设环境资源检察机构［EB/OL］．（2008-12-18）［2021-02-16］．http://news.jcrb.com/jiancha/ jcdt/200812 /t20081218_114370.html.

② 宋寒松．检察职能与生态文明建设［J］．中国环境法治，2012（2）：40.

③ 胡亚丽．鄱阳县：严厉打击破坏资源犯罪全面保护生态环境［EB/OL］．（2014-07-29）［2021-02-16］．http://www.jx.jcy.gov.cn/ newshow.aspx?id=6284.

④ 山东省首个生态环境检察室成立．检察职能与生态文明建设［EB/OL］．（2015-09-21）［2021-02-16］．http://scitech.people.com.cn/n /2015/0921/c1057-27610233.html.

机构，以突破地方限制，更好地保护生态环境，在条件具备的时候，省级检察院可以整合有关环境检察室并将其升格为环境检察院，由省级检察院领导。此外，环境检察院可依据地方实际情况在本省（自治区、直辖市）分设若干环境检察分院，环境检察分院由环境检察院直接领导开展工作，其人事等关系受制于省级有关部门，不受地方管理。

2. 完善环境审判制度

多年来，我国一直在试点建立专门的环境审判机构，1988 年，湖北省武汉市硚口区人民法院就开始筹备设立环保法庭，但是未得到最高人民法院支持。2007 年，贵州省贵阳市鉴于经常发生跨行政区的水污染纠纷，经贵州省高级人民法院同意，于 2007 年 11 月在贵阳市下辖的清镇市人民法院设立了环保法庭，这是我国历史上第一个正式意义上的环保法庭①。2010 年，最高人民法院在《关于为加快经济发展方式转变提供司法保障和服务的若干意见》中指出，可以在具备某些特定条件的地方设立环保法庭，对环境纠纷等案件实行专业化审判。在最高人民法院的推动下，环保法庭的设置如火如荼。截至 2013 年 7 月，我国已有 18 个省、直辖市在地方三级法院中分别设立了 134 个环保法庭②。2014 年 7 月，最高人民法院成立环境资源审判庭，这标志着我国环境保护进入一个新阶段，以司法来保护环境开始成为新常态。环保法庭的设置，宣示了审判机关对于环境保护国策的支持，是审判机关服务于生态文明建设的重要措施和体现，便于当事人进行诉讼，环保法庭将所有类似案件统一集中，客观上可以节约司法资源，加快审判进度③。尽管如此，鉴于环保法庭都是设置在法院内部，不可避免地受到多重制约。首先是受制于当地大局，经济发展往往是当地大局的重要指标，为此，环保法庭对涉及污染企业的判决难以形成独立的意志；其次是易产生管辖纠纷，环境污染或者破坏案件与其他案件的重大区别在于跨区域性，这使得多个环保法庭都有管辖权，若不指定管辖，难以确定管辖法院；再次是受制于本法院实情，环境案件从性质上都可以归属不同的案件，如环境民事纠纷可以归入民事案件，也可归入环境案件，不同的定性会导致案件管辖问题产生。况且，环保法庭只是法院诸多内设机构之一，其重要程度视领导而定。为此，要真正实现保护生态环境的目的，服务于生态文明建设，必须完善环境审判制

---

① 李华斌．环保司法先行先试 贵阳无锡昆明三地法院环保审判工作的创新与探索［J］．中国审判，2014（8）：58.

② 王树义．论生态文明建设与环境司法改革［J］．中国法学，2014（3）：63.

③ 蔡守秋．关于建立环境法院（庭）的构想［J］．东方法学，2009（3）：80-81.

度，建立专门的环境（资源）法院。当前，可以在各省级高级法院设立专门的环境（资源）庭，条件具备的地方，可以在省级高级法院之下设立专门的环境（资源）法院，其人事、财政等关系分别由省级高级法院和省级人民政府管理；此外，各地可以根据实际情况，在设区市或者一些特殊地域（如特定河流、湖泊等）等设立环境法院分院或者派驻法庭，其人事等关系受制于省级有关部门，不受地方管理。

（三）加强环境司法鉴定工作

为有效打击生态文明建设领域渎职犯罪，赔偿或者补偿环境受害人，建立和完善当前的环境司法鉴定机制迫在眉睫。首先，完善相关环境鉴定的规则。鉴定规则既包括技术规则，又包括法律规则，近几年来，我国陆续制定了《环境损害鉴定评估推荐方法（第Ⅱ版）》《环境损害司法鉴定机构登记评审细则》《环境损害司法鉴定机构登记评审办法》以及《环境损害司法鉴定机构登记评审专家库管理办法》等规范，这为完善环境司法鉴定工作打下了坚实基础。其次，扩张环境司法鉴定机构，鉴定机构的缺乏导致环境损害难以量化，为此应该扩充鉴定机构。对于鉴定机构的选择，应该设定特定条件，只要满足许可条件，既可以赋予原有司法鉴定机构对环境损害的鉴定资格，也可以赋予专业机构鉴定资格。经过努力，截至 2019 年 1 月，我国的环境损害司法鉴定机构已经突破 100 家[①]，大大地缓解鉴定难的问题。再次，要培养专门的鉴定人才，环境损害往往是一种综合性的破坏，对于损害的鉴定需要专门的人才，今后应该着力培养专门人才，建立环境损害司法鉴定人才库。在相关规则指导下，截至 2020 年，各省（自治区、直辖市）基本都已经建立起了环境损害司法鉴定评审专家库，确定本地的“环境法医”。最后，要完善鉴定技术和保障，建立科学的环境损害评估技术方法体系和环境风险等级评定方法，通过黑名单制度记录鉴定人失信情况并公示和预警。

（四）降低此类渎职犯罪证明标准

生态文明建设领域渎职犯罪的查处涉及渎职行为与危害结果之间的关联性问题，即渎职行为→环境侵害行为（环境污染或破坏行为）→财产权及人身权利等损失，关于渎职行为与环境侵害行为之间的关联性易于证实，但是关于环境侵害行为与有关财产和人身权利损失之间的关联性则难以证明，在我国许多环境污染案中，

---

① 全国环境损害司法鉴定机构突破 100 家［EB/OL］.（2019-01-15）［2021-02-16］.http://legal.people.com.cn/n1/2019/0115/c42510-30541081.html.

如阳宗海砷污染案等案件中，尽管导致了巨大的损失，但由于鉴定技术等原因，难以认定存在刑法上的因果关系①。国外有些国家的立法对此降低了证明标准，如日本采取了推定因果关系，其在1970年颁布的《公害犯罪处罚法》第五条规定的推定因果关系有别于传统的刑法上的因果关系，日本在1973年森永毒奶粉的刑事案件裁判中采用了疫学因果关系，疫学因果关系属于推定因果关系，其含义是指对于如何引起结果的详细机理原因不明之际，根据疫学上的统计方法，在经过大量观察和统计，判明原因和结果之间有引起与被引起高度盖然性时，即可断定存在刑法上的因果关系②。具体而言，主要从如下两方面来降低证明标准：①采用推定因果关系。在此类渎职犯罪的两重因果关系中，最为困难的是环境侵害行为与危害结果之间的因果关系。对此，可以借鉴国外经验，采用推定因果关系。对于污染型的环境犯罪，若采用传统因果关系增加了侦查难度，导致难以查处罪犯，其结果不仅无法保护生态环境，而且放纵了放罪人，若采用推定因果关系，降低证明标准，可以使得环境保护与人权维持大体上的平衡③。当前，我国的环境污染破坏严重，而且由于环境犯罪中因果关系的复杂性、不确定性，以及导致的危害结果具有潜伏性、区域广泛性、不可逆转性等特征，为保障作为人类生存基础的生态环境，采用推定关系也是不得已的选择，况且推定因果关系与《刑事诉讼法》中的“排除合理怀疑”的证明标准之间不存在矛盾。②合理分配举证责任。若依据传统的“谁主张，谁举证”，生态文明建设领域渎职犯罪的举证责任过大，在“生态文明建设领域渎职行为—环境侵害行为—财产、人身权利等危害结果”三个环节中，实际上需要证明的事实有渎职行为、环境侵害行为、重大环境损失，以及三个环节中的两重因果关系的存在。环境犯罪和渎职犯罪都是难以取证和举证的案件，而生态文明建设领域渎职犯罪则是两重困难的叠加，会耗费大量司法资源。为了破除此种困难，如何分配举证责任成了难题。在此，可以对证明责任进行分配，控方承担一般性的证明责任，被告人也要承担部分证明责任④。此外，不排除在某些细节上采用严格责任，若依照严格责任，更容易证明行为人的渎职犯罪行为与危害结果之间存在因果关系⑤。

---

① 蒋兰香．日本疫学因果关系理论及其对我国环境刑事司法的借鉴［A］．刑法论丛［C］.2010：256-257.

② 黎宏．日本刑法精义［M］．北京：中国检察出版社，2004：98.

③ 蒋兰香．日本疫学因果关系理论及其对我国环境刑事司法的借鉴［A］．刑法论丛［C］.2010：264-265.

④ 吕欣．环境刑法的反思与重构——以新型环境伦理为视角［D］．济南：山东大学，2008：126.

⑤ 蒋兰香．生态文明视野下刑事法学理论的新发展［J］．中南林业科技大学学报（社会科学版），2011（5）：3.

第四节 加强环境执法者伦理规制

强化对我国环境执法者的伦理规制，是指强化伦理规范对环境执法行为的引导作用。我国环境执法行为的失范主要原因之一是伦理上的失范，这表明除用法律、制度来规范环境管理行为之外，还必须以相应的伦理规范来规制环境管理行为[①]。

一、重塑环境行政伦理

（一）贯彻社会主义核心价值观

作为一般性的行政伦理，集中体现为社会主义核心价值观，社会主义核心价值观是新中国成立以来社会主义思想发展的结晶，它是对社会主义思想的继承和发展。党的十八大报告将社会主义核心价值观归结为“富强、民主、文明、和谐、自由、平等、公正、法治、爱国、敬业、诚信、友善”12个方面，涉及国家、社会及公民三个层面，体现了政治理想、社会导向、行为准则的统一，实现了国家、集体、个人在价值目标上的统一，兼顾了国家、社会、个人三者的价值愿望和追求[②]。作为我国环境执法者所应当具备的基本伦理准则，社会主义核心价值观具有很大的作用：①为行政伦理价值观树立了价值理想。“富强、民主、文明、和谐”的价值观来自国家层面的要求，也是公共行政需要达成的宏观目标，行政伦理必须与此宏观目标保持一致。环境行政是纯粹的公共领域，作为此领域的公务人员在执行公务时要以良好的职业道德为基础，在道德意识、道德观念和道德信仰上与公共行政的本质属性及要求保持一致，这样才能把握公共权力的方向，达到环境行政的根本目标[③]。因此，建设富强、民主、文明、和谐的社会主义国家，是环境管理领域公务人员的职业价值追求。②为行政伦理价值观建设提供了价值导向。“自由、平等、公正、法治”的价值观是来自社会层面的要求，体现了社会主义核心价值观的价值取向，也是对美好社会的生动表述，此种美好社会是公共行政的基本目标之一。此外，“自由、平等、公正、法治”也是判断具体行政行为实质合理性的标准，环境执法者将其作为执法所必须遵守的原则和追求的目标，正是为了践行为人民服务的

① 杨凤春.行政伦理与中国的反腐倡廉——基于内外部控制的行政伦理视角［J］.江苏行政学院学报，2014(3)：82.

② 李志伟，王斯敏.社会主义核心价值体系建设的点睛之笔［EB/OL］.（2012-11-12）［2021-02-16］.http://theory.people.com.cn/n/ 2012/1112/c49151-19547557.html.

③ 宋世杰.社会主义核心价值观视角下的公务员职业道德提升［J］.人民论坛，2013（20）：39.

崇高理念，即不仅服务当代人，也服务未来世代人[①]。③为行政伦理价值观建设提供了价值准则。“爱国、敬业、诚信、友善”是对公民个人的道德要求，此种道德要求不仅体现在观念层面，更是一种基本行为准则。此种要求将社会公德、职业道德、家庭美德和个人品德融为一体，是全体公民的基本道德准则。环境执法人员的行为理应符合此种伦理价值观，不管是日常行为，还是执法行为，都应该遵循此道德准则。

（二）提升行政组织伦理

行政组织伦理的整体氛围影响着公务人员的角色意识和行政观念、态度及行为方式，进而导致其职业道德发生变化。因此，环境行政组织的伦理状况影响着环境执法人员的伦理水平，良好的行政组织伦理对环境执法人员的伦理自主性建构起着重要的促进和推动作用。为构建环境执法人员的伦理自主性，需要有相应的行政组织伦理的保障：一是责任政府，责任政府是行政组织伦理的理想实现方式，责任政府要求制度安排、组织运行等都要体现公平正义的要求。通过建构责任政府，将责任政府的价值理念内化为环境行政组织的基本要求，并以此要求来衡量环境执法人员。二是良好职业氛围，良好职业氛围为环境执法人员职业道德培养和行政人格塑造提供了正向的引导和激励，进而促进行政组织伦理转化为环境执法人员内在的品格，使其面对角色冲突之际能做出符合道德的选择。为此，必须促进形成民主、公平、公正、团结、协作的良好工作氛围，积极向上、努力进取的工作精神，职责明确、赏罚严明的责任机制，执法为民的责任态度[②]。

（三）推进行政伦理制度化

我国历来重视公务人员的行政伦理制度的构建。自 1957 年《国务院关于国家行政机关工作人员的奖惩暂行规定》颁布实施以来，我国制定了一系列关于行政伦理的规定，如 1984 年的《关于党政机关在职干部不要与群众合办企业的通知》、1985 年的《关于禁止领导干部的子女、配偶经商的决定》、1989 年的《关于严格控制领导干部出国访问的规定》、1991 年的《关于严格控制领导干部出国访问的补充规定》、1995 年的《关于党政机关县（处）级以上领导干部收入申报的规定》、2000 年的《关于对跨地区跨部门团组加强管理、监督和查坚决制止公款出国旅游

① 宣妍．日本公务员伦理建设研究［D］．长春：吉林大学，2014：116.

② 范笑仙，李春梅．从行政责任到公共伦理：行政自主性构建［J］．中国行政管理，2006（5）：49.

的通知》、2001 年的《关于省部级现职领导干部报告家庭财产的规定（试行）》、2001 年的《关于各级领导干部接受和赠送现金、有价证券和支付凭证的处分规定》、2001 年的《关于党政机关工作人员个人证券投资行为若干规定》、2002 年的《国家公务员行为规范》、2005 年的《公务员法》、2010 年的《中国共产党党员领导干部廉洁从政若干准则》、2012 年的《关于改进工作作风、密切联系群众的八项规定》、2018 年的《中国共产党纪律处分条例》等，已经构建起了一整套的行政伦理制度。然而遗憾的是，这些与公务人员相关的伦理规范分散在各规定之中，除《公务员法》外，多数规定未上升为法律，其强制性有限、惩罚性不足；另外，从实践层面看，尽管对公务人员的行政伦理规定较多，然而环境管理领域的公务人员违法犯罪现象却是日益严峻。为此，必须强化我国行政伦理的法律属性，具体如下：①制定《公务员伦理法》。将伦理上升为法律是完善或者重建行政伦理的重要路径，如韩国 1981 年出台了《公职人员伦理法》、美国 1989 年出台了《政府道德改革法案》、日本 1999 年出台了《日本国家公务员伦理法》，其通过制定法律构建起了本国的行政伦理制度，有力提升了其行政伦理水平。我国可以借鉴这些国外的经验来制定相应的《公务员伦理法》，以赋予行政伦理更多的强制性。《公务员伦理法》大致应该包括如下内容：一是公务人员自身应该具备的要素，包括忠诚、公正、平等、廉明、勤政、负责、乐观、勇气等要素；二是应该规定财产申报与公开的等内容；三是有关禁止性规定，包括严格限制公职以外的活动、不得利用公职牟取私利、禁止不当使用政府未公开信息、严禁公务活动中收受的礼品占为己有等规定；四是有关任职回避、离职限制等规定等。②完善环境执法人员的保障制度：一是建立合理的考核指标体系，除传统的从德、能、勤、绩、廉等方面将考核标准量化外，必须强化环境保护的相关指标，增加环境保护考核指标的权重。二是完善道德责任赏罚制度。对于执法行为符合伦理要求的环境执法人员，予以晋升、增加福利等奖励，反之予以降级甚至免职。三是完善环境执法人员的工资制度。当前，公务人员的工资水平很低，即便近年来公务人员的工资呈现小幅增长，仍跟不上物价增长水平和货币贬值的速度，此种现状使得环境执法人员在“公共人”与“经济人”两重角色之间的冲突越来越激烈，为此，必须完善环境执法人员的工资制度，建立合理的工资增长机制，保证其能够安心工作[①]。③完善其他有关环境执法人员的制度。一是要建立公务员任职和晋升的宪法宣誓制度，增强其法治观念，使其深刻理

① 黄晶梅，周鹤．公务员制度中激励机制现状分析［J］．长白学刊，2008（5）：67.

解行政权力的法律属性，增强法律信仰以确保其依法行政。二是完善回避制度。现有的回避规定大多数未上升为法律，其效力不高、强制性弱、惩罚性轻缓，不足以起到应有的威慑作用，为此，应该将其上升为法律，从法律上严格约束，促其自觉履行回避义务。

二、增强伦理自主性

伦理自主性本意是指面对伦理困境能够依照道德要求进行自主取舍的行为，环境执法人员伦理自主性是指环境执法人员在行政管理活动中面对伦理困境之际可以依照基本的价值要求和道德要求进行自觉取舍的行为[①]。对于环境执法人员而言，其公共人的身份决定了行为价值取向为公共利益，环境执法人员只有具备公共利益至上的信念和追求，才能实现其公共性，这是环境执法人员伦理自主性的起点。环境执法人员伦理自主性的目标在于形成崇高的行政人格，只有具备此种人格，环境执法人员在行政决断之际才能意志自由，从而自觉将公共利益置于首要位置[②]。环境执法人员伦理自主性的提高的路径主要有：

（一）提高环境执法者的综合素质

公务人员首要任务是“做正确的事”[③]，为此，其专业知识和技能是必须具备的。作为环境行政领域的公务人员，其专业素质非常重要，不仅需要一般性行政技能，更需要了解有关环境科学、生态学等知识，这也是正确行使环境保护职权的前提。但是除专业素质外，还需要可靠的综合素质，综合素质还包括政治、思想、道德、文化等方面，综合素质有助于其将服务理念内化于心并影响执法理念，最终提升职业道德信念，使其在执法过程中能够正确面对新情况、新问题。为此，提高环境执法人员的综合素质成为必然选择：①环境执法人员自身要严格要求自己，采取各种合法手段提高自己的综合素质，不仅提升自己的业务素养，还要提高自己的职业道德素养。②在选拔环境执法人员之际，要充分考虑综合素质，要将德才兼备之人选拔为环境执法人员，提升其整体性素质。(3) 在对环境执法人员的政绩进行考核时，考核方法要突出综合素质的考量，而不仅仅是绩效的考核。

---

① 龙国智，吴华根. 论公共行政中的个人伦理自主性［J］. 深圳大学学报（人文社会科学版），2007（4）：95.

② 杨淑萍. 论行政人员的伦理自主性建构［J］. 哲学动态，2008（7）：65.

③ 樊纲. 如何使政府做正确的事和正确地做事［J］. 经济研究参考，2006（41）：21.

（二）强化环境执法者公共人和生态人的双重角色

环境执法行为是特定国家行政机构依法管理作为公共事务的生态环境的有效活动，在此公共行政领域中，行使环境公共权力的公共组织成员是此领域中的最重要且最具能力的行动者[①]，作为行使环境领域的公共权力的人，扮演着公共人和生态人的双重角色，为确保其依法行政，需要强化其扮演的双重角色：①强化公共人角色。此处的公共人是在传统意义上而言，不包括生态人，可以将其理解为“是指在公共领域中的、自由平等进行行动交往的、创造积极生活方式的，并追求人的价值与再造公共性的积极行动者”[②]，公共人不仅是公共行政领域主体性的体现，也是进行现代治理的关键因素。环境管理作为公共行政领域的体现，必须要强化此种公共人的定位：一是要明确环境执法目的的公共性。环境执法行为是代表国家行使环境管理权力的行为，其在于通过执法行为，完成国家的环境保护任务，促进生态文明建设，实现人与自然的和谐相处。二是要牢固树立环境管理职权的公共性。环境管理权力虽然来自法律赋予，但是归根结底是来自人民，作为环境执法人员，其职务行为必须体现全心全意为人民服务的理念，即服务于人民。三是要强化监督的公共性。环境执法行为都是与公共利益相关联的，且执法者的报酬是由国家支付，其在执法之际属于公共人，其执法行为必须接受监督。强化监督的公共性，不仅要秉持开放性原则，允许包括新闻媒体等各种形式的监督存在，还要将环境公共权力的运行置于监督之下，保证其不会被滥用[③]。②树立生态人角色。生态人超越了公共人，生态人的行为体现了尊重生命、善待自然、适度消费、注重效率等要求[④]。作为一般性的执法人员，环境执法者属于“公共人”，但作为生态文明建设的践行者，环境执法人员必须将自己定位为“生态人”。作为生态人，理念上必须具有生态意识和生态价值观念，遵循生态伦理规则，在行为上必须体现生态伦理素养和生态环境意识，以其来指导日常行为[⑤]。

（三）优化社会道德环境

社会是个体和组织伦理存在的前提，社会环境作为社会总体文化的体现，成为

① 陈永章．公共人——一种基于公共行政的人性假设［J］．云南行政学院学报，2007（6）：102.

② 李山，吴理财．公共人：现代国家治理的社会基础［J］．兰州学刊，2001（1）：74-75.

③ 杨仁忠．论公共领域与当代中国民主监督机制的构建［J］．河南师范大学学报（哲学社会科学版），2012（1）：35.

④ 吴贤静．生态人的理论蕴涵及其对环境法的意义［J］．法学评论，2010（4）：98.

⑤ 刘然．生态文明建设离不开生态人的塑造［N］．中国教育报，2013-09-27（5）.

深层文化的总体背景和框架，影响了个体的行为选择，成为社会成员的心理基础[①]。社会道德是个体和组织的心理基础，对个体和组织的伦理起着潜移默化的作用，影响着道德主体的自主性建构和行为选择。良性的社会价值导向和风气能促进个体道德品质的提升，从而增强环境执法人员的伦理自主性。为此，要从如下两方面优化社会环境：一方面要通过倡导主流文化，优化社会风气，创造积极向上、团结互助、诚实守信、公平友善、文明和谐的社会气候和氛围，促进环境执法人员的公平正义感和社会责任感的形成；另一方面要提升社会公众普遍的社会责任感，使公众改变冷漠的政治态度，积极参政议政，充分行使监督权利，促进行政责任的有效实现，督促环境执法人员无论面临多么复杂的责任困境，都能够坚持公共利益取向[②]。

三、完善教育培训制度

（一）加强对执法者生态文明的教育培训

作为环境管理领域的公务人员，其特殊性在于其所服务的领域是环境管理领域。国家的环境管理直接服务于我国的生态文明建设，为此，环境管理部门及其工作人员要树立生态文明理念，有关部门要加强对环境执法者的生态文明教育，使其树立下列与生态文明相关的理念：①强化生态忧患意识。所谓生态忧患意识，是指人类面对日益严重的生态环境问题而萌发的对人类前途的一种忧患意识。作为环境执法人员，应该认识到我国环境问题的严重性，将环境问题与人类、民族的命运关联起来，与环境执法行为联系起来。②强化生态科学意识。生态科学意识以生态科学的视角来看待生态环境，认识到生态环境的有用性与有限性，认识到生态系统自身的运行规律。作为环境执法者，其执法行为要与生态科学、生态规律相吻合，使环境执法行为建基于生态科学和生态规律[③]。③强化生态责任意识。所谓生态责任意识，是指不仅国家和企业对生态保护负有责任，每一个人对生态保护也负有责任[④]。生态责任意识要求环境执法者要自觉抵制破坏生态的行为，自觉参与有助于保护生态环境的活动。只有全方位强化环境执法人员的生态理念，才可能避免环境管理中的渎职行为，避免环境执法行为对生态环境造成损害，保障生态文明建设。

---

① 黄训美．公务员心理保健［M］．北京：人民出版社，2005：215.

② 杨淑萍．论行政人员的伦理自主性建构［J］．哲学动态，2008（5）：66-67.

③ 韩跃红．生态科学与生态道德教育［J］．昆明理工大学学报（社会科学版），2001（1）：64-65.

④ 姬振海．生态文明论［M］．北京：人民出版社，2007：39.

（二）完善对执法者教育培训的方式

近段时间以来，我国更加重视对公务人员的行政伦理教育，并陆续颁布了《国家公务员职业道德规范》《国家公务员行为规范》《公务员法》以及《行政机关公务员处分条例》等相关法律法规，为加强对公务员的行政伦理教育提供了依据。此外，为做好公务人员的培训工作，我国于2011年专门制定了《2011—2015年行政机关公务员培训纲要》，对公务人员培训提出了明确要求，根据纲要制定并颁布了《公务员职业道德培训大纲》，细化了公务人员行政伦理培训的要求和措施，为我国环境管理领域的公务员培训提供了基本保障。今后，要从如下方面完善对环境管理领域公务人员的行政伦理培训：①明确培训目标。对环境管理领域的公务员伦理培训目标分为两方面：一是行政目标，对于环境执法者的培训必须贯彻忠于国家、服务人民、恪尽职守、公正廉洁的基本要求，对环境执法者进行职业道德培训、以提高其职业道德水平，形成一支政治信念坚定、精神追求高尚、职业操守良好、人民群众满意环境执法队伍[①]。二是生态目标，作为环境执法者，其培训内容必定包括生态文明建设的内容，要依法正确履行环境管理职责，必须具备执法所应该具备的业务知识，为此，必须培训有关生态和环境相关的知识，促其提高环境执法的能力。②完善培训内容。完善培训内容主要是提升公务人员个体的行政伦理素养和生态文明理念。完善培训内容，首先要大力宣传社会主义核心价值观，社会主义核心价值观作为国家、集体、个人在价值目标上的统一，浓缩了行政伦理的基本要求，要以此来开展教育活动提升公务人员的行政伦理；其次要开展生态文明教育，即针对环境管理的特殊性，对此领域的国家工作人员要开展生态文明理念教育，使其能够树立正确生态理念，从而能够胜任生态环境保护工作。③采取多元培训方式。在课程设置上，将集中培训和自我教育有效地结合起来，通过内外因的共同作用，将环境执法人员的伦理培训工作抓出实效。在具体方式上，可以采取小组讨论、案例分析、讲义教学、现场报告和实地考察等方式。要注重理论与实际相结合，行政伦理的培训若仅止于理论培训，内容未免空洞，易流于形式，只有将理论与实践相结合，才会形成示范效应，从而将理论内化于心，促进环境执法人员树立正确的价值意识，帮助其加快实现伦理内化的过程。此外，要将教学与自学相结合，根据《公务员职业道德培

① 《2011—2015年行政机关公务员培训纲要》配套教材编写组．公务员职业道德培训教程［M］．北京：人民日报出版社，2012：369.

训大纲》的要求，公务员的行政伦理是长期的培训内容之一，为此，要建立培训长效机制，将常态化教学和日常化互学结合起来，保持对环境执法人员培训的持续性和有效性。

第七章　生态文明建设领域渎职犯罪的司法认定

本章主要探讨司法机关在审查起诉或者审判阶段，如何认定生态文明建设领域渎职犯罪的危害后果、共犯问题、罪数问题以及部分渎职罪的“前案”问题。

第一节　生态文明建设领域渎职犯罪危害结果的认定

依照传统分类，生态文明建设领域渎职犯罪危害结果可以分为人身损害、物质损失、生态环境损害以及其他非物质损失，下文依照此种分类来探讨司法机关应该如何认定生态文明建设领域渎职犯罪的危害结果。

一、人身损害的认定

根据法律规定，涉及人身损害的生态文明建设领域渎职罪主要有滥用职权罪、玩忽职守罪、环境监管失职罪，下文对此三罪展开分析。

（一）生命损害

渎职罪对生命的损害即致人死亡，据2012年“两高”联合发布的《关于办理渎职刑事案件适用法律若干问题的解释（一）》，滥用职权行为、玩忽职守行为、环境监管失职行为只要致一人死亡的就构成相应的渎职罪，应当追究其相应的刑事责任，如何理解上述规定？

1.“造成一人死亡”的理解

对于生态文明建设领域渎职犯罪而言，造成一人死亡如何理解，值得商榷。直观上理解“造成一人死亡”，可能会认为生态文明建设领域渎职行为与死亡之间存在直接关联，然而生态文明建设领域渎职行为通常并不直接引起环境污染破坏事件，也不会直接致人死亡，而是通过环境侵害事件引起人员伤亡。例如谭某某玩忽职守案：因海南省昌江县国土环境资源局矿务站站长兼监察大队副大队长谭某某玩忽职守，未认真巡查，导致海南省昌江县七叉镇抗担岭的一家开采石灰石的石场2号矿口在作业之际，发生山体滑坡，导致作业组工人农某某、张某某、符某某等

4 人被埋在碎石和巨石下，造成三死一伤的结果[①]。通过此案例可以看出，谭某某的玩忽职守行为与他人死亡之间只是一种间接关系，造成三人死亡的直接原因是安全事故。因此，造成 1 人死亡只是此类渎职罪所导致的间接的危害后果，鉴于“造成一人死亡”的提法不是很准确，可能会误导渎职行为与死亡之间的因果关系，有学者主张将其修正为“死亡一人”[②]。

2. 死亡的标准

通常而言，认定“死亡”不会引起争论，但是不排除在特大环境事件中存在“生理死亡”“脑死亡”或者“宣告死亡”的争议。现行司法实践对于死亡不存在统一标准，通常而言，死亡是指生理死亡，但是存在“脑死亡”或者“宣告死亡”的情形。对此情形，应该如何看待？有学者认为本情形下的“造成一人死亡”应当是生理死亡，而非其他死亡[③]。显然，生理死亡不包括脑死亡，那么“脑死亡”应该算是“死亡”还是“重伤”？另外，对于法院已经宣告死亡的，是否应该算作渎职犯罪中的“死亡”？对此，司法解释应该予以明确。

3. 关于失踪人员的问题

生态文明建设领域渎职犯罪所造成的危害后果中，经常会出现失踪人员的问题，尤其是关于重大安全生产事故中，例如 2008 年山西襄汾溃坝事件，导致 277 人死亡，4 人失踪，襄汾县安全生产监督管理局总工程师刘政民等 8 人被追究玩忽职守罪和受贿罪等[④]。在此案中，虽然失踪的 4 人不影响本案的定罪量刑，但是如何定性此 4 人成为问题。因为不存在尸体，既认定不了死亡，也认定不了生存，更无法确定是否受伤。最高人民检察院《关于渎职侵权犯罪案件立案标准的规定》和有关司法解释都未对此做出规定，现行司法实践无法将其纳入定罪量刑的依据。然而此种失踪与一般性的失踪差别很大，此种危险作业中的失踪，生还可能性很小。对此，司法解释应该予以明确[⑤]。

---

① 李轩甫，梁起，符许燕．事关生命，怎容弄虚作假——海南省昌江县检察院查处一起矿山安全事故背后的监管人员渎职犯罪案件［N］．检察日报，2009-10-29（5）．

② 李忠诚．渎职罪损害后果认定问题研究［J］．中国刑事法杂志，2013（1）：54-59.

③ 李忠诚．渎职罪损害后果认定问题研究［J］．中国刑事法杂志，2013（1）：54-59.

④ 襄汾溃坝重大责任事故及相关职务犯罪案一审集中宣判［N］．山西日报，2010-10-02（A02）．

⑤ 李忠诚．渎职罪损害后果认定问题研究［J］．中国刑事法杂志，2013（1）：54-59.

（二）健康损害

关于对人体健康的损害主要有如下两方面：

1. 伤残

生态文明建设领域渎职罪的对人身损害后果的主要表现是致人伤残，在生态文明建设领域渎职罪中，根据《关于渎职侵权犯罪案件立案标准的规定》的规定，其构成犯罪的标准具体如表 7-1 所示。

表 7-1　生态文明建设领域渎职罪伤残类犯罪标准

生态文明建设领域渎职罪罪名	重伤	轻伤	重伤 + 轻伤
滥用职权罪	2 人	5 人	重伤 1 人，轻伤 3 人以上
玩忽职守罪	3 人	10 人	重伤 2 人，轻伤 4 人以上；重伤 1 人，轻伤 7 人以上
环境监管失职罪	3 人	10 人	重伤 2 人、轻伤 4 人以上；重伤 1 人，轻伤 7 人以上

《关于办理渎职刑事案件适用法律若干问题的解释（一）》第一条做了部分修正，其规定《刑法》第三百九十七条的滥用职权罪和玩忽职守罪对人民利益损失中伤残的理解是，“重伤 3 人以上，或者轻伤 9 人以上，或者重伤 2 人、轻伤 3 人以上，或者重伤 1 人、轻伤 6 人以上的”[①]。

上述三罪的标准，可以看出滥用职权罪对人体健康的损害比玩忽职守罪、环境监管失职罪要求更低，主要原因在于滥用职权罪的主观恶性强，且以积极方式实施，社会危害性大。对于伤害程度的鉴定，可以由具有资质的医疗机构或者司法鉴定机构，依照《人体轻伤鉴定标准（试行）》和《人体重伤鉴定标准》等进行鉴定。但是在职业病方面存在特殊情况，我国当前对于职业病和人体伤害实行双重认定标准，导致有些对人体造成严重伤害的职业病，无法直接引用或者转化为人体重伤、轻伤等级追究相关人员的责任，此问题应通过修改法律或者司法解释加以解决。司法部门当前可以依据已经收集的职业病诊断资料，聘请法医或者省级人民政府指定的医院就伤害程度进行法医学鉴定[②]。

---

① 《关于办理渎职刑事案件适用法律若干问题的解释（一）》第一条第一款规定：国家机关工作人员滥用职权或者玩忽职守，具有下列情形之一的，应当认定为刑法第三百九十七条规定的“致使公共财产、国家和人民利益遭受重大损失”：（一）造成死亡 1 人以上，或者重伤 3 人以上，或者轻伤 9 人以上，或者重伤 2 人、轻伤 3 人以上，或者重伤 1 人、轻伤 6 人以上的。

② 杨书文. 渎职犯罪结果犯之危害后果的认定［J］. 中国检察官，2014（11）48-52.

2. 中毒

环境污染破坏对人体伤害的另一表现是中毒，环境污染破坏会引起外界环境的化学变化，导致对人体有害的化学物质产生，当外界的化学物质进入人体后，与人体组织发生反应，从而引起人体发生暂时或持久性损害，即产生中毒现象。此种案例较多，我国频发的砷中毒事件和镉污染事件便是证明，如 2013 年发生在湖北省黄石市的砷中毒事件，因 6 家企业非法排污、违法处置危险废物污染了环境，导致周边村民上百人中毒[①]。环境污染防治领域的渎职犯罪会导致中毒发生，为此，《关于渎职侵权犯罪案件立案标准的规定》将严重中毒作为构成本类罪的标准之一，具体如表 7-2 所示。

表 7-2 生态文明建设领域渎职罪中毒类犯罪标准

生态文明建设领域渎职罪罪名	严重中毒人数
滥用职权罪	10 人以上
玩忽职守罪	20 人以上
环境监管失职罪	30 人以上

中毒是指生物体受到毒物作用而引起功能性或器质性改变后出现的疾病状态[②]。以中毒类型为标准，中毒可以分为食物中毒和职业性中毒等类型，根据《食物中毒诊断标准及技术处理总则》等，依照人数为标准，食物中毒可以分为一般食物中毒、较大食物中毒和重大食物中毒事故三个等级，30 人以下为一般食物中毒、30~49 人为较大食物中毒事故、死亡人数 1 人以上或者中毒人数 50 人以上为重大食物中毒事故。职业性中毒是指职业性急性化学物中毒，根据《职业性急性化学物中毒诊断（总则）》等，中毒可以分为轻度中毒、中度中毒和重度中毒。我国卫生行政主管部门的规章、规范性文件和技术标准等规定中没有规定何为“严重中毒”，也缺乏中毒的具体标准，因此，有关部门难以出具“严重中毒”的鉴定意见，导致检察机关在查处相关渎职案件中难以判断“严重中毒”。[③] 此问题，有待于司法解释规定“中毒”的标准。

① 黄石砷中毒事件始末［EB/OL］.（2014-12-26）［2021-02-16］.http://news.cnhubei.com/xw/hb/hs/201412/t3135027.shtml.

② 周亦武，刘良，徐小虎 . 中毒损伤程度评定［J］. 中国法医学杂志，2005（5）：315-317.

③ 李忠诚 . 渎职罪损害后果认定问题研究［J］. 中国刑事法杂志，2013（1）：54-59.

二、物质损失的认定

（一）经济损失

经济损失也称为财产损失，《关于渎职侵权犯罪案件立案标准的规定》将经济损失分为直接损失和间接损失，生态文明建设领域渎职行为中的经济损失发生在滥用职权罪、玩忽职守罪、环境监管失职罪、非法低价出让国有土地使用权罪等情形。根据《关于办理渎职刑事案件适用法律若干问题的解释（一）》第八条的规定，经济损失是指“渎职犯罪或者与渎职犯罪相关联的犯罪立案时已经实际造成的财产损失，包括为挽回渎职犯罪所造成损失而支付的各种开支、费用等。立案后至提起公诉前持续发生的经济损失，应一并计入渎职犯罪造成的经济损失。债务人经法定程序被宣告破产，债务人潜逃、去向不明，或者因行为人的责任超过诉讼时效等，致使债权已经无法实现的，无法实现的债权部分应当认定为渎职犯罪的经济损失”。据此，经济损失包括：①财产物理性毁失；②财产价值降低或减值；③减少收入性损失；④失职被骗造成的损失；⑤财产在法律上的损失；⑥为恢复秩序或挽回损失支付的费用[①]。

《关于渎职侵权犯罪案件立案标准的规定》对财产损失规定如下：（1）直接损失的立案标准：①确定个人直接损失最低立案标准，如滥用职权罪的个人直接损失最低标准是10万元以上的。②确定单位直接损失最低立案标准，如滥用职权罪的单位直接损失最低标准是20万元的。（2）直接损失与间接损失同时具备的立案标准：①个人直接损失与间接损失同时存在的立案标准，如玩忽职守罪和环境监管失职罪造成个人的直接经济损失不满15万元，但间接经济损失75万元以上的。②单位直接损失与间接损失同时存在的立案标准，如玩忽职守罪和环境监管失职罪造成单位的直接经济损失不满30万元，但间接经济损失150万元以上的。（3）个人和单位损失并存的，若两种损失数额相加达到了单位的损失标准的，应该立案侦查。生态文明建设领域渎职罪若造成的损失明确的，侦查人员可以直接依据相关证据进行认定，若危害后果繁杂或者难以准确计算的，必须聘请具有资质的单位或专业人士进行鉴定。

① 杨书文．渎职犯罪结果犯之危害后果的认定［J］．中国检察官，2014（11）：48-52.

（二）其他物质损失

渎职罪所造成的物质损失除以金钱计算的物质损失之外，还存在以其他方式计算的损失，如林业保护领域和土地保护领域的损失通常不以金钱计算，根据最高人民检察院《关于渎职侵权犯罪案件立案标准的规定》的规定，违法发放林木采伐许可证罪的立案标准所涉及的损失计算①，如滥发林木采伐许可证，导致林木被滥伐20立方米以上或致幼树被滥伐1 000株以上，应该立案侦查。可见，违法发放林木采伐许可证罪的立案标准是以林木砍伐数量来计算的，此标准易于掌握，侦查人员可以依据相关证据直接认定，若情况复杂的，可以有关行政部门认定数量为准。

（三）关于物质损失计算起算点

有关观点具体如下：①以立案侦查为限，侦查之际的损失为最后确定的数额；②以公诉阶段为限，在公诉阶段挽回的损失不能计算在实际损失之内；③以法院受理为限，在此阶段所无法挽回的损失为最终的损失数额；④以一审宣判为限，即一审判决宣判前所无法挽回的损失为最终损失额；⑤区别对待，将经济损失分为“成罪损失数额”和“量刑损失数额”，前者以立案侦查为限，后者以法院审判时间为限②。上述观点各有合理之处，相对而言，第一种观点较为可取：从理论上看，检察机关确定立案侦查，即表明了检察机关已经对相关事实和证据进行了评判，确定了生态文明建设领域渎职行为所造成的经济损失，若经济损失的计算时限在立案侦查之后，会造成许多侦查行为事实上归于无效，不仅不利于侦查的开展，而且有损司

---

① 《关于渎职侵权犯罪案件立案标准的规定》第十八条规定：违法发放林木采伐许可证罪是指林业主管部门的工作人员违反森林法的规定，超过批准的年采伐限额发放林木采伐许可证或者违反规定滥发林木采伐许可证，情节严重，致使森林遭受严重破坏的行为。

涉嫌下列情形之一的，应予立案：

1. 发放林木采伐许可证允许采伐数量累计超过批准的年采伐限额，导致林木被超限额采伐10立方米以上的；

2. 滥发林木采伐许可证，导致林木被滥伐20立方米以上，或者导致幼树被滥伐1000株以上的；

3. 滥发林木采伐许可证，导致防护林、特种用途林被滥伐5立方米以上，或幼树被滥伐200株以上的；

4. 滥发林木采伐许可证，导致珍贵树木或者国家重点保护的其他树木被滥伐的；

5. 滥发林木采伐许可证，导致国家禁止采伐的林木被采伐的；

6. 其他情节严重，致使森林遭受严重破坏的情形。

林业主管部门工作人员之外的国家机关工作人员，违反森林法的规定，滥用职权或者玩忽职守，致使林木被滥伐40立方米以上或者幼树被滥伐2000株以上，或者致使防护林、特种用途林被滥伐10立方米以上或者幼树被滥伐400株以上，或者致使珍贵树木被采伐、毁坏4立方米或者4株以上，或者致使国家重点保护的其他植物被采伐、毁坏后果严重的，或者致使国家严禁采伐的林木被采伐、毁坏情节恶劣的，按照刑法第三百九十七条的规定以滥用职权罪或者玩忽职守罪追究刑事责任。

② 王杨. 论渎职犯罪“损失”之判定［J］. 时代法学，2011（6）：60-65.

法的权威。从法律上看，根据最高人民检察院2006年发布的《关于渎职侵权犯罪案件立案标准的规定》附则第四项规定表明了立案侦查是渎职犯罪损失数额的计算时限，在侦查阶段之后所挽回的损失不影响定罪，但是可以作为一个量刑情节[①]。可见，法律所采取的标准是以立案侦查为限。从司法实践看，侦查阶段、调查阶段、审查起诉阶段、审判阶段认定经济损失的标准应该一致，只有保持一致，侦查部门才能依法顺利进行侦查，否则无法掌握"重大损失"的具体标准，审查起诉部门也能够依法顺利进行审查起诉，审判机关才能正确认定事实并准确适用法律。

三、生态环境损害的认定

在计算生态文明建设领域渎职犯罪的危害时，要注意本罪与其他渎职犯罪的区别之一是还要计算犯罪行为所导致的生态环境损害。2017年，中共中央办公厅、国务院办公厅印发了《生态环境损害赔偿制度改革方案》（以下简称《方案》），其明确了赔偿范围大致涵盖"清除污染费用、生态环境修复费用、生态环境修复期间服务功能的损失、生态环境功能永久性损害造成的损失以及生态环境损害赔偿，以及调查、鉴定评估等合理费用"。鉴于生态环境损害的物质形式范围未能完全明确，《方案》还要求"各地可以根据实际需要进行细化"。由此可见，生态环境损害的范围迄今还处于探索阶段，其如何计算，迄今没有统一规定，各省（自治区、直辖市）所确定的范围有所不同。最高人民法院在2019年发布了《关于审理生态环境损害赔偿案件的若干规定（试行）》，根据此司法解释第十二条、第十三条、第十四条、第十五条规定，生态环境损害赔偿的范围主要包括"生态环境修复费、防止生态环境损害扩大的合理费用、磋商调查评估等程序性费用、合理的律师费、生态环境服务功能损失赔偿资金（永久性损害造成的损失赔偿资金）"，最高人民法院所规定的范围实际上跟《方案》是一致的。2020年4月，由财政部牵头的"两高七部"联合下发的《生态环境损害赔偿资金管理办法（试行）》，这是比较权威层面的规定，但是遗憾的是此规定仅仅是规定了如何管理和使用生态环境损害赔偿资金，并未对生态环境损害的物质后果做出界定。

因此，当前各省（自治区、直辖市）大都是基于本省实际来规定生态环境损害

---

① 《关于渎职侵权犯罪案件立案标准的规定》附则第四项规定：直接经济损失和间接经济损失，是指立案时确已造成的经济损失。移送审查起诉前犯罪嫌疑人及其亲友自行挽回的损失，以及由司法机关或者犯罪嫌疑人所在单位及其上级主管部门挽回的经济损失，不予扣减，但是可以作为犯罪嫌疑人从轻处理的情节予以考虑。

的范围，鉴于立法主体的不同，各省规定的生态环境损害的物质形式的范围不相同。如表 7-3 所示，该表是根据生态环境部在 2015 年制定的试点方案，在 7 个省（直辖市）展开试点工作，表 7-3 是列举其中 5 个省份并根据该五省市的试点方案进行了整理，表中列举了 5 个省份试点的生态环境损害的范围，具体情况如下：

表 7-3　5 个试点省份生态环境损害所包含的范围

	云南省	吉林省	贵州省	江苏省	湖南省
生态环境损害范围	清除污染费用	控制和减轻损害的费用	清除污染的费用	清除污染的费用	生态环境损害应急处置费用
	生态环境修复费用	清除污染的费用	生态环境修复费用	应急处置费用	生态环境损害鉴定评估费用
	生态环境修复期间服务功能的损失	生态环境修复费用	生态环境修复期间服务功能的损失	环境监测费用	生态环境损害修复费用
	生态环境服务功能永久性损害造成的损失	生态环境修复期间服务功能的损失	生态环境服务功能永久性损害造成的损失	生态环境修复费用	生态环境损害修复期间服务功能的损失补偿费用
	生态环境损害赔偿调查、鉴定评估费用	生态环境服务功能永久性损害造成的损失	生态环境损害赔偿调查、鉴定评估、律师代理、诉讼、第三方监理费用	生态环境修复期间服务功能的损失	生态环境服务功能永久性损害造成的损失补偿费用
	—	生态环境损害赔偿调查鉴定评估及修复方案制定、修复效果后鉴定评估费用	—	生态环境服务功能永久性损害造成的损失	生态环境损害公益诉讼相关费用
	—	—	—	生态环境损害赔偿调查、鉴定评估费用	—

由表 7-3 可见，各省尽管都根据相同文件开展试点工作，但是在实践中，生态环境损害的具体范围是存在偏差的，鉴于当前缺乏法律来限定生态环境损害的范围，那么具体的范围还有待于今后在实践中继续总结经验并上升为法律。但是当前应该本着生态环境保护的目的，尽量从宽泛视角来确定生态环境损害的范围，相对而言，采取江苏省试点的生态环境损害范围的标准来确定似乎更为妥当。生态环

境损害的具体数额通过专家进行鉴定才能确定。由于环境污染破坏本身具有潜伏性，鉴定时间点不同，结果可能差别很大，如湖北省第一起环境监管失职案：鉴定专家前后两次对犯罪嫌疑人王华楚的监管失职行为产生的损害鉴定结果不一样，王华楚的渎职行为发生在 1999 年 4 月，武汉市环保局在 1999 年经测算认定造成损失为 20 万元左右，未达到环境监管失职案立案标准的 30 万元；2003 年，经农业部专家鉴定，王华楚渎职行为造成经济损失为 199.7 万余元，已经触犯了环境监管失职罪[①]。因此，生态环境损害认定难度较大，需要在科学前提下，由专家按照规律进行鉴定。

四、其他非物质损失的认定

非物质损失是与物质损失相对的损失，其现象形态表现为非物质性变化特征的结果，它往往是无形的，难以具体测量，如人格、名誉、行政管理秩序、国家尊严等[②]。根据《关于渎职侵权犯罪案件立案标准的规定》，生态文明建设领域渎职犯罪所引起的非物质损失包括“严重损害国家声誉”“造成恶劣社会影响”“妨碍司法秩序”，其中，①滥用职权罪和玩忽职守罪的非物质损失包括“严重损害国家声誉”和“造成恶劣社会影响”，此种情形常发生在重特大环境事件中，如山西襄汾溃坝事件不仅造成了重大人身及财产损失，还损害了国家声誉、造成了恶劣社会影响。②环境管理领域的徇私舞弊不移交刑事案件罪、帮助犯罪分子逃避处罚罪涉及“妨碍司法秩序”，此两类罪的损害后果的标准难以用具体物质损失来确定，而是以妨碍司法的情形来确定是否追究犯罪人的具体责任，如《关于渎职侵权犯罪案件立案标准的规定》将认定是否构成帮助犯罪分子逃避处罚罪的判断标准确定为：①向犯罪分子泄露有关部门查禁犯罪活动的部署、人员、措施、时间、地点等情况的；②向犯罪分子提供钱物、交通工具、通信设备、隐藏处所等便利条件的；③向犯罪分子泄露案情的；④帮助、示意犯罪分子隐匿、毁灭、伪造证据，或者串供、翻供的；⑤其他帮助犯罪分子逃避处罚应予追究刑事责任的情形。

---

① 王小南，冯明．湖北环境污染第一案开审［N］．湖北日报，2004-02-20（3）．

② 王杨．论渎职犯罪“损失”之判定［J］．时代法学，2011（6）：60-65.

第二节　生态文明建设领域渎职犯罪共犯的认定

共同犯罪不仅是刑法理论的重要组成部分，也是司法实践的重要内容。根据不同标准，可以对共同犯罪做出不同区分，如根据作用可以分为主犯和从犯，根据分工可以分为实行犯、帮助犯、教唆犯，大陆法系国家通常将其分为正犯与共犯，正犯相当于我国的实行犯，共犯则包括帮助犯和教唆犯。根据我国《刑法》第五条的规定，共同犯罪是指二人以上共同故意犯罪。渎职罪的共同犯罪只能发生在故意犯罪的场合，据此可以排除玩忽职守罪等过失型渎职罪成立共同犯罪的空间，只有滥用职权类和徇私舞弊类的渎职罪才能成立共同犯罪。生态文明建设领域渎职犯罪作为渎职罪的一个领域，对其共同犯罪的探讨，实际上就是对身份犯与共犯的探讨。生态文明建设领域渎职犯罪的共同犯罪包括两种形式：无身份者与有身份者的共同犯罪、有身份者之间的共同犯罪。

一、无身份者与有身份者共同实施渎职犯罪的认定

案例 1：被告人于某，原系某县某局节能办主任。2012 年 5 月 25 日，某县根据上级要求申报国家关闭污染小企业补助资金情况。在某县某玻璃制品有限公司（以下称玻璃公司）申报过程中，该企业实际负责人赵某在明知该企业不符合条件，仍伪造了相关申报材料并报送至某局节能办。为了使其申报通过，赵某找到分管节能办的副局长杨某、节能办主任于某协调申报事宜。在协调过程中，赵某教唆杨某、于某如何操作进行材料审核等，在赵某帮助下，杨某、于某未对该玻璃公司提供的申报材料进行真实性审核，致使伪造的虚假申报材料审核通过并上报。2013 年 9 月 10 日，该玻璃公司申请到补助资金 118 万元[①]。

作为不具备国家机关工作人员身份的赵某教唆帮助杨某、于某实施了滥用职权的行为，此行为该如何定性？

（一）是否成立共同正犯

所谓共同正犯，是指二人以上共同实行犯罪的情况，要成立共同正犯，就必须是二人以上主观上有共同实行的意思（意思的联络），客观上有共同实行的事实（行为的分担）[②]。

① 山东省汶上县人民法院（2014）汶刑初字第 188 号刑事判决书。

② 马克昌．比较刑法［M］．武汉：武汉大学出版社，2002：669-672.

1. 从立法角度看，法律关于无身份者是否成立共同正犯规定有如下情形：

（1）法律规定无身份者可以成立正犯。《韩国刑法典》第 33 条规定“参与依身份关系成立的犯罪的行为，在不具有身份关系的情况下也适用前三款的规定。”这里的“前 3 条的规定”，是指第 30 条共同正犯、第 31 条教唆犯、第 32 条从犯的规定。此规定表明无身份者可以成立共同正犯。①《奥地利联邦共和国刑法典》第 14 条第 1 款规定：“法律规定行为的可罚性或刑度取决于行为人的特定的个人特征或关系的，即使参与人中仅一人具有此等特征或关系，所有参与人均适用该法律规定。行为不法取决于具有特定的个人特征或关系的行为人直接实施应受刑罚处罚的行为，或者以特定方式参与应受刑罚处罚的行为的，必须满足该条件时，始可适用前句之规定”。② 该规定可以看出，在奥地利联邦，其《刑法典》同样认可无身份者可以成立共同正犯。

（2）法律规定无身份者不可以成立正犯。即法律明确规定，无身份者只可以成立帮助犯和教唆犯，不可以成立共同正犯。如《俄罗斯刑法典》规定无身份者不能成立共同正犯（实行犯），其第三十四条第四款规定，“非本法典分则相应条款专门规定的犯罪主体参加这些条款规定的共同犯罪的，以该犯罪的组织犯、教唆犯或者帮助犯的身份承担共同犯罪的刑事责任”③。《德国刑法典》第二十八条规定“①正犯的刑罚取决于特定的个人特征（第十四条第一款）的，如共犯（教唆犯或帮助犯）缺少此等特征，依第四十九条第一款减轻处罚。②法定刑因行为人的特定的个人特征而加重、减轻或排除的，其规定只适用于具有此等特征的行为人（正犯或共犯）”④。据此规定可见，德国刑法中的身份是指《德国刑法典》第十四条第一款所规定的个人特征⑤，体现为行为人所从事的特定职业、具备的职权或者接受特定委托等关系，此种个人身份决定了行为人在共同犯罪中是属于正犯还是共犯。因此，根据法律规定，俄罗斯和德国的无身份者只能成立共犯，不能成立正犯。

（3）法律未规定无身份者是否可以成立正犯。《日本刑法典》第六十五条规定了无身份者的加功行为可以成为身份犯的共犯，但是未明确是否可以成为正犯，其

---

① ［韩］李在祥：《韩国刑法总论》，韩相敦译，中国人民大学出版社 2005 年版，第 424 页。

② 徐久生译：《奥地利联邦共和国刑法典（2002 年修订）》，中国方正出版社 2004 年版，第 5 页。

③ 赵微．俄罗斯联邦刑法［M］．北京：法律出版社，2003：276.

④ 徐久生，庄敬华，译．德国刑法典［M］．北京：中国方正出版社，2002：167.

⑤ 《德国刑法典》第十四条第一款规定：以下身份：法人的代理机构或其成员，股份公司的有代理权股东，或其他的法定代理人，而为代理行为的，如果某一法律规定以特定之个人身份、关系或情况（特定之个人特征）为可罚性之基础，但代理人不具备此等特征而被代理人具备时，则代理人的行为仍适用该法。

第六十五条规定："①对于因犯罪人身份而构成的犯罪行为进行加功的人，虽不具有这种身份的，也是共犯。②因身份而特别加重或者减轻刑罚时，对于没有这种身份的人，判处通常的刑罚"[①]。正因为刑法对此未作明确规定，日本刑法学界对此问题探讨很多，观点各异。

从我国的立法情况看，《刑法》总则未对身份犯的共犯做出规定，但刑法分则第三百八十二条贪污罪中做了规定[②]，明确了无身份者可以成立贪污罪的共犯，此种规定过于暧昧，共犯本有广义和狭义两层意思，广义的共犯包括共同正犯、教唆犯和帮助犯，狭义共犯是指教唆犯和帮助犯。为此，学者们对于无身份者能否成立正犯存在争议，争议的焦点在于"共犯是指广义共犯还是狭义共犯"。

2. 从理论上看，关于无身份者能否成立共同正犯有如下观点：

（1）肯定说。持肯定说者采取广义共犯的定义，其关于无身份者能够成立正犯的主要理论支撑有：①共谋共同正犯说。此观点认为共犯是一种社会现象，本来异心别体的个人在共谋基础上，为实现一定的犯罪的共同目的就变成同心一体，即共同意思主体，若其中有人将其实现，那么此行为被视为共同意思主体的整体行为[③]。受此观点的影响，日本学者三枝有提出了共谋共同正犯说，其认为在环境犯罪时行政当局消极对应的场合，公务担当者明知可能产生环境侵害仍然许可的，默认污染行为的发生，其行为是帮助行为，若存在意思联络，可以成立共谋共同正犯[④]。②拟制正犯说。法律拟制是一种法律假设，其适用情形较为宽泛，拟制正犯只是其适用的一个表现。拟制正犯是指将本不符合正犯规定的行为按照正犯处理的情形，将原非正犯且处罚程度更低的行为拟制为正犯，会扩大处罚范围、提高处罚幅度[⑤]。法律拟制发生的情形之一是法律未做规定的情形，例如《德国刑法典》未规定生态文明建设领域渎职犯罪，有学者提出对公务人员的生态文明建设领域渎职犯罪行为以拟制的共同犯罪原理来解决，奥托·特拉夫尔（Otto Triffterer）教授等指出，"实施瑕疵许可或不正当行为的公务担当者，若导致环境的侵害或危险、或者其他违反义务，如果符合构成要件，与正

① 张明楷，译．日本刑法典［M］．北京：法律出版社，2002：28.

② 我国《刑法》第三百八十二条规定：国家工作人员利用职务上的便利，侵吞、窃取、骗取或者以其他手段非法占有公共财物的，是贪污罪。受国家机关、国有公司、企业、事业单位、人民团体委托管理、经营国有财产的人员，利用职务上的便利，侵吞、窃取、骗取或者以其他手段非法占有国有财物的，以贪污论。与前两款所列人员勾结，伙同贪污的，以共犯论处。

③ 陈家林．外国刑法通论［M］．北京：中国人民公安大学出版社，2009：546.

④［日］三枝有．環境法におけるサンクションの在り方：環境刑法を中心として［J］．法政論叢，1997（33）：188-190.

⑤ 白洁．拟制正犯范围之限制［J］．法学杂志，2013，（07）：133-134.

犯同罚"[①]。③间接正犯说。间接正犯说的学者认为公务人员明知许可申请违法而仍然许可的，应该构成环境犯罪的间接正犯。许乃曼认为公务人员对于环境污染具有保证人的义务，若违反此义务，可以成立相应的环境犯罪，其指出"关于环保当局官员若明知违法而仍然做出行政许可时，其需承担保证义务，可以认定为（环境犯罪的）间接正犯"[②]。我国台湾学者郑昆山教授认为，环境管理领域具有核准权力的公务员在核准之际，明知申请事项违法却予以核准的，应认定为间接正犯[③]。

（2）否定说。采用否定说的学者大多是基于身份的角度，要求构成正犯必须具备对应的身份，否则只能成立教唆犯和帮助犯。木村龟二认为，"根据身份而承担了一定义务的人，若违反该义务就要受到处罚，这是纯正身份犯的本质。不具有身份的人不能成为纯正身份犯的正犯"[④]。陈兴良教授认为，身份是犯罪主体的构成要素，决定了犯罪主体的性质，没有特定身份，不能成为正犯，但可以成为教唆犯、帮助犯[⑤]。因此，鉴于身份的欠缺，无身份者在生态文明建设领域渎职犯罪中，不可能成立共同正犯，只能成为教唆犯和帮助犯。

（3）折中说。采用折中说的学者提倡部分行为整体责任的观点，无身份者能够参与部分实行行为的，可以成立正犯，否则只能成立共犯[⑥]。具体而言，即无身份者的行为和有身份者的行为都只是构成要件行为的组成部分，两种行为一起构成了整体意义上的构成要件行为，二者必须同时对此构成要件行为负责，承担正犯的责任[⑦]。马克昌教授认为，"凡无身份者能够参与真正身份犯的部分实行行为的，可以与有身份者构成共同实行犯；凡无身份者根本不能参与真正身份犯的实行行为的，即不能与有身份者构成共同实行犯"[⑧]。赵秉志教授认为在某些身份犯的实行行为中，存在多个具体行为的无身份者可以实施部分实行行为，故而可以成为共同正犯[⑨]。依照其观点，在生态文明建设领域渎职罪的共同犯罪中，只要无身份者可以实施部分实行行为，即可成立正犯，否则只能成立教唆犯或者帮助犯。根据此观点，如果无身份者所实施的行为是构成要件行为的组成部分，无身份者属于当然的正犯。

---

① ［日］立石雅彦．ドイツ環境刑法の改正について［J］．刑法雑誌，1992，32（2）：184-188.
② ［日］小林敬和．ベルント・シューネマン『環境刑法の理論と刑事政策について』の紹介と解説［J］．高岡法学，1997，9（1）：123-125.
③ 郑昆山．环境刑法之基础理论［M］．台北：五南图书出版公司，1998：205.
④ ［日］木村龟二．法学辞典［M］．顾肖荣，等译，上海：上海翻译出版公司，1991：384.
⑤ 陈兴良．刑法适用总论（上卷）［M］．北京：法律出版社，1999：512.
⑥ 马克昌．犯罪通论［M］．武汉：武汉大学出版社，2001：582.
⑦ 谢志东．身份与共同犯罪的若干问题及立法思考［J］．广西社会科学，2002（5）：143.
⑧ 马克昌．犯罪通论［M］．武汉：武汉大学出版社，2001：582-583.
⑨ 赵秉志．犯罪总论问题探索［M］．北京：法律出版社，2002：518.

上述观点均有一定道理：①肯定说站在正犯扩张的立场，不利于保障人权。共谋共同正犯以“共谋”为基础，将共同意思作为判断正犯成立的唯一依据，不仅有悖主客观统一原则，也切断了犯罪中止等存在的空间。拟制正犯说将本不是正犯情形拟制为正犯，会扩张处罚范围和幅度，若将拟制正犯作为通常行为来看待，会扩张正犯的范围，不利于保障人权。②持间接正犯说的学者认为公务人员构成环境犯罪的间接正犯，此种定性不仅难以取证，客观上也可能会扩大打击范围。否定说将正犯与共同正犯等同，无身份者尽管不能单独成为正犯，但是不能排除与有身份者共同实施实行行为，在此意义上可以成立正犯。③折中说虽然不否认身份犯的共同正犯存在的可能性，但是强调必须要参与部分实行行为，若此前提成立，则可能成立共同正犯。

我国刑法规定了职务犯罪的共犯，刑法分则第三百八十二条规定“受国家机关、国有公司、企业、事业单位、人民团体委托管理、经营国有财产的人员，利用职务上的便利，侵吞、窃取、骗取或者以其他手段非法占有国有财物的，以贪污论。与前两款所列人员勾结，伙同贪污的，以共犯论处”。《关于办理渎职刑事案件适用法律若干问题的解释（一）》第四条第二款规定“国家机关工作人员与他人共谋，利用其职务行为帮助他人实施其他犯罪行为，同时构成渎职犯罪和共谋实施的其他犯罪共犯的，依照处罚较重的规定定罪处罚”。上述规定实际明确了在职务犯罪的身份犯中，无身份者可以成立共犯，故是否成立身份犯的共同正犯，实际上是如何理解“共犯”的问题。

根据肯定说，无身份者无疑是可以成立生态文明建设领域渎职罪的共同正犯，但是此种居于正犯扩张的立场不利于区别对待，不利于保障人权。否定说是基于正犯限制的立场，此类渎职罪不存在共同正犯的空间。根据折中说，理论上存在共同正犯的可能，然而生态文明建设领域渎职罪作为职务犯罪的一种，此种身份属于国家法律赋予的身份，无此身份者确实难以确定此种犯罪的实行行为，尽管其可能起到主犯作用，也无法成为正犯[①]。因此，在生态文明建设领域渎职罪中，无身份者难以成立共同正犯。

因此，案例1中属于无身份者加功于有身份者的犯罪情形，即赵某作为企业法人代表，其虽然是犯意发动者，但由于欠缺主体身份，故不是本罪的实行犯，其教唆并帮助杨某和于某两人实施了滥用职权行为，法院对此判处判处3人构成滥用职权罪的共同犯罪，赵某系本案的教唆犯。

① 林亚刚．论徇私枉法罪主观要件及共犯［J］．上海对外经贸大学学报，2014（1）：59-65.

（二）是否成立教唆犯和帮助犯

多数学者认为无身份者可以成立渎职犯罪的教唆犯和帮助犯。德国学者罗克辛（Claus Roxin）认为，对于环境犯罪行为，若存在行政许可，可以阻却构成要件符合性，但此违法许可如果是因为受贿而做出，构成共犯①。我国国内大部分学者也持此种观点。但也有学者坚持身份的特殊性，认为既然法律规定了职务犯罪的国家工作人员的身份，那么，无身份者便不可能与国家工作人员成立职务犯罪的共同犯罪，由此排除了无身份者成立渎职犯罪的教唆犯和帮助犯的可能性②。德国学者撒姆松认为不能成立共犯，其认为若环保当局的公务人员因受贿而违法许可时，很难认定其构成犯罪，排污者因为持有许可证而阻却了犯罪的成立，两者之间的共犯关系不能认定，故无法以共同犯罪去追究作出许可的公务人员的刑事责任③。

显然，少数意见过于偏激且不利于打击职务犯罪，多数意见更具合理性，无身份者可以成立生态文明建设领域渎职犯罪的共犯，理由如下：一是从理论上看，在生态文明建设领域渎职犯罪的共同犯罪中，无身份者事实上可以起到教唆或帮助作用。二是从立法角度看，根据《关于办理渎职刑事案件适用法律若干问题的解释（一）》第四条第二款的规定，无身份者可以成为生态文明建设领域渎职犯罪的共犯。若排除教唆犯和帮助犯存在的空间，会导致无身份者在教唆和帮助国家机关工作人员实施了生态文明建设领域渎职犯罪，且教唆者和帮助者得不到刑法制裁的情形，这有失公正，不利于保护生态环境。

案例 1 中赵某作为企业法人代表，教唆了分管局长杨某、节能办主任于某的行为已经构成了滥用职权罪的共同犯罪，法院也是依据此观点判处 3 人均构成滥用职权罪并判处了相应的刑罚。在此共同犯罪的分工中，法院认定赵某系教唆犯并帮助杨某、于某实施了滥用职权罪，所以赵某为滥用职权罪的帮助犯，杨某、于某系滥用职权罪的主犯。

二、有身份者共同实施渎职犯罪的认定

案例 2：被告人蔡某、常某原系某县环境保护局工作人员，负责查处该县左营乡浮桥王子鱼村的化工厂水污染严重的问题。2012 年 11 月 23 日上午，被告人蔡

① ［德］ロクシン．職権と強制権，官庁の許可［J］．町野朔、長井圓、臼木豊〈訳〉．神奈川法学，1997，31（2）：719.
② 杨兴培．再论身份犯与非身份犯的共同受贿问题［J］．华东政法学院学报，2005（5）：32-39.
③ ［德］撒姆松．德国环境刑法的基本原理和问题［J］．李晓明，译．外国法译评，1994（4）：73-74。

某、常某到河南省清丰县城关镇双楼村村民郝某（已判刑）等人在鄄城县左营乡浮桥北与河南省交界处的树林内设立的化工厂进行检查。检查过程中，两人未严格按照程序执法，未检查治污设施、该化工厂界址及地属、原材料及生产产品，便出具“群众反映的王子鱼村隶属河南省范县陈庄乡”书面材料上交该县环境保护局，经审核后再报送菏泽市环境保护局。由于二被告人严重不负责任，未能发现该化工厂实际占用土地的范围，也未能发现并制止该化工厂的排污行为，致使该化工厂产生的大量有毒有害废水未经净化处理便排放到土壤及深井内。经鉴定，该化工厂的排污行为造成公私财产损失人民币 189.3 万元[①]。

蔡某、常某的严重不负责任且导致严重污染环境的行为该如何定性?

本部分主要探讨环境执法人员的共同犯罪的情形。有身份者之间成立共同犯罪没有疑义，正犯和共犯都可以成立。对于共同犯罪人的责任问题，需要注意如下事项：①区分集体意志和个人责任。涉及环境监管具体事项，不管是行政许可、行政检查、行政处罚、行政处理等，这些都是监管部门的重要职权，这些决定有的是基于个人意志，有的是基于集体意志。个人决定的场合，自然是个人承担责任。《关于办理渎职刑事案件适用法律若干问题的解释（一）》第五条第二款规定[②]，如果是经集体讨论后决定实施渎职犯罪行为，赞同此决定的基于主观意思一致，构成生态文明建设领域渎职罪的共犯；明确表示反对的不构成犯罪；具体执行人员通常成立共犯。但是如果集体决议是基于有关领导的欺骗或者胁迫而做出，此种情形下的渎职罪的刑事责任只能由该领导人员独自承担[③]。②区分领导人员与具体工作人员的责任。首先是领导人员的责任。负有领导责任的渎职行为通过具体执行人员而得以实现，从而导致产生重大损失的，需要承担该渎职罪的刑事责任。若该领导者对于具体执行人员的滥用职权或者徇私舞弊不知情或者被欺骗而做出了不当决定，二者之间由于欠缺意思联络，不构成共犯，若领导欠缺必要的注意义务，则可能构成玩忽职守罪。其次是执行人员的具体责任。对于具体执行的公务人员而言，对于所要执行的决定明知违反规定，不仅不提出不同意见，反而积极实施造成重大损失，可以成立渎职罪共犯。如果具体执行人员在实施领导错误决策时明确提出反对意见，但

① 山东省鄄城县人民法院（2014）鄄刑初字第 132 号刑事判决书。

② 《关于办理渎职刑事案件适用法律若干问题的解释（一）》第五条第二款规定：以“集体研究”形式实施的渎职犯罪，应当依照刑法分则第九章的规定追究国家机关负有责任的人员的刑事责任。对于具体执行人员，应当在综合认定其行为性质、是否提出反对意见、危害结果大小等情节的基础上决定是否追究刑事责任和应当判处的刑罚。

③ 包健．处理渎职罪共犯的三大问题［N］．检察日报，2007-01-16（3）．

是未被采纳，对于造成严重后果的，具体工作人员可以不承担刑事责任①。③关于有身份者共同实施过失型的渎职犯罪，该如何定性？立法及实践均规定不构成共同犯罪，因为共同犯罪的基本前提是故意犯罪才可能构成。但是，有许多学者持不同观点，其基于行为共同说，认为共同过失行为可以构成共同犯罪②，按照此逻辑，共同实施了环境监管失职罪的行为，可以构成环境监管失职罪的共同犯罪。

在案例2中，尽管环境保护局相关领导审核相关材料，此种审核行为仅就材料审核，至多是一般业务过失，不构成犯罪。此种危害后果是由于蔡某、常某的不认真履行职责的行为引起，因此，两人的行为构成犯罪。犯罪最后判处蔡某、常某两人均构成环境监管失职罪。由于本罪为过失犯罪，故两人的行为不构成共同犯罪，而是分别构成环境监管失职罪。

三、共同实施渎职犯罪的罪名的确定

案例3：2016年3月6日，在某市环境保护局长安分局局长何某的指示下，该分局环境监测站站长李某、副站长张某1、工作人员张某2、工作人员张某3，多次使用棉纱堵住环境污染监测的采样器，干扰采样数据，致使该采样数据失真，造成该站自动监测数据多次出现异常，严重影响国家的监测秩序③。

案例3中何某与李某、张某1、张某2、张某3均是环境保护局工作人员，其行为属于典型的渎职犯罪，但是此行为该定性为什么罪？

国外很多学者基于保护环境法益的立场，认为公务人员的生态文明建设领域渎职行为是危害环境的行为，应该以危害环境的犯罪来处理，发生在此种情形中的渎职行为可以视作环境犯罪的组成部分，不管是共同正犯，还是教唆犯和帮助犯，都是危害环境犯罪的广义上的共犯，应该定性为环境犯罪。如奥地利学者奥托·特拉夫尔教授认为，对于公务担当者的渎职行为，可以认定环境犯罪的不作为犯、帮助犯④。德国学者许乃曼认为关于环保当局官员若明知违法而仍然做出行政许可时，其需承担保证义务，可以认定为环境犯罪的间接正犯⑤。日本学者三枝有认为在环境犯罪时行政当局消极对应的场合，公务担当者明知可能产生环境侵害仍然许可的，默

① 包健．处理渎职罪共犯的三大问题［N］．检察日报，2007-01-16（3）．
② 李世阳．共同过失犯罪研究［M］．杭州：浙江大学出版社，2019：23.
③ 陕西省西安市中级人民法院（2016）陕01刑初233号刑事判决书。
④ ［日］山中敬一．ドイツ環境刑法における解釈論上の諸問題［J］．刑法雑誌，1992，32（2）：203.
⑤ ［日］小林敬和．ベルント・シューネマン『環境刑法の理論と刑事政策について』の紹介と解説［J］．高岡法学，1997，9（1）：123-125.

认污染行为的发生，可以成立环境犯罪的帮助犯，若存在意思联络，成立环境犯罪的共谋共同正犯[①]。德国学者罗克辛认为，对于环境犯罪行为，若存在行政许可，可以阻却构成要件符合性，但此违法许可如果是因为受贿而做出，构成（环境犯罪）的共犯[②]。日本学者山中敬一认为，依照德国环境刑法的规定，在行政部门进行监管的场合，公务担当者怠于必要监督义务未及时做出处理的，若被利用者环境违法行为的场合，公务担当者可以适用《德国刑法典》第三百二十四条（《德国刑法典》第三百二十四条至第三百三十条为第二十九章危害环境罪）的正犯或者共犯来处理[③]。

我国学者关于无身份者与有身份者共同实施生态文明建设领域渎职罪该如何定性，主要有四种观点：①分别定罪说。即有身份者与无身份者按照各自对应的罪名定罪，有身份者按照身份犯定罪，无身份者按普通犯定罪。二者不同罪名不会影响共同犯罪的成立，根据各共犯人行为的实质特征来确定罪名，能更好地体现刑法对不同主体行为的评价[④]。②有身份者的实行行为说。按照有身份者的实行行为定罪，而不考虑谁是主犯，“无身份者教唆、帮助有身份者实施或与之共同实施真正身份犯时，应依有身份者的实行犯的实行行为来定罪”[⑤]。③主犯说。即根据主犯来决定犯罪性质，不受其他共犯人的基本特征影响，若主犯为有身份者，依照身份犯定罪，若主犯为无身份者，依照无身份者对应的罪名来定罪[⑥]。④特殊身份说。即依照身份犯的身份来定罪，有身份者与无身份者共同实施身份犯方能成立之罪，只能依有身份者之行为性质定罪才比较妥当，例如周道鸾教授指出，有贪污罪特殊身份的人与无特殊身份的人勾结，无论处于主犯还是从犯的地位，所有共犯人都应以贪污罪定性[⑦]。

上述四种观点都有其合理之处，第一种分别定罪说不违背共同犯罪原理，对其分别定罪，根据各个共同犯罪人行为性质来定罪处刑，可体现区别对待原则，对不同主体行为做出不同评价。第二种观点和第四种观点实际上都是身份说，即突出本

① ［日］三枝有．環境法におけるサンクションの在り方：環境刑法を中心として［J］．法政論叢，1997，(33)：188-185.
② ［德］ロクシン．職権と強制権，官庁の許可［J］．町野朔、長井圓、臼木豊〈訳〉．神奈川法学，1997，31（2）：721.
③ ［日］山中敬一．ドイツ環境刑法における解釈論上の諸問題［J］．刑法雑誌，1992，32（2）：203.
④ 周红梅．职务犯罪中的共同犯罪［J］．法律科学，1991（4）：37-40.
⑤ 马克昌．犯罪通论［M］．武汉：武汉大学出版社，2001：584.
⑥ 叶高峰．共同犯罪理论及应用［M］．郑州：河南人民出版社，1990：280-281.
⑦ 周道鸾．刑法的修改与适用［M］．北京：人民法院出版社，1997：782.

罪的身份特殊性，不具有身份者从属于有身份者，依照有身份者来定罪。第三种观点的主犯说也有其合理之处，2000年最高人民法院颁布了《关于审理贪污、职务侵占案件如何认定共同犯罪的几个问题的解释》，其第三条规定依照主犯的性质来定罪[①]，实践中也有许多判例支持此观点。

在案例3的共同实施的渎职犯罪中，何某作为环境保护局局长，为国家机关工作人员，指示李某等人破坏监测数据的行为可以成立教唆行为，李某等4人直接实施篡改监测数据的行为为实行行为，5人中，生态环境局局长何某为教唆犯，环境监测站站长李某等4人为实行犯，5人皆为主犯。但是从定性角度看，法院认定本案何某、李某等5人实施的破坏监测数据行为属于破坏计算机信息系统罪，从本案来看，破坏计算机信息系统只是犯罪人实施犯罪的手段，其目的在于更改环境监测数据，因此，本案又属于想象竞合犯，即犯罪手段又触犯了他罪。根据想象竞合犯的处断原则，应该从一重处断。因此，需先比较两罪的量刑轻重，根据《刑法》第二百八十六条关于破坏计算机信息系统罪的规定，“违反国家规定，对计算机信息系统功能进行删除、修改、增加、干扰，造成计算机信息系统不能正常运行，后果严重的，处5年以下有期徒刑或者拘役；后果特别严重的，处5年以上有期徒刑”，破坏计算机信息系统罪最高刑可以达到有期徒刑的上限——15年。而渎职罪中，最高刑仅为7年。两者对比，可以看出破坏计算机信息系统罪的处罚远重于相关渎职罪，因此，按照破坏计算机信息系统罪来定罪更为恰当。为此，法院最后判处何某、李某、张某1、张某2、张某3构成破坏计算机信息系统罪并判处相应的刑罚。

第三节　生态文明建设领域渎职犯罪的罪数形态

一、罪数的标准

罪数是指犯罪的个数，即一个罪还是数个罪，一罪是指单一的犯罪，数罪是指复数的犯罪。罪数问题是刑法中的基本问题，其主要解决两大任务：一是确定作为一罪处理还是作为数罪处理；二是若依数罪处理该处以怎样的刑罚[②]。关于罪数的标

---

① 《关于审理贪污、职务侵占案件如何认定共同犯罪的几个问题的解释》第三条规定：公司、企业或者其他单位中，不具有国家工作人员身份的人与国家工作人员勾结，分别利用各自的职务便利，共同将本单位财物占为己有的，按照主犯的性质定罪。

② ［日］大谷实. 刑法讲义总论［M］. 东京：成文堂，1994：486.

准，有多种观点：①意思标准说。即犯意说，即按照行为人犯罪的意思为标准来区分一罪与数罪，基于单一的意思实施的犯罪是一罪，基于复数的意思实施的犯罪是数罪。②行为标准说。主张以实现犯罪意思的行为个数为标准来区分一罪与数罪，一个行为是一罪，数个行为是数罪。对于如何理解行为，有的认为是指自然意义的行为，有的认为是指法律上的行为。③法益标准说。主张由行为所侵害的法益个数为标准区分一罪和数罪，侵害一个法益是一罪，侵害数个法益是数罪。④构成要件标准说。主张以符合构成要件的次数为标准区分一罪和数罪，行为符合一次构成要件是一罪，符合数个构成要件是数罪。⑤个别化说。主张根据不同的犯罪情况采取不同的标准区分一罪还是数罪[①]。上述主张都有其合理成分，但是犯罪构成是主客观要件的统一，犯罪成立的个数必须兼顾主客观方面，为此，意思说、行为标准说和法益说都失之于片面，不可能真正区分一罪还是数罪，个别化说虽然考虑到具体场合的不同情况，但其实际上是没有统一的标准。相比较而言，构成要件标准更具有合理性，正如野村稔教授所认为的，“犯罪的单复，归根结底，虽然理解为违法行为的量的问题。但是根据刑法规范的违法评价，是以符合构成要件作为犯罪的构成要素，是包含行为、犯意、结果的，所以基本上根据这个构成要件评价的次数为犯罪的单复的标准是有用的，也是妥当的”[②]。因此，构成要件标准是合适的判断罪数的标准，行为符合一个构成要件的，是一罪；行为符合数个构成要件的，是数罪。在生态文明建设领域渎职犯罪中，犯罪的个数也必须以构成要件的次数来判断。

二、一罪的情形

（一）法条竞合

案例 4：被告人周某于 2014 年担任新余市渝水区环保局环境保护管理大队（以下简称管理大队）协管领导兼大队长，在其任职期间严重不负责任，不认真履行工作职责，在组织管理大队一中队成员对辖区内新余市良鑫工贸有限公司（以下简称良鑫公司）执法检查时，未按照相关法律规定严格执法，致使良鑫公司一直违法生产，并对外排放大量污水，倾倒危险固体废物 1 940.04 吨，造成严重环境污

① 马克昌 . 比较刑法［M］. 武汉：武汉大学出版社，2002：751-754.
② 马克昌 . 比较刑法［M］. 武汉：武汉大学出版社，2002：757.

染，经鉴定，处置该危险固体废物成本最低为人民币295.074万元[①]。

周某的行为既符合玩忽职守罪的构成，又符合环境监管失职罪的构成，此种法条竞合该如何定性？

法条竞合是指一个行为同时符合数个法条规定的犯罪构成，但从数个法条之间的逻辑关系看，只能适用其中一个法条，而排除适用其他法条的情况[②]。生态文明建设领域渎职罪作为特殊性类型的渎职罪，其必定与滥用职权罪、玩忽职守罪、徇私舞弊滥用职权罪等存在法条竞合的关系。

1. 法条竞合的情形

生态文明建设领域渎职犯罪包括三种类型：一是滥用职权类型，如滥用职权罪、违法发放林木采伐许可证罪、帮助犯罪分子逃避处罚罪；二是玩忽职守类型，包括玩忽职守罪和环境监管失职罪；三是徇私舞弊类型，包括徇私舞弊不移交刑事案件罪、非法批准征用、占用土地罪、非法低价出让国有土地使用权罪。生态文明建设领域渎职罪与刑法第三百九十七条存在法条竞合关系，具体体现在如下三方面：①滥用职权罪的竞合，刑法第三百九十七条滥用职权罪与刑法第四百零七条、第四百一十七条的竞合，即滥用职权罪与违法发放林木采伐许可证罪和环保领域的帮助犯罪分子逃避处罚罪的法条竞合。②玩忽职守罪的竞合，即刑法第三百九十七条玩忽职守罪与第四百零八条环境监管失职罪的法条竞合。③徇私舞弊型滥用职权罪的竞合，即第三百九十七条徇私舞弊滥用职权罪与发生在环保领域的第四百零二条徇私舞弊不移交刑事案件罪，第四百一十条非法批准征用、占用土地罪，非法低价出让国有土地使用权罪所发生的法条竞合。

2. 法条竞合的类型及处理

法条竞合存在不同的类型，不同类型的法条竞合适用的法条存在差别，关于法条竞合的类型存在一分说、二分说、三分说和四分说：一分说认为只有包容关系才存在法条竞合，如《意大利刑法典》第十五条对于法条竞合的规定便是如此[③]。马克昌教授持二分说，其将法条竞合称为法规竞合，包括全包含关系的法规竞合和交叉关系的法规竞合[④]。三分说的观点有，大谷实教授将法条竞合分为特别关系的竞合、补充关系的竞合和择一关系的竞合[⑤]；林干人教授将其分为包摄关系的竞合、交叉关

---

① 江西省新余市渝水区人民法院（2016）赣0502刑初222号刑事判决书。
② 张明楷.刑法学［M］.北京：法律出版社，2016：579.
③ ［意］杜里奥·帕多瓦尼.意大利刑法学原理［M］.陈忠林，译.北京：法律出版社，1998：408.
④ 马克昌.犯罪通论［M］.武汉：武汉大学出版社，2001：630.
⑤ ［日］大谷实.刑法总论［M］.黎宏，译.北京：法律出版社，2003：356-357.

系的竞合、补充关系的竞合[①]。四分说的观点有，陈兴良教授认为法条竞合包括特别竞合、包容竞合、局部竞合和偏一竞合[②]；大塚仁教授认为法条竞合包括特别关系的竞合、补充关系的竞合、吸收关系的竞合、择一关系的竞合[③]。显然，各种观点都有其合理性，但综合而言，四分说得到更多学者的支持。明确了法条竞合类型的基础上，才能准确适用法条，此处以四分说为基础，简单论述法条竞合适用的原则：以陈兴良教授的观点为例：①特别竞合适用特别法；②在包容竞合中，根据整体法优于局部法的原则适用整体法；③局部竞合只能择一适用，通常是从一重者适用[④]；④在偏一竞合中，虽然行为人的行为符合数个犯罪构成，但是只有一个犯罪构成能够全面评价行为人的行为，应该适用复杂法[⑤]。

3. 生态文明建设领域渎职罪的法条竞合的处理

从我国生态文明建设领域渎职罪与渎职罪的竞合情况来看，可以判断此种法条竞合属于特别关系的法条竞合，应该适用特别法，对此，我国《刑法》第三百九十七条明确规定，“本法另有规定的，依照规定”，此规定明确特殊法条优先。尽管如此，此种以特殊法条来处理使得刑罚过轻，会放纵了犯罪人，不利于保护环境：①作为特殊法条的生态文明建设领域渎职罪的法定刑过轻。生态文明建设领域渎职罪的法定刑比一般渎职罪的法定刑更轻，甚至不到一半。如作为特殊型的滥用职权罪的违法发放林木采伐许可证罪最高法定刑只有三年，而滥用职权罪的最高法定刑却为七年；作为特殊型的玩忽职守罪的环境监管失职罪的最高法定刑只有三年，而玩忽职守罪的最高法定刑为七年。②司法实践中量刑很轻，鉴于生态文明建设领域渎职罪的法定刑一般不超过三年，因此，实践中的生态文明建设领域渎职犯罪的量刑多为缓刑，处罚很轻。如贺某、李某环境监管失职案：陈某与钟某在江华县码市镇设立粤华金属制品厂、蓝华金属制品厂，采用直接将废旧电线、电路板加煤直接投入高温炉中焚烧再用水冷却等国家明令禁止的方法提取铜。时任江华县环保局局长贺某、环保局纪检书记李某身为负有环境保护监督管理职责的国家机关工作人员，违法批准建厂且不认真履行监管职责，放任粤华金属制品厂、蓝华金属制品厂违法排污时间长达一年半，不仅严重危害了人民群众的生产生活和身体健康，并导致铜厂周围树木、土壤、大气受到严重污染，仅林木损失价值就达 496 万

---

① ［日］林幹人 . 刑法總論［M］. 東京：东京大学出版会，2000：456-457.
② 陈兴良 . 刑法适用总论［M］. 北京：法律出版社，1999：742-793.
③ ［日］大塚仁 . 刑法概说（总论）［M］. 冯军，译 . 北京：中国人民大学出版社，2003：418-419.
④ 陈兴良 . 刑法适用总论（上卷）［M］. 北京：法律出版社，1999：794-796.
⑤ 姜伟 . 犯罪形态通论［M］. 北京：法律出版社，1994：421-422.

余元。即便如此，贺、李二人只被法院判处有期徒刑一年、缓刑一年[①]。

在案例 4 中，可以看到周某的行为既触犯《刑法》第三百九十七条的玩忽职守罪，又触犯《刑法》第四百零八条的环境监管失职罪，应该根据相关法理选择罪名，根据特殊法条优于普通法条原则，法院判处周某的行为构成环境监管失职罪。但是此罪的刑罚比玩忽职守罪要轻，若环境监管失职行为造成后果极其严重，还选择适用环境监管失职罪是否妥当？这有待于今后解决。

（二）想象竞合

案例 5：上诉人赵某某，原系江西省南方林业产权交易所（以下简称南方所）业务科副科长兼南北联合林业产权交易股份有限公司（以下简称南北公司）评估部经理。2012 年，因江西中胜林业有限责任公司准备申请招商银行林权抵押贷款，委托南北公司和百伦公司进行调查、评估其所属的 8 块位于贵溪县金屯镇恒云林场 4 034 亩杉木林。评估人赵某某评估之际，未到贵溪县林业局调查，未查阅 8 块土地抵押情况，且将已砍伐的 1.2 万立方米林木价值计入评估价值，在此基础上得出了赣百伦评报字（2012）第 1104 号《评估报告》，认定付某某名下的 2 691 亩林权价值为 2 598.59 万元。后南北公司依据此评估报告向招商银行推荐中胜公司为林权抵押贷款客户，并为其贷款承担托底收储保证责任。2012 年 5 月 18 日，中胜公司以 7 宗林权证作抵押与南昌招商银行签订了正式借款合同，同日办理了抵押他项权登记。2012 年 5 月 31 日，招商银行南昌分行向中胜公司发放了 1 000 万元贷款，贷款到期后付某某未能清偿。经鉴定，赵某评估时虚构了林木价值 7 465 271 元[②]。

赵某作为国家机关工作人员，对于其非法提供虚构评估报告的滥用职权行为该如何定性？

生态文明建设领域渎职犯罪行为触犯了复数法益，如国家法益和环境法益，如此会涉及多个罪名，例如环境犯罪人与环境保护的国家机关工作人员相互勾结，共同实施环境犯罪的情形，则同时构成了渎职罪和环境犯罪。在此情形中，环境执法人员不仅构成了滥用职权罪，其伪造数据的行为放纵了犯罪行为的发生，使得环境污染加剧，还触犯了污染环境罪。此种场合，行为人的一个行为，触犯了两个罪名，属于想象竞合犯。

想象竞合犯也称为想象数罪、观念竞合、想象并合犯等，是指一行为同时触犯

① 案例选登［EB/OL］.（2011-10-28）［2019-02-16］.http://www.zj.pro/bmdt/more.jsp?cid=004024029 & page=2.
② 江西省南昌市中级人民法院（2016）赣 01 刑终 253 号刑事裁定书。

数个罪名的犯罪形态[①]。想象竞合犯是刑法上的常见现象，不少国家在刑法中明确规定了想象竞合犯，如《日本改正刑法草案》明确规定了观念竞合，其第六十七条明确规定“一行为触犯数个犯罪时，按照对最重犯罪所规定的刑罚，统一进行处断，但不得轻于其他犯罪的最低刑进行处断”[②]，我国刑法没有明确规定想象竞合犯，但是有关司法解释规定了想象竞合犯，如《关于办理渎职刑事案件适用法律若干问题的解释（一）》第四条第二款规定“国家机关工作人员与他人共谋，利用其职务行为帮助他人实施其他犯罪行为，同时构成渎职犯罪和共谋实施的其他犯罪共犯的，依照处罚较重的规定定罪处罚”，此条规定了渎职罪的共同犯罪中的想象竞合犯，即渎职行为同时触犯渎职罪和相对应的犯罪的，如林业主管部门的工作人员通过违法许可采伐来参与实施滥伐林木罪的，同时触犯了违法发放林木采伐许可证罪和滥伐林木罪。想象竞合犯本质上一罪还是数罪？从外在形式看，想象竞合犯触犯了数个罪名，损害了数个法益，符合数罪的形式，但是从实质上看，想象竞合犯只实施了一个行为，尽管此行为符合数个犯罪构成，实际上也侵害了数个法益，但只能作为一罪来处罚，属于科刑的一罪[③]。正因为想象竞合犯实际上触犯数罪，在科刑时被作为一罪来处理，使得其与法条竞合区别开来，法条竞合是实际上的一罪，其所触犯的数个罪名具有逻辑上的从属或者交叉关系，想象竞合犯的一个行为所触犯的数个罪名之间不存在逻辑上的从属或者交叉关系[④]。

想象竞合犯的处罚原则是从一重处断，即选择最重的刑罚，至于如何理解“最重的刑罚”，可以从如下方面来理解：一是触犯的数罪名中最重的罪名，即性质最重的犯罪来定罪；二是行为触犯的数个罪名的法定刑完全相同时，以可能的宣告刑的轻重为标准；三是各罪名在刑法总则或其他刑法法规中，如具有加重、减轻情节，属于科刑的范围，不能以此影响法定刑的轻重，不得在加减刑罚之后再行比较[⑤]。

因此，对生态文明建设领域渎职犯罪的“一行为触犯数罪名”的情形，可以依照想象竞合犯来处理，即依照处罚较重的规定定罪处罚，对此，如何理解“处罚较重”的规定，应注意如下方面：①法定刑的比较。首先是比较两罪的法定刑，看何罪的法定刑更重，适用更重的法定刑。②宣告刑的比较。在法定刑相同情形下，看

① 马克昌．犯罪通论［M］．武汉：武汉大学出版社，2001：671.
② 张明楷．日本刑法典典［M］．北京：法律出版社，2006：130.
③ 林亚刚．论想象竞合犯的若干问题［J］．法律科学，2004（1）：31.
④ 陈兴良．刑法适用总论（上卷）［M］．北京：法律出版社，1999：656.
⑤ 彭辅顺．想象竞合犯中从一重处断原则的适用［J］．社会科学家，2005（3）：110-113.

本行为所适用款项的宣告刑，宣告刑重者适用。③注意量刑情节的适用。在确定适用法条之际，不宜考虑量刑情节，而应在确定具体适用条文后，才考虑从重或从轻等量刑情节。④是否顶格处罚？适用“处罚较重”的规定不意味着顶格处罚，而应该在该罪名的法定刑幅度内酌情决定应执行的刑罚。

从案例5来看，本案属于典型的想象竞合犯，即一行为触犯两罪名。赵某某提供虚假证明文件的行为是其渎职行为的表现。被告人赵某某在知情的情况下，将已砍伐的林木计入评估价值并出具相应评估报告导致他人受损的行为同时触犯了滥用职权罪与提供虚假证明文件罪两个罪名，系想象竞合犯，依刑法理论应择一重罪处罚，提供虚假证明文件罪法定最高刑为5年以下有期徒刑，比不具有徇私舞弊情节的滥用职权罪更重，故构成提供虚假证明文件罪，以提供虚假证明文件罪判处赵某某判处有期徒刑2年，并处罚金10万元人民币。

三、数罪的情形

（一）生态文明建设领域渎职罪与受贿罪并存的情形

案例6：被告人王某自2010年任鸡泽县环保局副主任科员，负责环境执法等工作。2014年6月，被告人王某在李某（另案处理）无危险废物运输资质的情况下，利用职务便利，明知其管辖区内的鸡泽县沙阳造纸厂无危险废物储存、无害化处理资质，仍通过沙阳村的高某某为李某联系倾倒、储存废水地点，使李某将两车共计68吨废水倾倒在沙阳造纸厂废水池中。后李某再次向沙阳造纸厂倾倒废水时，被告某某拒绝，被告人王某仍继续为李某联系倾倒、储存废水地点，在明知其管辖区内的马坊营村糠醛厂废水池无危险废物储存、无害化处理资质，通过彭某（另案处理）、张某让李某将一车共计34吨废水倾倒在马坊营村糠醛厂内，经鉴定，李某的行为严重污染了环境。事后，王某两次合计收取李某给付的好处费7 000元[①]。

王某受贿后渎职的犯罪行为，该如何确定罪数？

本部分主要探讨同时触犯数罪的情形，其中，生态文明建设领域渎职犯罪重要表现是其与受贿罪并存，这是生态文明建设领域渎职犯罪的常见现象。生态文明建设领域渎职行为与受贿行为并存，无论是渎职行为在先，还是受贿行为在先，只要同时符合受贿罪和渎职罪的犯罪构成，行为人就同时触犯了渎职罪和受贿罪的规

① 河北省邯郸县人民法院（2015）邯县刑初字第78号刑事判决书。

定。如上文的案例6，应该如何对王某定罪量刑?

对此，存在很多观点：①法条竞合说。有学者认为，刑法意义上的为他人谋取非法利益实质上是一种故意型渎职犯罪行为，可以涵盖渎职行为；受贿人接受他人财物后，利用手中职权，实施刑法分则第三百九十八条到第四百一十九条规定的各种具体的故意型渎职行为，构成犯罪的，均可按第三百九十七条滥用职权罪的概括性罪名予以囊括[①]。②想象竞合说。有学者认为，受贿之后为他人谋利又触犯其他故意型渎职罪的，属于想象竞合犯，因为受贿罪是复杂行为的犯罪，存在为他人谋取利益的行为和接受财物的行为，如果为他人谋取利益的行为触犯其他罪名的，该谋利行为只是受贿罪的客观要件之一，因此，此种情形属于一行为触犯数罪名的情形，成立想象竞合犯[②]。③牵连犯说。有学者认为，国家机关工作人员犯受贿罪后，为他人谋取利益时又触犯其他故意型渎职罪的，属于结果行为触犯其他罪名，此种情形属于牵连犯[③]。④实质数罪说。有学者认为，行为人受贿后又徇私舞弊实施其他渎职罪的，属于实质数罪，同时符合受贿罪与其他渎职犯罪的两个犯罪构成，应当实行数罪并罚[④]。

法条竞合说认为"为他人谋取利益"作为客观要件可以涵盖渎职行为，此种观点不甚妥当，受贿罪中为他人谋取利益只是犯罪成立的主观要件而非客观要件，受贿罪的构成不要求为"他人谋取利益"成为现实，因此受贿与渎职行为并不存在法条竞合的关系。想象竞合说也认为"为他人谋取利益"作为客观要件可以涵盖渎职行为，由此得出行为人仅仅实施了一个行为的观点，此种认定不妥当，此种情形中实际存在受贿行为与渎职行为两个独立的行为，故不符合想象竞合犯的构成[⑤]。实质数罪说的判断虽然妥当，但是忽视了受贿行为和渎职行为二者之间的关联。

相对而言，牵连犯说更为妥当。牵连犯是指以实施某一犯罪为目的，而犯罪的方法行为或者结果行为又触犯了其他罪名的情形[⑥]。牵连犯可从如下方面理解：①行为的复数性，即行为人实施两个以上的故意行为，这也使得一个行为，或者两个以上的过失行为，不能成立牵连犯。②行为异质性，即两个以上的行为必须触犯

---

① 冯亚东．受贿罪与渎职罪竞合问题［J］．法学研究，2000（1）33-34.
② 侯启舞，贺志明．因受贿而实施渎职行为罪数认定新论［J］．求索，2012（6）：192-193.
③ 苏敏华．论渎职罪与受贿罪的关系认定及其处断原则［J］．政治与法律，2010（2）：147-149.
④ 最高人民法院刑事审判第一、二、三、四、五庭．刑事审判参考（2001年第3辑）［M］．北京：法律出版社，2001：74-76.
⑤ 常宇．受贿罪与渎职罪关系的再认识［J］．法学，2000（3）：61-63.
⑥ 高铭暄，马克昌．刑法学［M］．北京：北京大学出版社，高等教育出版社，2019：389.

不同罪名，如果两个行为触犯的是相同罪名，则为同质行为，不能成立牵连犯，但可以成立连续犯。③行为牵连性，即两个以上的行为之间存在手段与目的、原因与结果等关系，如果没有此种牵连关系，不能成立牵连犯。④目的指向趋同性，即数个行为的指向具有同一性，为相同目的服务[①]。

关于牵连犯的处断原则，存在不同观点，一是从重处罚，即对于所涉及的犯罪，依照法定刑最重的条文进行处罚；二是数罪并罚，即对于所涉及的犯罪，按照数罪并罚的原则进行处罚。在我国现行刑法对于牵连犯的处断，存在从一重处断和数罪并罚两种情形。其中，刑法第三百九十九条第四款规定了从一重处断，即司法工作人员受贿渎职的，从一重处断[②]。刑法第一百五十七条第二款[③]规定了暴力抗拒缉私的，以走私罪和妨碍公务罪数罪并罚，刑法第一百九十八条[④]等规定投保人、受益人造成他人财产损失或者导致被保险人死亡或者重伤等来骗取保险金的，数罪并罚。立法对牵连犯处断规定的不一致导致了对牵连犯处罚的混乱。

立法混乱还体现在同种类的犯罪中，是从一重处断还是数罪并罚的标准不统一。例如在渎职罪中，《刑法》第三百九十九条第四款规定的司法工作人员同时触犯渎职罪和受贿罪的处罚是从一重处断；而《关于办理渎职刑事案件适用法律若干问题的解释（一）》的第三条规定“国家机关工作人员实施渎职犯罪并收受贿赂，同时构成受贿罪的，除刑法另有规定外，以渎职犯罪和受贿罪数罪并罚”。上述两个规定存在不一致，因此，对于受贿罪和生态文明建设领域渎职罪并存的情形是否数罪并罚？答案是肯定的：①从立法角度可以得出肯定结论，刑法第三百九十九条第四款所规定的司法工作人员受贿罪和渎职罪并存时的牵连犯处理是从重处罚，此种规定只是拟制规定，不是注意规定，仅能适用于本条款，不具有普遍适用的意

---

① 苏敏华 . 论渎职罪与受贿罪的关系认定及其处断原则［J］. 政治与法律，2010（2）：147-149.

② 《刑法》第三百九十九条第四款规定：司法工作人员收受贿赂，有前三款行为的，同时又构成本法第三百八十五条规定之罪的，依照处罚较重的规定定罪处罚。

③ 《刑法》第一百五十七条第二款规定：以暴力、威胁方法抗拒缉私的，以走私罪和本法第二百七十七条规定的阻碍国家机关工作人员依法执行职务罪，依照数罪并罚的规定处罚。

④ 《刑法》第一百九十八条规定：第一百九十八条 有下列情形之一，进行保险诈骗活动，数额较大的，处五年以下有期徒刑或者拘役，并处一万元以上十万元以下罚金；数额巨大或者有其他严重情节的，处五年以上十年以下有期徒刑，并处二万元以上二十万元以下罚金；数额特别巨大或者有其他特别严重情节的，处十年以上有期徒刑，并处二万元以上十万元以下罚金或者没收财产：（一）投保人故意虚构保险标的，骗取保险金的；（二）投保人、被保险人或者受益人对发生的保险事故编造虚假的原因或者夸大损失的程度，骗取保险金的；（三）投保人、被保险人或者受益人编造未曾发生的保险事故，骗取保险金的；（四）投保人、被保险人故意造成财产损失的保险事故，骗取保险金的；（五）投保人、受益人故意造成被保险人死亡、伤残或者疾病，骗取保险金的。有前款第四项、第五项所列行为，同时构成其他犯罪的，依照数罪并罚的规定处罚。

义[①]。根据《关于办理渎职刑事案件适用法律若干问题的解释（一）》第三条规定，受贿罪和渎职罪并存情形应该数罪并罚，此关于牵连犯的处理规定属于一般性规定，环境执法人员同时实施了受贿罪和生态文明建设领域渎职罪时，应该适用此规定，数罪并罚。②司法实践中对此多是数罪并罚，例如，山东莱芜钢城区环保局长董继喜收受40多万元好处费，利用职权之便越权批准环境不达标项目导致环境污染严重，被判处受贿罪和滥用职权罪[②]。

再回头来看案例6：王某因受贿而渎职，其实施了受贿和滥用职权两个行为，两个行为由于密切联系，即受贿行为是滥用职权行为的原因行为，此种情形可以认定为牵连关系，此种牵连关系涉及两个罪名，即滥用职权罪和受贿罪，法院最终判处王某构成滥用职权罪、受贿罪，可见，司法实践还是支持对此行为认定为数罪而非一罪。至于李某、彭某，两人构成了污染环境罪的共同犯罪。

（二）生态文明建设领域渎职罪和环境犯罪并存的情形

生态文明建设领域渎职犯罪中，还存在环境执法人员与他人共谋，既利用其职务行为帮助他人实施其他犯罪，又与他人共同实施环境犯罪行为的情形。此种情形，环境执法人员存在两个犯罪行为，触犯了渎职犯罪和环境犯两个罪名，属于实质意义上的数罪。德国日本刑法称此为并合罪，亦称实在竞合、实质竞合、数罪俱发等[③]。我国刑法称其为数罪，直接按照刑法关于数罪并罚的规定予以处罚。

例如赖某某滥用职权一案：

案例7：2004—2016年，赖某某、徐某某在担任从化市环保局执法监察大队队长期间，分别利用其负责环境执法和企业建设项目环境保护审批的职务便利，虚构材料，违法审批通过其实际操纵广州市益某五金塑料有限公司建设项目环境影响报告，使该企业获得新建厂类型的电镀生产许可批复，同时许可而私自扩大益某公司电镀生产规模。赖某在明知该企业不能对外承接电镀业务的情况下，利用监管职权之便，放纵其非法外接业务进行电镀生产。该企业在生产经营中造成当地农田污染，引发村民多次上访事件。事后，赖某某作为环境保护局公职人员和该企业的实际股东，继续放任该企业非法、违法生产排污，致该公司于2012年、2013年、2015年发生废水排放超标，导致大片农田被污染，引发村民大规模上访，社会影

① 周光权．渎职犯罪疑难问题研究［J］．人民检察，2011（19）：13-15.

② 案例选登［EB/OL］．（2013-07-31）［2019-02-16］.http://www.zj.pro/bmdt/more.jsp?cid=004024029 & page=1.

③ 陈家林．外国刑法通论［M］．北京：中国人民公安大学出版社，2009：660.

响极其恶劣。经鉴定，相关损害达到930 900元[①]。

如何看待身兼双重身份的（股东与执法人员）的赖某某的滥用职权且放纵企业污染环境的行为？案例7中，赖某某具备双重身份，既是企业股东，又是环境保护局的工作人员，其行为涉及滥用职权罪与污染环境罪两个罪，其在审批过程滥用职权，操作环境影响评价并取得了生产许可；在企业违法排污之际，其作为管理者，不认真履行职责，放纵企业违法排污，其行为可以定性为环境监管失职罪，此外，由于其身为企业股东，对企业具有一定的管理权限并事实上介入了企业管理，故其渎职行为又触犯了污染环境罪，属于想象竞合犯，根据从一重处断原则，应该认定为污染环境罪。故赖某某的行为属于实际的数罪，应该数罪并罚处理。

第四节　部分生态文明建设领域渎职犯罪的前案问题

渎职罪中存在一个特殊问题——“前案”问题。关于前案的表述，学者们对此称呼不一，如“前提罪或原案”[②]“原罪”[③]“前罪”[④]“本犯”[⑤]。渎职罪涉及的“前案”是指先于渎职罪而存在的，并直接导致渎职罪成立的案件，是某些渎职罪成立的前提条件，如徇私舞弊不移交环境刑事案件罪中的“刑事案件”[⑥]。生态文明建设领域渎职罪中涉及“前案”问题，环境保护部公布的《全国环境统计公报》显示，2008—2010年，全国环境行政处罚案件共计285 428件，同期全国法院结案判决的环境犯罪案件仅有16件，环境行政处罚案件和环境刑事犯罪案件比例为17 839 ∶ 1[⑦]。由此可见，存在环境执法人员徇私舞弊不移交环境刑事案件或者帮助环境犯罪分子逃避刑事处罚的情形，因此，有必要探讨此类犯罪中的“前案”问题。

一、前案的性质与意义

关于前案的性质，主要是探讨其是否必须构成犯罪，围绕此点存在如下观点：

① 广东省广州市中级人民法院（2018）粤01刑终1944号刑事判决书。
② 赵秉志，肖中华．渎职罪认定中的共性问题［N］．检察日报，2001-12-25（3）．
③ 刘海斌．查办徇私舞弊罪的法律难点［J］．人民检察，1998（5）：43-44.
④ 张杰．渎职犯罪构成中的前罪后罪问题［J］．中国刑事法杂志，2001（1）：25-27.
⑤ 张明楷，黎宏．刑法新问题研究［M］．北京：清华大学出版社，2003：395.
⑥ 简绍恒．渎职罪中“前案”的理解与认定［J］．中国检察官，2008（4）：45-46.
⑦ 环境案“以罚代刑”现象突出 罚刑比17 839 ∶ 1［EB/OL］．（2014-12-09）［2021-02-16］.http://legal.people.com.cn/n/2014/1209/c188502-26173781.html。

①前案不构成犯罪也可以成立相应的渎职罪，如徇私枉法罪表现形式之一的“使无罪的人受到追诉”，此种情形的徇私枉法罪不要求前案需构成犯罪；②前案构成犯罪是成立相应渎职罪的前提，如帮助犯罪分子逃避处罚罪中的前案必须存在“犯罪分子”[①]。从生态文明建设领域渎职犯罪的角度看，其包括了环境管理领域的徇私舞弊不移交刑事案件罪和帮助犯罪分子逃避处罚罪，此两罪都要求前案为刑事案件，存在相应的犯罪分子，因此，在此两罪中，前案构成犯罪是其成立的必要条件，只有前案构成犯罪，后者才可能构成相应的渎职罪，即才可能成立徇私舞弊不移交刑事案件罪和帮助犯罪分子逃避处罚罪。

如果说渎职案是本案，那么前案对本案有什么意义？对此，可以从两个方面来探讨：①犯罪构成意义。渎职罪中的前案是本案不可或缺的组成部分，没有前案，自然不会存在本案，前案早于本案而存在，前案事实是本案事实的有机组成部分，前案事实认定是认定本案的基础，本案则是前案事实的延伸和发展。因此，前案无疑是渎职罪犯罪的构成要件[②]。②刑事诉讼意义。鉴于前案对于本案的意义重大，是本案得以成立的前提和基础，因此，前案事实对于本案事实认定具有重大意义，前案事实不明，本案事实必然无法查清。为此，从侦查角度看，欲查清渎职罪本案，必须先从前案入手，只有在查明前案基础上才能继续查明是否存在渎职的事实。鉴于前案是本案的起因、中介环节和损害后果的体现，侦查机关对于徇私舞弊不移交刑事案件案中不移交的“刑事案件”、帮助犯罪分子逃避处罚案中的“犯罪分子”的查处，本质上是为了查处本案收集和固定证据[③]。此外，前案中相关的当事人也是本案中的重要证人或者其他当事人，查清了前案事实和证据，对认识本案具有重要意义。

二、前案成立的标准

关于前案成立的标准，存在争议，具体有如下观点：①材料反映说，即前案只要存在报案、控告、举报、自首等材料，便可以认定前案属于刑事案件[④]。②充足证据证明说，即前案的认定要以有证据证明存在犯罪事实为标准，前案如果证据足以

① 康均心 . 特定渎职犯罪的前案研究［J］. 甘肃政法学院学报，2012（1）：91-93.

② 蒋晗华，章惠萍 . 渎职罪刑法适用中凸显的问题及其立法完善［J］. 中南林业科技大学学报（社会科学版），2007（9）：42-46.

③ 陈鸿鹏 . 从两则案例看徇私舞弊原案问题的对策和处理［J］. 人民检察，2001（5）：51-54.

④ 蔡先初，胡金国 . 渎职罪中“前案”的确定标准［J］. 人民检察，2002（9）：35-36.

印证存在犯罪事实，无须等到法院做出生效裁判，本渎职案便可据此立案侦查[①]。③刑法规范符合说，即判定前案是否属于刑事案件，要以刑法条文的规定来衡量，符合刑法规定的犯罪构成的就是犯罪，否则不构成犯罪[②]。④刑事受案说，即只要有管辖权的司法机关以刑事案件受理了该前案，以一般性的国家机关工作人员的分辨能力和水准能判明该前案为刑事案件即可，无须等到立案侦查即可启动正式的刑事追究程序。⑤立案侦查说，即前案只要进入侦查阶段，便可以认定为进入了实质性刑事追究程序，属于刑事案件，无须以判决为准。⑥法院判决说，即前案是否构成犯罪，需以法院最终判决为准，判决之前不构成犯罪，依此标准，若前案未判决，不构成渎职罪[③]。

上文中的各种标准都存在合理之处。从理论上来看，无疑"法院判决说"最为妥当，《刑事诉讼法》规定只有经过法院判决才能确定是否有罪，因此，宣判有罪体现了实体上有罪和程序上有罪的完美结合。然而，司法实践中，"法院判决说"存在很多问题：①不利于保护生态环境。刑法对于生态文明建设领域渎职犯罪的打击，不仅在于回复被破坏的行政管理秩序，更重要的是保护环境，若对于环境犯罪者所犯的前案需一直等到法院宣判有罪，那么会出现犯罪人逃逸等无法结案的情形，此种情况将导致难以追究环境犯罪人的刑事责任，更无法追究生态文明建设领域渎职犯罪人。②与刑法的立法精神不符。刑法作为实体法，是从实体有罪的角度来看待前案，为此，徇私舞弊不移交刑事案件罪中的"刑事案件"，以及帮助犯罪分子逃避处罚罪中的"犯罪分子"应该从实体角度来理解，即实体上有罪即可，换句话说，只要前案确定存在有罪即可，无须完全遵从刑事程序上的有罪。若采取法院判决说，实际上是从程序上来衡量前案是否有罪，若如此，则有悖《刑法》立法的初衷[④]。同理，"立案侦查说"和"刑事受案说"都是从程序上来衡量前案是否有罪，都不可取。"材料反映说"则过于宽泛，司法实践中受理的举报线索，事实上有价值的并不多，若采此说，势必会造成冤假错案。"刑法规范符合说"较为合理，显然，《刑法》所规定的渎职罪中的前案首先必须要符合《刑法》条文规定的构成，若前案不符合刑法规定的犯罪构成，自然无罪，尽管如此，前案属于刑事案件是由刑法自身规定的，若再以"刑法规范说"来衡量前案，实际上属于同义反复，不能

---

① 张鹏．查处徇私舞弊类案件中的问题及原因［J］．人民检察，2001（11）：38-40.
② 张杰．渎职犯罪构成中的前罪后罪问题［J］．中国刑事法杂志，2001（1）：25-27.
③ 贾济东．渎职行为中的"前案"问题探究［J］．湖北社会科学，2007（12）：148-150.
④ 康均心．特定渎职犯罪的前案研究［J］．甘肃政法学院学报，2012（1）：91-93.

起到衡量标准的作用。相对而言，在判断生态文明建设领域渎职犯罪的前案问题上，“充足证据证明说”更为合理，前案符合刑法规定的犯罪构成必然要通过证据来证明，为此，只要证据足以证明前案是有罪的，便可以认定前案属于刑事案件。

三、前案存在的情形

（一）徇私舞弊不移交刑事案件罪中的前案

案例 8：2018 年 6 月，被告人蔡某（原系益阳市赫山环境监察大队大队长）在查办宏安矿业“6·9”暗管偷排案中，明知宏安矿业暗管偷排有毒物质涉嫌刑事犯罪，应当移送公安机关，却因多次收受张某的好处，蔡某提出对该案件只做行政处罚的建议，安排黄某（益阳市环保局赫山分局环境监察大队副大队长）篡改了相关案件材料，并隐匿了宏安矿业涉嫌暗管偷排的事实，将案件性质由刑事案件变为行政案件[①]。

对此种渎职行为该如何定性？

对于环境执法人员徇私舞弊不移交刑事案件罪的前案认定要区分如下三种情形：①已确定犯罪嫌疑人的刑事案件没有移交。在此情形中，作为前案的犯罪嫌疑人已经确定，可以认定前案为刑事案件，即环境执法人员徇私舞弊不移交此前案的，构成徇私舞弊不移交刑事案件罪。②尚未确定犯罪嫌疑人的刑事案件没有移交。有学者对此认为本罪所包庇的对象实际上只能是犯罪嫌疑人，没有犯罪嫌疑人的案件不是本罪对象，犯罪嫌疑人尚未确定时不存在徇私舞弊，自然不构成徇私舞弊不移交刑事案件罪[②]。此种观点难以成立，理由如下：一是《刑法》第四百零二条明确规定本案不移交的对象是刑事案件而非犯罪嫌疑人，因此，只有刑事案件才是前案的对象，犯罪嫌疑人不是前案的对象。二是从刑事诉讼法的角度看，立案侦查不仅包括“以人立案”和“以事立案”等情形，所谓“以事立案”，是指根据犯罪事实来立案，此种情形一般发生在犯罪事实清楚但是犯罪嫌疑人不明确时，一旦存在“犯罪事实清楚，但不知道犯罪嫌疑人”的刑事案件，环境执法人员就应该移交，否则可以认定存在徇私舞弊的情形。三是在对“以事立案”的刑事案件的侦查过程中，犯罪嫌疑人是客观存在的，即便暂时未归案，不能说没有犯罪嫌疑人，环

---

① 湖南省益阳市赫山区人民法院（2019）湘 0903 刑初 99 号刑事判决书。

② 李小博．论徇私舞弊不移交刑事案件罪的犯罪对象及其相关问题［J］．学理论，2013：132-133.

境执法人员对刑事案件的不移交，实质上也是对犯罪嫌疑人的不移交[①]。③刑事案件的不完全移交，如涉案多人只移交部分犯罪嫌疑人，或者涉多起犯罪事实只移交部分犯罪事实，或者只移交部分证据等情形。上述情形都属于不移交刑事案件，但是在判断此种不移交是否构成徇私舞弊不移交刑事案件罪时，必须要明确行为人要有移交刑事案件的法律义务，只有负有此种法律义务而不移交的，才构成本罪。

回到案例8，被告人蔡某不移交的刑事案件不要求已经进入刑事程序，但是作为执法者，应该认识到宏安矿业的非法排污行为所造成的危害后果已经不是行政违法所能涵盖的，因此，此种情形下不移交的案件，可以认定为刑事案件。蔡某在为他人谋取利益且收取他人好处费时，其行为已经构成受贿罪、徇私舞弊不移交刑事案件罪。

（二）帮助犯罪分子逃避处罚罪中的前案

案例9：张某申（原寿宁县公安局巡特警大队职工），林某华（原寿宁县县政府干部）：2018年5月3日，曹某、林某1、吴某1、林某2、雷某、占某等人因非法处置废矿物油类危险废物，县公安局以涉嫌污染环境罪对该厂立案侦查并查封厂房。曹某等人为逃避处罚，联系并商议由徐某顶罪，5月10日，徐某到寿宁县公安局投案并作虚假供述，声称铁皮加工厂系其一人出资经营。次日，徐某被刑事拘留并羁押在寿宁县看守所。5月13日上午，曹某请托林某华传递信息给被羁押的徐某。当日未当班的张某申接到林志华的电话即赶到寿宁县看守所，利用职务之便，违规将徐某从监室内提出，并将林志华请托其传递的内容告知徐某，要求徐某在侦查人员讯问时按此内容回答。之后徐某多次接受侦查人员讯问时，均声称铁皮加工厂系其一人出资经营，直至5月18日才交代顶罪事实[②]。

对本案的渎职行为该如何定性?

本罪的前案对象是“环境犯罪分子”，是否存在环境犯罪分子是判断是否存在前案的关键因素，为此，必须正确理解和认定前案中的犯罪分子。何为环境犯罪分子？对此，存在广义说和狭义说，广义说认为，“此处的犯罪分子应理解为广义的犯罪嫌疑人，即根据当时的情形，有证据表明其实施了一定犯罪行为的人，当然包括犯罪嫌疑人、被告人和已决犯”[③]。狭义说认为是指实施了犯罪行为而未受到追诉

① 康均心.特定渎职犯罪的前案研究［J］.甘肃政法学院学报，2012（1）：91-93.
② 福建省寿宁县人民法院（2019）闽0924刑初18号刑事判决书。
③ 康均心.特定渎职犯罪的前案研究［J］.甘肃政法学院学报，2012（1）：91-93.

的犯罪嫌疑人，此处的犯罪分子是指“因国家机关工作人员通风报信、提供便利而尚未受到追诉却实际犯有罪行的人或尚未经人民法院审判的犯罪嫌疑人或刑事被告人等”[①]。对此观点，应从如下分析：①从刑法角度而言，应该从实质意义上来理解环境犯罪分子。刑法中的环境犯罪分子显然侧重实体上的犯罪分子，至于是否受到刑事追究则是刑事诉讼法的范围，为此，刑法角度的环境犯罪分子只是单纯的犯罪分子，既可以是已决犯，又可以是未决犯，狭义说将环境犯罪分子限定为未决犯，有违刑法立法本意。②从司法实践角度看，不能完全排除已决犯。从司法实践看，生态文明建设领域渎职罪中的帮助犯罪分子逃避处罚罪的构成要件之一是“逃避刑事处罚”，因此，只有相对应的环境犯罪分子未受到刑事处罚，帮助者才可能构成本罪，为此，狭义说有其合理之处，即通常而言，本罪前案中的环境犯罪分子是未决犯。尽管如此，不能完全排除已决犯成立的可能性，对于环境犯罪分子的刑事处罚，不仅包括有无的问题，还包括轻重的问题，若帮助犯罪分子逃避了重刑而只处以轻刑，同样可以认定构成了帮助犯罪分子逃避处罚罪。为此，广义说更为恰当。

因此，本罪前案中的环境犯罪分子包括：一是尚未受到追诉而当时有证据证明犯有罪行的人或尚未经人民法院审判的犯罪嫌疑人或刑事被告人；二是法院依法审判并被确定为有罪的环境犯罪人。司法人员在查办本罪之际，无须考虑本罪前案中的环境犯罪分子是否被法院判定有罪，只要在办案过程中，有足够证据证明行为人实施了帮助前案中的环境犯罪分子逃避刑事处罚的行为即可。

回到案例 9，该案中的刑事案件属于正处于程序中的案件，此种前案要求是环境犯罪案件，如本案中的案件是污染环境罪的案件。本案被告人张某申负有查禁犯罪活动职责，其在履行职责过程中实施帮助曹某、林某 1、吴某 1、林某 2、雷某、占某等人逃避刑事处罚的行为，构成了帮助犯罪分子逃避处罚罪。本案被告人林某华的行为是否构成犯罪值得探讨，林某华利用了张某申的职责便利向其传递了相关信息，然而没有足够证据认定两人之间已经形成了共同的犯罪故意，若两人之间不成立共同犯罪，那么林某华的行为系片面帮助行为。法院最终判决张某申、林某华两人的行为都构成帮助犯罪分子逃避处罚罪并判处相应刑事处罚，在不成立共同犯罪的前提下，张某申为实行犯，林某华为片面帮助犯。

---

① 孙力．公务活动中犯罪界限的司法认定［M］．北京：中国检察出版社，2000：345.

四、前案的管辖

（一）现行前案处理模式的弊端

根据《刑事诉讼法》第十九条关于管辖的规定，前案与本案由于分属不同类型的案件，采取分别管辖的模式，前案属于一般刑事案件，由公安机关管辖；涉及司法机关办理刑事案件过程中的渎职犯罪案件，由检察机关管辖。公安机关对于前案应当立案而不依法立案的案件，检察机关应当通过立案监督要求立案侦查。此种分别管辖模式存在很多弊端：①延误侦查时机。在此类生态文明建设领域渎职犯罪中，前案是本案的基础，若前案侦查工作没做好，那么本案的侦查工作将难以为继。鉴于前案管辖权在公安机关，若公安机关未及时侦破，那么本案侦查工作非常被动。为此，在前案没有结论之前，检察机关在办理本案之际会过于慎重，难以全力开展侦查工作，要等到前案侦查完毕且移送审查起诉之后，才可能对本案正式立案侦查，如此会贻误侦查时机，导致对本案的侦查工作陷入被动。②浪费司法成本。前案是本案的有机组成部分，对于检察机关而言，必须将前案与本案同时查清，方可准确认定相应的渎职罪。而前案与本案分别管辖的模式导致检察机关在查办本案之际，需要对公安机关所立案侦查的前案再度展开调查、收集证据，如此造成了司法工作的重复，增加了司法成本，浪费司法资源[①]。③阻碍检察机关办案。前案与本案的分别管辖，导致公安机关与检察机关在同时查办前案之际，可能会存在意见和结论不一致，由此会导致部门矛盾，此种矛盾加上时间上的拖延，易导致案情泄露，致使两案犯罪嫌疑人之间形成攻守同盟，无法查清二者之间是否存在交易，也难以获取徇私舞弊等渎职行为的证据，使得案件无法侦破。且生态文明建设领域渎职犯罪嫌疑人的地位较高、反侦查能力较强，使得取证难度增加，本案的犯罪嫌疑人会给前案的侦查机关施加影响，影响前案的侦查工作。

（二）前案与本案的并案管辖问题

鉴于前案与本案的分别管辖会使二者都难以顺利查处，结果可能会放纵犯罪人，因此，应该将前案与本案并案管辖，由检察机关一并侦查。

1. 前案与本案并案管辖的必要性

①并案管辖有利于加大取证力度。若前案和本案并案管辖，则可以加强两案之

---

① 龙双喜，简绍恒．渎职罪中“前案”的管辖问题研究［J］．学理论，2011（21）：150-151.

间的内在关联，充分利用前案来侦破本案，如使得前案犯罪嫌疑人转变为污点证人，由此可以促进本案快速侦破。②并案管辖有利于节约司法成本。鉴于分别管辖会引起两个侦查部门之间的矛盾，且割裂了两案之间的内在关联，造成侦查工作的交叉重复，不利于查清本案。并案管辖可以避免侦查工作中的交叉重复，节约司法成本，并促使本案的顺利办理。③并案管辖有利于推动刑事诉讼顺利进行。并案管辖后，可以利用两案之间的关联，顺利开展侦查工作，促进前案和本案的查清和认定。此外，并案管辖可以促进两案刑事诉讼过程的衔接，保证刑事诉讼的顺利进行[①]。

2. 检察机关对前案行使立案管辖权的依据

目前，检察机关在致力于推动前案和本案并案管辖，根据2019年《人民检察院刑事诉讼规则（试行）》第十八条[②]的规定，解决此问题首要标准是"主罪"的原则，即看哪一个机关管辖的罪是主罪，根据主罪来确定是由公安机关还是检察机关来管辖；其次是根据"有利于查明案件事实和诉讼进行"的原则，即如果是检察机关管辖更有利于查明案件事实或者方便诉讼，则由检察机关管辖。此规定表明在相关联的两个以上的刑事案件的查办过程中，根据"主罪"原则来确定管辖部门，若"主罪"属于检察机关管辖，则"从罪"移送检察机关并案管辖。此条规定存在如下问题：一是何者为"主罪"。前案和本案何者为"主罪"？显然，前案和本案只是先后的问题，前案不一定是"从罪"，本案不一定是"主罪"，对此应该根据实际情况来做出判断。二是此规定的效力问题，《人民检察院刑事诉讼规则（试行）》只是最高人民检察院单方发布的司法解释，其主要在于规范检察机关的诉讼行为，公安机关办案是否必须适用。为此，应该出台公安机关和检察机关的联合规定或者效力级别更高的规定。上述的案例8和案例9均是分开管辖，没有并案处理，是否并案处理，有待今后司法实践的经验总结。

① 简绍恒．渎职罪中"前案"的理解与认定［J］．中国检察官，2008（4）：45-46.

② 最高人民检察院2019年颁布的《人民检察院刑事诉讼规则（试行）》第十八条规定，"人民检察院办理直接受理侦查的案件涉及公安机关管辖的刑事案件，应当将属于公安机关管辖的刑事案件移送公安机关。如果涉嫌的主罪属于公安机关管辖，由公安机关为主侦查，人民检察院予以配合；如果涉嫌的主罪属于人民检察院管辖，由人民检察院为主侦查，公安机关予以配合。对于一人犯数罪、共同犯罪、共同犯罪的犯罪嫌疑人还实施其他犯罪、多个犯罪嫌疑人实施的犯罪存在关联，并案处理有利于查明案件事实和诉讼进行的，人民检察院可以在职责范围内对相关犯罪案件并案处理"。

结 语

习近平总书记在党的十九大报告中指出，“建设生态文明是中华民族永续发展的千年大计”，2019 年“两会”期间再次强调要“加大生态系统保护力度，打好污染防治攻坚战”。2020 年 4 月，生态环境部孙金龙书记也强调，“深入学习贯彻习近平生态文明思想，切实当好生态卫士推动高质量发展”。这为新时代生态文明建设的法律保障机制指明了方向，标示了重点。作为生态文明建设的物质承载者，生态环境既是生态文明建设的逻辑起点，又是生态文明建设的最终目标之一，生态环境的质量直接决定了生态文明建设的成败。而“只有实行最严格的制度、最严密的法治，才能为生态文明建设提供可靠保障”，为此，生态环境部门、公安部门、司法部门等经过密切协作，不遗余力地打击了破坏环境资源保护的违法犯罪行为。

刑法是最严厉的法律手段，运用刑事手段来保护生态环境也是国内外环境治理的必然选择。我国近年来广泛运用了刑事手段保护生态环境，根据《最高人民检察院工作报告（2015—2019）》，2014 年至今，检察机关向审判机关起诉的破坏环境资源犯罪的被告人总数达到了 20 余万人；以最具代表性的污染环境罪为例，据统计，近 5 年案件增长率平均每年约 40%，累计判处该类案件 1 万多件。正是由于刑法的有效保护，我国的生态环境才得以逐渐好转，各项指标开始缓慢恢复和改善。尽管如此，我国的生态环境保护难言乐观，鉴于经济发展与生态环境之间的矛盾未彻底解决等原因，各种污染事件仍层出不穷。由此，必须一如既往地采取刑事手段，严厉打击破坏环境资源保护的犯罪行为。基于此，有必要持续深入研究生态环境保护刑事责任，以应对与生态环境相关的新风险、新现象、新问题，确保生态环境的优质高效，实现生态文明建设。

在生态文明建设领域，国家机关工作人员的作用至关重要。作为生态文明建设最主要执行者和推动者的国家机关工作人员，他们是否能正确履行职责将决定着生态文明建设是否能顺利推进。但是，近年来，由于国家机关工作人员的渎职，重特大环境污染事件屡屡发生，给国家和人民利益造成巨大损失。因此，大力查处生态文明建设领域渎职犯罪不仅是纯洁党政机关内部风气的必然要求，也是国内外要求生态文明建设的题中之义。从我国的环境执法和环境司法来看，当前的环境执法者的渎职行为形势严峻，根据近10年来司法机关查处的情况看，基本上每年都有上千名生态环境执法者因渎职犯罪而被查处。这也可以反证，生态环境恶化与生态文明建设领域渎职犯罪之间关联密切。

国家机关工作人员为何知法犯法？值得深究，本书也从多个角度思考了生态文明建设领域渎职犯罪发生的原因：从法律方面来看，生态文明建设领域渎职犯罪产生的原因主要是法律控制力的弱化，表现为立法保护的滞后、对生态文明建设领域渎职行为的行政责任的追究不力、对生态文明建设领域渎职犯罪的司法打击不力，法律控制弱化导致了司法机关疲于应付，不仅难以有效打击犯罪行为，更无法准确防范。从行政方面来看，生态文明建设领域渎职犯罪产生原因体现为环境管理制度的失范，如环境管理职能和机构设置不合理、国家对环境管理行为的激励制度不足、环境行政执行不力、环境监督机制不足等，此种管理制度的失范直接或者间接诱发了环境执法者的渎职行为。从经济方面来看，犯罪是行为人经过周密计算后所选择的行为，生态文明建设领域渎职犯罪也不例外，环境执法者经过周密计算后认为选择实施渎职犯罪可以使其利益最大化，因此选择了渎职犯罪。从伦理方面来看，生态文明建设领域渎职犯罪是一种背离社会传统伦理的行为，即社会传统伦理对生态文明建设领域渎职犯罪的规制弱化，难以发挥其本应发挥的作用，导致环境执法者即便是实施渎职行为，也很少受到来自社会的非难和谴责。

为有效应对生态文明建设领域渎职犯罪，必须采取相应的对策。从国家角度来看，国家应该着重于完善机制：一是完善有关环境管理制度，以减少诱发犯罪的外在因素；二是加大司法打击力度，以惩治以身试法者，威慑潜在犯罪人，确保其不敢以身干犯；三是要加大保障力度，从物质和精神上要给予环境执法者相应的保障，使其能够安心执法。从社会角度来看，鉴于环境执法行为都是发生在现实的社会中，社会舆论会直接影响执法行为和效果，为此，必须引导正确的舆论导向，确保良好的执法氛围。此外，在我国的环境管理系统中，环境执法者是环境管理中的核心要素，其履行职责的效果与我国环境管理的成效呈正相关，环境执法者应该要求自己，执法行为应该符合生态文明理念和社会道德的要求，并在法律范围内履行自己的职责。

作为人类生存基础的生态环境，其对于人类意义无须多言，如何保障生态环境，实现人类与自然的良性互动，是当代人亟须解决的问题。鉴于此，我国提升了生态文明建设的地位，并调整了有关方针政策，修正了相关的环境行政法律法规，整合并提升了生态环境管理部门的地位，为今后顺利执法创造了良好条件。亡羊补牢犹未晚也，期待一支具有良好的生态文明理念、崇高的职业道德、恪尽职守的高素质执法队伍出现，更期待人类能够与自然和谐相处、共生共荣。

参考文献

一、中文著作

[1] 罗豪才 . 行政法学 [M]. 北京：中国政法大学出版社，1989.

[2] 蔡守秋 . 环境行政执法和环境行政诉讼 [M]. 武汉：武汉大学出版社，1992.

[3] 周道鸾：刑法的修改与适用 [M]. 北京：人民法院出版社，1997.

[4] 朱维究 . 行政行为的司法审查 [M]. 太原：山西人民出版社，1997.

[5] 郑昆山 . 环境刑法之基础理论 [M]. 台北：五南图书出版公司，1998.

[6] 孙谦 . 国家工作人员职务犯罪研究 [M]. 北京：法律出版社，1998.

[7] 王季军 . 贪污贿赂罪・渎职罪 [M]. 北京：法律出版社，1999.

[8] 何秉松 . 职务犯罪的预防与惩治 [M]. 北京：中国方正出版社，1999.

[9] 陈兴良 . 刑法适用总论（上卷）[M]. 北京：法律出版社，1999.

[10] 杨解君 . 秩序・权力与法律控制——行政处罚法研究 [M]. 成都：四川大学出版社，1999.

[11] 韩耀元 . 渎职罪的定罪与量刑 [M]. 北京：人民法院出版社，2000.

[12] 孙力 . 公务活动中犯罪界限的司法认定 [M]. 北京：中国检察出版社，2000.

[13] 付立忠 . 环境刑法学 [M]. 北京：中国方正出版社，2001.

[14] 马克昌 . 比较刑法 [M]. 武汉：武汉大学出版社，2002.

[15] 杜澎 . 破坏环境资源犯罪研究 [M]. 北京：中国方正出版社，2003.

[16] 赵秉志 . 英美刑法学 [M]. 北京：中国人民大学出版社，2004.

[17] 余谋昌，王耀先主编 . 环境伦理学 [M]. 北京：高等教育出版社，2004.

[18] 黄训美 . 公务员心理保健 [M]. 北京：人民出版社，2005.

[19] 尹钢，梁丽芝 . 行政组织学 [M]. 北京：北京大学出版社，2005.

[20] 杜钢建 . 政府职能转变攻坚 [M]. 北京：中国水利水电出版社，2005.

[21] 应松年 . 行政法与行政诉讼法 [M]. 北京：法律出版社，2005.

[22] 吴宗宪 . 犯罪学 [M]. 北京：法律出版社，2006.

[23] 周东平 . 犯罪学新论 [M]. 厦门：厦门大学出版社，2006.

[24] 贾济东 . 渎职罪构成研究 [M]. 北京：知识产权出版社，2005.

[25] 姬振海 . 生态文明论 [M]. 北京：人民出版社，2007.

[26] 刘祖云 . 行政伦理关系研究 [M]. 北京：人民出版社，2007.

[27] 张国庆 . 公共行政学 [M] . 北京：北京大学出版社，2007.
[28] 蒋兰香 . 环境犯罪基本理论 [M] . 北京：知识产权出版社，2008.
[29] 夏书章 . 行政管理学 [M] . 北京：广州：高等教育出版社，中山大学出版社，2009.
[30] 陈家林 . 外国刑法通论 [M] . 北京：中国人民公安大学出版社，2009.
[31] 陈季修 . 行政管理学导引与案例 [M] . 北京：中国人民大学出版社，2010.
[32] 沈洪艳 . 环境管理学 [M] . 北京：清华大学出版社，2010.
[33] 姜明安 . 行政法与行政诉讼法 [M] . 北京：北京大学出版社、高等教育出版社，2011.
[34] 国家林业局森林资源管理司，最高人民检察院渎职侵权检察厅 . 破坏森林资源渎职案例评析 [M] . 北京：中国林业出版社，2011.
[35] 汪劲 . 环保法治三十年：我们成功了吗 [M] . 北京：北京大学出版社，2011.
[36] 苏惠渔 . 刑法学 [M] . 北京：中国政法大学出版社，2012.
[37] 高铭暄 . 中华人民共和国刑法的孕育诞生和发展完善 [M] . 北京：北京大学出版社，2012.
[38] 张明楷 . 刑法学（第五版）[M] . 北京：法律出版社，2016.
[39] 马志强 . 生态文明建设：镇江实践与特色 [M] . 北京：社会科学文献出版社，2017.
[40] 蔡守秋主编 . 环境资源法教程 [M] . 北京：高等教育出版社，2017.
[41] 李世阳 . 共同过失犯罪研究 [M] . 杭州：浙江大学出版社，2019.
[42] 郇庆治，等 . 绿色变革视角下的当代生态文化理论研究 [M] . 北京：北京大学出版社，2019.
[43] 高铭暄，马克昌 . 刑法学（下）[M] . 北京：北京大学出版社，2019.
[44] 姜明安 . 行政法与行政诉讼法 [M] . 北京：北京大学出版社，高等教育出版社，2020.
[45] 陆雪飞 . 生态文明自然观的理论出场 [M] . 北京：人民出版社出版，2020.
[46] 张云飞，周鑫 . 中国生态文明新时代 [M] . 北京：中国人民大学出版社，2020.

二、中文论文

[1] 柯泽东 . 环境刑法之理论与实践 [J] . 台大法学论丛，1989，18（2）：180 .
[2] 周红梅 . 职务犯罪中的共同犯罪 [J] . 法律科学，1991（4）：37-40.
[3] 杨晓维 . 渎职的经济分析 [J] . 经济研究，1994（1）：58-60.
[4] 郑昆山 . “环境犯罪”——在国际上、区域性及在国内运用刑事制裁以保护环境 [J] . 东海大学法学研究，1994（8）：298.
[5] 张丽卿 . 废弛职务致酿灾害的客观归责 [J] . 东海法学研究，1995（9）：279-280.

[6] 王灿发 . 我国惩治环境犯罪立法亟待解决的几个问题 [J]. 中国法学，1996 (1)：89.
[7] 郑昆山 . 德国环境刑法发展趋势之研究 [J]. 东海法学研究，1996，10 (3)：38-39.
[8] 赵秉志，王秀梅 . 海峡两岸环境刑法与环境犯罪之比较研究 [A]. 刑法论丛（第四卷）[C]. 北京：法律出版社，2000：71.
[9] 冯亚东 . 受贿罪与渎职罪竞合问题 [J]. 法学研究，2000 (1)，33-34.
[10] 常宇 . 受贿罪与渎职罪关系的再认识 [J]. 法学，2000 (3)：61-63.
[11] 张杰 . 渎职犯罪构成中的前罪后罪问题 [J]. 中国刑事法杂志，2001 (1)：25-27.
[12] 张鹏 . 查处徇私舞弊类案件中的问题及原因 [J]. 人民检察，2001 (11)：38-40.
[13] 杜万平 . 环境行政管理：集中抑或分散 [J]. 中国人口·资源与环境，2002 (1)：24.
[14] 蔡先初，胡金国 . 渎职罪中“前案”的确定标准 [J]. 人民检察，2002 (9)：35-36.
[15] 李希慧，贾济东，廖焱清 . 渎职罪主体解释回顾及立法建言 [J]. 国家检察官学院学报，2003 (4)：29.
[16] 彭辅顺 . 想象竞合犯中从一重处断原则的适用 [J]. 社会科学家，2005 (3)：110-113.
[17] 杨兴培 . 再论身份犯与非身份犯的共同受贿问题 [J]. 华东政法学院学报，2005 (5)：32-39.
[18] 王世进，赖章盛 . 环境法治现状及环境法的伦理支撑 [J]. 求索，2005 (11)：86.
[19] 杜万平 . 环境行政权的监督机制研究——对环境法律实施状况的一种解释 [A]. 环境资源法论丛 [C]，2006：53.
[20] 范笑仙，李春梅 . 从行政责任到公共伦理：行政自主性构建 [J]. 中国行政管理，2006 (5)：49.
[21] 廖华 .“湖北环境污染第一案”与环境监管失职罪 [J]. 武汉科技学院学报，2006 (9)：69-70.
[22] 龙国智，吴华根 . 论公共行政中的个人伦理自主性 [J]. 深圳大学学报（人文社会科学版），2007 (4)：95.
[23] 王莹莹，郭永长 . 浅议环境行政不作为的法治对策 [J]. 中国司法，2007 (7)：90.
[24] 蒋晗华，章惠萍 . 渎职罪刑法适用中凸显的问题及其立法完善 [J]. 中南林业科技大学学报（社会科学版），2007 (9)：42-46.
[25] 贾济东 . 渎职行为中的“前案”问题探究 [J]. 湖北社会科学，2007 (12)：148-150.

[26] 简绍恒．渎职罪中“前案”的理解与认定［J］．中国检察官，2008（4）：45-46.
[27] 郭英华．环境权还是环境法益？——权利泛化背景下对环境权的反思［J］．内蒙古社会科学，2008（9）：15.
[28] 杨淑萍．论行政人员的伦理自主性建构［J］．哲学动态，2008（7）：65.
[29] 陈晓明．风险社会之刑法应对［J］．法学研究，2009（6）：54.
[30] 赵绘宇，赵晶晶．环境事件中行政主体权责一致性研究［J］．内蒙古社会科学，2009（6）：20.
[31] 刘旭红，牛正良．当前危害能源资源和生态环境渎职犯罪的成因及惩治对策［J］．人民检察，2009（10）：46.
[32] 李忠诚．职务犯罪破坏水资源的表现形式（下）［J］．环境保护，2009，37（17）：51-52.
[33] 麻宝斌，郭蕊．权责一致与权责背离：在理论与现实之间［J］．政治学研究，2010（1）：77.
[34] 蒋兰香．日本疫学因果关系理论及其对我国环境刑事司法的借鉴［A］．刑法论丛［C］．2010（1）：264-265.
[35] 苏敏华．论渎职罪与受贿罪的关系认定及其处断原则［J］．政治与法律，2010（2）：147-149.
[36] 徐春．生态文明在人类文明中的地位［J］．中国人民大学学报，2010（2）：37.
[37] 张凌云，齐晔．地方环境监管困境解释——政治激励与财政约束假说［J］．中国行政管理，2010（3）：94-95.
[38] 刘玲玲，冯懿男．分税制下的财政体制改革与地方财力变化［J］．税务研究，2010（4）：12-17.
[39] 肖萍．环境保护问责机制研究［J］．南昌大学学报（人文社会科学版），2010（4）：61-62.
[40] 刘爱军，刘东晓．关于生态文明的哲学思考［J］．中国行政管理，2010（10）：65.
[41] 李海滢，刘静茹．生态文明建设与刑法完善［J］．社会科学战线，2010（11）：167.
[42] 董邦俊．危害环境资源犯罪案件侦查研究［J］．中国人民公安大学学报（社会科学版），2011（3）：68.
[43] 姜敏．环境法基本原则与环境行政许可制度建构［J］．中国政法大学学报，2011（4）：133.
[44] 蒋兰香．生态文明视野下刑事法学理论的新发展［J］．中南林业科技大学学报（社会科学版），2011（5）：3.
[45] 王杨．论渎职犯罪“损失”之判定［J］．时代法学，2011（6）：60-65.
[46] 牛正良．关于查办危害土地资源渎职犯罪的几个问题［J］．中国检察官，2011（6）：

24-25.

[47] 周光权. 渎职犯罪疑难问题研究 [J]. 人民检察, 2011 (19): 13-15.

[48] 康均心. 特定渎职犯罪的前案研究 [J]. 甘肃政法学院学报, 2012 (1): 91-93.

[49] 杨仁忠. 论公共领域与当代中国民主监督机制的构建 [J]. 河南师范大学学报(哲学社会科学版), 2012 (1): 35.

[50] 王曦. 环保主体互动法制保障论 [J]. 上海交通大学学报(社会科学版), 2012 (1): 7.

[51] 宋寒松. 检察职能与生态文明建设 [J]. 中国环境法治, 2012 (2): 38.

[52] 邢捷. 论我国环境警察制度的构建 [J]. 中国人民公安大学学报(社会科学版), 2012 (2): 34.

[53] 侯启舞, 贺志明. 因受贿而实施渎职行为罪数认定新论 [J]. 求索, 2012 (6): 192-193.

[54] 李忠诚. 渎职罪损害后果认定问题研究 [J]. 中国刑事法杂志, 2013 (1): 54-59.

[55] 李劲. 我国环境刑法的困境与重构 [J]. 社会科学辑刊, 2013 (3): 88.

[56] 冉冉. "压力型体制"下的政治激励与地方环境治理 [J]. 经济社会体制比较, 2013 (3): 15.

[57] 张明楷. 自然犯与法定犯一体化立法体例下的实质解释 [J]. 法商研究, 2013 (4): 46.

[58] 沙洲. 缴税一千万　治污四十亿——重返云南阳宗海砷污染事发地 [J]. 环境与生活, 2013 (5): 40.

[59] 刘江翔. 生态文明建设的法治维度及其认同 [J]. 湖南科技学院学报, 2013 (6): 126-127.

[60] 李剑, 蔺学文. 危害生态环境资源犯罪的成因及惩防之策 [J]. 人民检察, 2013 (10): 31.

[61] 王雨辰. 论以社会建设为核心的生态文明建设 [J]. 哲学研究, 2013 (10): 100.

[62] 吴丹, 王亚华. 中国七大流域水资源综合管理绩效动态评价 [J]. 长江流域资源与环境, 2014 (1): 32-38.

[63] 林亚刚. 论徇私枉法罪主观要件及共犯 [J]. 上海对外经贸大学学报, 2014 (1): 59-65.

[64] 林亚刚. 论想象竞合犯的若干问题 [J]. 法律科学, 2004 (1): 31.

[65] 杨凤春. 行政伦理与中国的反腐倡廉——基于内外部控制的行政伦理视角 [J]. 江苏行政学院学报, 2014(3): 82-83.

[66] 蔡雪冰, 谭静蓉. 论我国环境刑法立法体例问题 [J]. 时代法学, 2014 (1): 23.

[67] 帅清华. 国外环境渎职犯罪的立法现状及借鉴 [J]. 太原理工大学学报(社会科学版), 2014 (2): 33.

［68］王灿发．论生态文明建设法律保障体系的构建［J］．中国法学，2014（3）：43.

［69］王天笑．公职人员利益冲突的伦理诱因及其矫治［J］．道德与文明，2014（3）：122.

［70］刘晓．涂尔干的“失范与重建新秩序”学说及其当代启示［J］．辽宁行政学院学报，2014（4）：43.

［71］逯驭麟．环境行政规划的断片化分析［J］．天水行政学院学报，2014（5）：40.

［72］王帆宇．关于生态文明的哲学思考［J］．生态经济，2014（7）：127-129.

［73］马大壮．渎职犯罪案件“轻刑化”三问［J］．公民与法治，2014（7）：46.

［74］曹俊．环保部门权力有多少？——读修订后的《环境保护法》［J］．环境经济，2014（7）：4.

［75］杨书文．渎职犯罪结果犯之危害后果的认定［J］．中国检察官，2014（11）48-52.

［76］徐行，杨鹏飞．中国官员财产申报制度的实现障碍与突破路径［J］．理论与现代化，2015（2）：13.

［77］黄勤，曾元，江琴．中国推进生态文明建设的研究进展［J］．中国人口·资源与环境，2015（2）：111.

［78］帅清华．环境伦理的嬗变与环境刑法的法益［J］．西南政法大学学报，2015（2）：91.

［79］王希群．对生态文明的哲学思考［J］．北京林业大学学报（社会科学版），2016（1）：1-3.

［80］曹义恒，沈建波．社会主义生态文明建设呼唤“心常态”——以绿色新型城镇化发展为视域［J］．武汉理工大学学报（社会科学版），2016（6）：114.

［81］周伟．论我国环境监管渎职失职问题及其解决思路［J］．学习论坛，2016（7）：71-73.

［82］高吉喜，鞠昌华．构建空间治理体系提供优质生态产品［J］．环境保护，2017，45（1）：20-24.

［83］焦艳鹏．生态文明保障的刑法机制［J］．中国社会科学，2017（11）：75-97.

［84］任建兰，王亚平，程钰．从生态环境保护到生态文明建设：四十年的回顾与展望［J］．山东大学学报（哲学社会科学版），2018（6）：27-33.

［85］洪银兴，刘伟，等．“习近平新时代中国特色社会主义经济思想”笔谈［J］．中国社会科学，2018（9）：4-7.

［86］佘书金．对渎职犯罪主体认定的逻辑思考［J］．学习与实践，2018（12）：68-71.

［87］秦天宝，刘彤彤．生态文明战略下 生物多样性法律保护［J］．中国生态文明，2019（2）：25-26.

［88］黄爱宝．树立全面生态安全观与落实”五位一体”总体布局［J］．南京林业大学学报（人文社会科学版），2019（6）：1-5.

[89] 徐浩 . 长江经济带跨界污染合作治理策略研究 [J]. 现代管理科学，2019（8）：47-49.
[90] 常纪文 . 我国野生动物走私的法治现状、问题与建议 [J]. 中国生态文明，2020（1）：49-53.
[91] 衡孝庆 . 论生态融合 [J]. 自然辩证法通讯，2020（2）：17.
[92] 周训芳 . 野生动物利用监管制度体系的完善路径 [J]. 环境保护，2020，48（6）：23-25.
[93] 于文轩，兰婕 . 公共卫生安全视角下野生动物保护法制之完善 [J]. 环境保护，2020，48（6）：17-20.。

三、中文译作

[1][奥] 弗洛伊德 . 文明及其缺憾 [M]. 合肥：安徽文艺出版社，1987.
[2][美] 詹姆斯·布坎南 . 自由、市场和国家 [M]. 吴良健，等，译 . 北京：北京经济学院出版社，1988.
[3][英] J.R. 斯宾塞 . 2000. 对公害罪的批判性研究 [J]. 周昭益，译 . 环球法律评论，1990.
[4][日] 木村龟二 . 法学辞典 [M]. 顾肖荣，等，译，上海：上海翻译出版公司，1991.
[5][德] 撒姆松 . 德国环境刑法的基本原理和问题 [J]. 李晓明，译 . 外国法译评，1994.
[6][德] 马克思恩格斯选集（第 25 卷）[M]. 北京：人民出版社，1995.
[7][英] 威廉韦德 . 行政法 [M]. 徐炳，等，译 . 北京：中国大百科全书出版社，1997.
[8][意] 杜里奥·帕多瓦尼 . 意大利刑法学原理 [M]. 陈忠林，译 . 北京：法律出版社，1998.
[9][美] 威尔·杜兰 . 世界文明史·文明的建立 [M]. 北京：东方出版社，2000
[10][俄] 阿·伊·道尔戈娃 . 犯罪学 [M]. 赵可，等，译 . 北京：群众出版社，2000.
[11][法] 涂尔干 . 社会分工论 [M]. 渠东，译 . 北京：三联书店，2000.
[12][美] 弗朗西斯·福山 . 大分裂：人类本性与社会秩序的重建 [M]. 刘榜离，等，译 . 北京：中国社会科学出版社，2002.
[13][日] 大谷实 . 刑法总论 [M]. 黎宏，译 . 北京：法律出版社，2003.
[14][日] 大塚仁 . 刑法概说（总论）[M]. 冯军，译 . 北京：中国人民大学出版社，2003.
[15][法] 阿尔贝特·施韦泽 . 敬畏生命 [M]. 陈泽环，译 . 上海：上海社会科学院出

版社，2003.
[16][意]贝卡里亚·论犯罪与刑罚[M].黄风，译.北京：中国方正出版社，2004.
[17][美]戴斯·贾丁斯.环境伦理学[M].林官民，杨爱民，译.北京：北京大学出版社，2006.
[18][美]彼得·S.温茨.现代环境伦理[M].宋玉波，朱丹琼，译.上海：世纪出版集团，上海人民出版社，2007.
[19][日]盐野宏.行政法总论[M].杨建顺，译.北京：北京大学出版社，2008.
[20][美]加里·贝克尔.人类行为的经济分析[M].王业宇，陈琪，译.北京：三联书店，2008.
[21][瑞]克里斯托弗·司徒博.环境与发展：一种社会伦理学的考量[M].邓安庆，译.北京：人民出版社，2008.
[22][法]涂尔干.社会学方法的准则[M].狄玉明，译.北京：商务印书馆，2009.
[23][美]尼尔·沙佛，阿隆·S.罗特.美国应对环境犯罪的行政范式与刑事对策[J].北京政法职业学院学报，2009.
[24][美]保罗·W.泰勒.尊重自然：一种环境伦理学理论[M].雷毅，李小重，高山，译.北京：首都师范大学出版社，2010.
[25][美]阿尔多·李奥帕德.沙郡年记[M].岑月，译.上海：上海三联书店，2011.

四、外文原作

[1][日]大谷實.法人処罰の在り方（一）——将来の立法の選択肢[J].同志社法学，1991，9（1）：196.
[2][日]嘉門優.法益論の現代的意義（二・完）——環境刑法を題材にして[J].大阪市立大学法学雜誌，1992，51（1）：99.
[3][日]交告尚史.環境刑法の行政従属性（環境の刑法的保護——日本とドイツ〈特集〉）[J].刑法雜誌，1992，32（2）：218-219.
[4][日]山中敬一.ドイツ環境刑法における解釈論上の諸問題[J].刑法雜誌，1992，32（2）：201-206.
[5][日]立石雅彦.ドイツ環境刑法の改正について[J].刑法雜誌，1992，32（2）：181.
[6][日]伊藤司.環境（刑）法総論：環境利益と刑法的規制[J].法政研究，1993，59（3.4）：674-699.
[7][日]伊東研祐.環境刑法における保護法益と保護の様態[A].刑事法学の現代的状況——内藤謙先生古稀祝賀[C].東京：有斐閣，松尾浩也，芝原邦爾编，1994：313.

[8][日]三枝有.環境法におけるサンクションの在り方：環境刑法を中心として[J].法政論叢，1997，(33)：185-188.

[9][徳]ロクシン.職権と強制権，官庁の許可[J].町野朔、長井圓、臼木豊〈訳〉.神奈川法学，1997，31(2)：719.

[10][日]小林敬和.ベルント・シューネマン『環境刑法の理論と刑事政策について』の紹介と解説[J].高岡法学，1997，9(1)：123.

[11][日]金子正昭.オーストリア環境刑法の発展について--ウェークシャイダーの所説を中心に[J].第一経大論集，1998，28(2・3)：67.

[12][日]大谷實.刑法講義総論[M].东京：成文堂，1999.

[13][日]町野朔.環境刑法と環境倫理(上)[J].上智法學論集上智法學論集，1999，42((3・4)：94.

[14][日]前田雅英.刑法各論講義[M].东京：東京大学出版会，1999.

[15][日]林美月子，Hayashi M.〈論説〉フランスの環境刑法[J].神奈川法学，1999，32(3)：549-550.

[16][日]根崎光男.生類憐み政策の成立に関する一考察：近世日本の動物保護思想との関連で[A].人間環境論集[C].法政大学人間環境学会編集，2000.1(1)：7.

[17][日]林幹人.刑法総論[M].东京：東京大学出版会，2000：456-457.

[18][日]金尚均.危険社会と刑法：現代社会における刑法の機能と限界[M].东京：成文堂，2001：17.

[19][日]伊東研祐.刑法の行政従属性と行政機関の刑事責任——環境刑法を中心に公務員・公的機関の刑事責任[A]環境刑法研究序説[C].东京：成文堂，2003：113-120.

[20][日]長井圓.環境刑法の基礎・未来世代法益[J].神奈川法学，2002，35(2)：445.

[21][日]伊東研祐.環境保護における刑法の機能と視座——近代刑法原理を超えて[J].北海道大学法学論集，2005，56(3)：253-260.

[22][日]井田良.変革の時代における理論刑法学[M].东京：慶應義塾大学出版会，2007.

[23][日]三枝有.環境刑法の新展開：環境保護政策と法規制の在り方[J].法政論叢，2008，45(1)20.

[24][日]生田勝義.人間の安全と刑法[M].京都：立命館大学法学叢書第11号，2010.

[25][日]上田正和.保護法益論(Rechtsgutstheorie)の行方と展望[J].大宮ローレビュー，2011，(7)：2-27.

[26]［日］鈴木博康.刑事法から見たリスク社会［J］.リスク社会と法，九州国際大学法学論集，2011，18（1・2）：19-30.
[27] Mary F.Evansa，Sarah L.Staffordb.The Clean Air Act Watch List and federal oversight of state enforcement efforts［J］.Journal of Environmental Economics and Management，2019，9：170-184.

五、法典

[1] 徐久生，庄敬华，译.德国刑法典［M］.北京：中国方正出版社，2002.
[2] 潘灯，译.西班牙刑法典［M］.北京：中国政法大学出版社，2004.
[3] 米良，译.越南刑法典［M］.北京：中国人民公安大学出版社，2005.
[4] 刘仁文，王祎等，译.美国模范刑法典［M］.北京：法律出版社，2005.
[5] 张明楷，译.日本刑法典［M］.北京：法律出版社，2006.
[6] 龚馨，译.荷兰刑法典［M］.北京：中国方正出版社，2007.
[7] 罗文波，冯凡英，译.加拿大刑事法典［M］.北京：北京大学出版社，2008.
[8] 黄道秀，译.俄罗斯联邦刑法典［M］.北京：北京大学出版社，2008.
[9] 郭怡，译.巴西环境犯罪法［M］.北京：中国环境科学出版社，2009.
[10] 陈志军，译.波兰刑法典［M］.北京：中国人民公安大学出版社，2009.
[11] 王立志，译.马其顿共和国刑法典［M］.北京：中国人民公安大学出版社，2010.
[12] 陈志军，译.捷克刑法典［M］.北京：中国人民公安大学出版社，2011.
[13] 王立志，译.塞尔维亚共和国刑法典［M］.北京：中国人民公安大学出版社，2011.
[14] 陈志军，译.墨西哥刑联邦法典［M］.北京：中国人民公安大学出版社，2010.
[15] 王立志，译.克罗地亚共和国刑法典［M］.北京：中国人民公安大学出版社，2011.
[16] 王立志，译.斯洛文尼亚共和国刑法典［M］.北京：中国人民公安大学出版社，2012.

六、报纸

[1] 王小南，冯明.湖北环境污染第一案开审［N］.湖北日报，2004-02-20（3）.
[2] 包健.处理渎职罪共犯的三大问题［N］.检察日报，2007-01-16.（3）.
[3] 宗边.重点查办六类环境渎职案［N］.中国环境报，2008-04-24（1）.
[4] 任维东.云南严办阳宗海污染案警醒全省［N］.光明日报，2008-11-01（3）.
[5] 李光泉.加强纪检监察工作 服务“两型社会”建设［N］.湘潭日报，2009-04-06（003）.
[6] 李轩甫，梁起，符许燕.事关生命，怎容弄虚作假——海南省昌江县检察院查处一

起矿山安全事故背后的监管人员渎职犯罪案件［N］. 检察日报，2009-10-29（5）.
［7］徐日丹. 危害能源资源和生态环境渎职犯罪呈现五大特点［N］. 检察日报，2010-01-30（1）.
［8］吴冰. 渎职犯罪损失 17 倍于贪污［N］. 人民日报，2010-09-07（11）.
［9］肖荣. 行贿档案全国联网：提高廉洁竞争力［N］. 检察日报，2012-03-12（5）.
［10］黄敬波. 惩防危害生态环境渎职犯罪的五条建议［N］. 检察日报，2012-09-30（3）.
［11］评论员. 加大环保在干部考核中的权重——三论学习贯彻环境保护新理念［N］. 中国环境报，2013-07-16（1）.
［12］郄建荣. 失职渎职收受贿赂占比高达 68.1% 环保系统一年半近千人被处理［N］. 法制日报，2014-01-21（6）.
［13］李晓磊. 问诊环境污染司法鉴定如何“落地”［N］. 民主法制时报，2014-03-03（9）.
［14］徐日丹，贾阳. 全面履行法律监督职能 严惩破坏生态环境犯罪［N］. 检察日报，2014-06-13（1）.
［15］徐日丹. 斩断破坏生态环境“隐形黑手”［N］. 检察日报，2015-10-22（2）.
［16］常纪文. 完善法律法规严惩干扰环境监测行为［N］. 中国环境报，2018-04-10（3）.
［17］高海燕. 深挖环境污染背后“保护伞”严查失职渎职行为不手软［N］. 中国纪检监察报，2018-04-28（1）.
［18］侯建斌. 以刮骨疗毒决心严惩违法者渎职者［N］. 法制日报，2019-03-29（3）.
［19］孔祥庚. 认定渎职犯罪主观故意需注意的问题［N］. 中国纪检监察报，2020-03-25（3）.

七、法院刑事判决（裁定）书

［1］江苏省张家港市人民法院（2013）张刑二初字第 0355 号刑事判决书。
［2］山东省鄄城县人民法院（2014）鄄刑初字第 132 号刑事判决书。
［3］山东省汶上县人民法院（2014）汶刑初字第 188 号刑事判决书。
［4］杭州市西湖区人民法院（2014）杭西刑初字第 598 号刑事判决书。
［5］河北省邯郸县人民法院（2015）邯县刑初字第 78 号刑事判决书。
［6］广西壮族自治区藤县人民法院（2015）藤刑初字第 263 号刑事判决书。
［7］河南省尉氏县人民法院（2015）尉刑初字第 293 号刑事判决书。
［8］浙江省三门县人民法院（2015）台三刑初字第 410 号刑事判决书。
［9］云南省禄丰县人民法院（2016）云 2331 刑初 7 号刑事判决书。
［10］广东省新兴县人民法院（2016）粤 5321 刑初 142 号刑事判决书。

[11] 四川省自贡市大安区人民法院（2016）川 0304 刑初 181 号刑事判决书。
[12] 江西省新余市渝水区人民法院（2016）赣 0502 刑初 222 号刑事判决书。
[13] 陕西省西安市中级人民法院（2016）陕 01 刑初 233 号刑事判决书。
[14] 江西省南昌市中级人民法院（2016）赣 01 刑终 253 号刑事裁定书。
[15] 辽宁省沈阳经济技术开发区人民法院（2016）辽 0191 刑初 253 号刑事判决书。
[16] 甘肃省陇南市武都区人民法院（2017）甘 1202 刑初 97 号刑事判决书。
[17] 福建省沙县人民法院（2017）闽 0427 刑初 181 号刑事判决书。
[18] 福建省平潭县人民法院（2017）闽 0128 刑初 215 号刑事判决书。
[19] 吉林省扶余市人民法院（2017）吉 0781 刑初 313 号刑事判决书。
[20] 贵州省金沙县人民法院（2017）黔 0523 刑初 323 号刑事判决书。
[21] 江苏省宜兴市人民法院（2017）苏 0282 刑初 775 号刑事判决书。
[22] 内蒙古自治区多伦县人民法院（2018）内 2531 刑初 5 号刑事判决书。
[23] 河南省安阳县人民法院（2018）豫 0522 刑初 10 号刑事判决书。
[24] 山东省单县人民法院（2018）鲁 1722 刑初 12 号刑事判决书。
[25] 河北省邯郸经济技术开发区人民法院（2018）冀 0491 刑初 79 号刑事判决书。
[26] 内蒙古自治区鄂伦春自治旗人民法院（2018）内 0723 刑初 147 号刑事判决书。
[27] 广东省清远市中级人民法院（2018）粤 18 刑终 291 号刑事裁定书。
[28] 江苏省南京市鼓楼区人民法院（2018）苏 0106 刑初 706 号刑事判决书。
[29] 广东省广州市中级人民法院（2018）粤 01 刑终 1944 号刑事判决书。
[30] 福建省寿宁县人民法院（2019）闽 0924 刑初 18 号刑事判决书。
[31] 陕西省城固县人民法院（2019）陕 0722 刑初 24 号刑事判决书。
[32] 四川省大英县人民法院（2019）川 0923 刑初 37 号刑事判决书。
[33] 云南省金平苗族瑶族傣族自治县人民法院（2019）云 2530 刑初 42 号刑事判决书。
[34] 江苏省连云港市中级人民法院（2019）苏 07 刑初 59 号刑事判决书。
[35] 黑龙江省北安市人民法院（2019）黑 1181 刑初 86 号刑事判决书。
[36] 湖南省益阳市赫山区人民法院（2019）湘 0903 刑初 99 号刑事判决书。
[37] 内蒙古自治区包头市九原区人民法院（2018）内 0207 刑初 119 号刑事判决书。
[38] 湖北省十堰市中级人民法院（2019）鄂 03 刑终 130 号刑事判决书。
[39] 广西壮族自治区桂林市秀峰区人民法院（2019）桂 0302 刑初 218 号刑事判决书。
[40] 新疆维吾尔自治区哈密市伊州区人民法院（2019）新 2201 刑初 1073 号刑事判决书。
[41] 陕西省神木市（2020）陕 0881 刑初 254 号刑事判决书。